旧闻中国

巨变时刻的历史碎片

南方都市报 奥一网 出品
苟骅 陈文定 南岛 主编

中国发展出版社

图书在版编目（CIP）数据

旧闻中国：巨变时刻的历史碎片/南方都市报，奥一网出品；苟骅，陈文定，南岛主编. —北京：中国发展出版社，2012.1（2012.3 重印）

ISBN 978－7－80234－723－6

Ⅰ. 旧… Ⅱ. ①南… ②奥… ③苟… ④陈… ⑤南… Ⅲ. 新闻报道—作品集—中国—现代 Ⅳ. I253

中国版本图书馆 CIP 数据核字（2011）第 189942 号

书　　名：旧闻中国：巨变时刻的历史碎片
著作责任者：南方都市报　奥一网
主　　编：苟　骅　陈文定　南　岛
出 版 发 行：中国发展出版社
（北京市西城区百万庄大街 16 号 8 层　100037）
标 准 书 号：ISBN 978－7－80234－723－6
经　销　者：各地新华书店
印　刷　者：北京科信印刷有限公司
开　　本：720×1000mm　1/16
印　　张：18
字　　数：248 千字
版　　次：2012 年 1 月第 1 版
印　　次：2012 年 3 月第 2 次印刷
定　　价：35.00 元
咨 询 电 话：（010）68990642　68990692
购 书 热 线：（010）68990682　68990686
网　　址：http：//www.develpress.com.cn
电 子 邮 件：fazhanreader@163.com
fazhan02@drc.gov.cn

前 言

寻找新鲜的历史 / 曹 轲

1949，国共对决大江南北，内外纠葛风云变幻，历史站在摧枯拉朽、新旧决裂之际。

“钟山风雨起苍黄，百万雄师过大江。”人民解放军攻占南京，标志着国民党在中国大陆统治的覆灭———这个震撼世界的历史时刻到来，比毛泽东曾提出的五年内打败国民党提前了整整两年。建立中央政权的重任提前摆在了中国共产党人面前，这无疑是建国前夜最波澜壮阔的篇章。

60多年后回望历史，各种叙述，纷繁复杂，色彩斑斓，但有一种视角从未有过。

《南方都市报》的一群编辑记者埋首于香港报刊的故纸堆里，解密建国前夜的历史细节，寻找历史背后的惊心动魄，传递时代脉搏的跌宕起伏。一部断代解密史——《旧闻中国：巨变时刻的历史碎片》由此而成。

从香港图书馆封存的旧报刊里寻找1949的历史碎片，从历史碎片中体味建国前夜的血脉贲张翻天覆地。从1949年4月23日国民党政权在大陆垮台，至10月1日中国共产党建政，一幅惊天动地的历史巨画徐徐展开。

1949的中国社会，百姓在煎熬中等待黎明，各种政治势力上演最后的殊死角力，人民政权在剧痛中诞生。风雨飘摇中的香港成为彼时观察中国大陆政局的绝佳位置，风云变幻台前幕后，市井百态三教九流，均呈现在当时香港记者的鲜活笔下。而随着光阴流逝，诸多历史细节和香港旧报刊一道蒙上尘土。

由此，南都记者翻开重重故纸堆，寻找新鲜的历史故事，便有了特殊的意义和价值。

《旧闻中国：巨变时刻的历史碎片》披露了一些鲜为人知的历史碎片。如港闻记载，解放军攻占南京前两日，即1949年4月21日夜，国民党江阴要塞司令戴戎光率所部约两个团兵力，正式投共。同时所有要塞炮口瞄准停泊江中之海军兵舰四艘，使之不能攻击由北岸沿江南渡之中共军队，因此于21日夜，中共军队3000余人于此种情势下，顺利渡过长江。

再如，1949年旧时代最后的广州，退无可退的国民党政权四面楚歌，末代公务员领不到薪水，国民党政府四处寻觅兵员，试图抵抗南下之解放军，但毫无信用可言的政府，此

作者为《南方都市报》总编辑。

刻连军粮都难以凑齐。新旧交替生死煎熬，社会百态魑魅魍魉，尽在笔下。

独一无二的国际媒体视角，在浩如烟海的建国历史著作中散发出特殊的光亮，这得益于南都对香港的长期关注。

1997年，香港回归祖国；同年，《南方都市报》正式创刊。无论是历史巧合，还是宿命机缘，总之，从出生的那一天起，《南方都市报》就高度自觉地把关注的目光投向香港。

2007年6月，香港回归祖国10周年之际，南都推出一部20余万字的《深港关系四百年》，震动深港上下。作为一部记录了深港关系的大型章回体断代编年史，《深港关系四百年》最初是以连续报道的形式，由南都深圳记者站的编辑记者采写，详细记述了明朝万历元年（1573年）起，深圳和香港从东莞县分离，单独设立新安县建制至今的深港关系史，填补了400余年来深港关系研究的一段空白。

同年，《南方都市报》在国内报纸中率先开创深港新闻版块，派出记者常驻香港，以南都的视角关注这座城市的发展变化。在全方位、多角度报道香港的同时，2011年初，南都又开始在香港落地发行。无论是金紫荆广场的庄严时刻，还是尖沙咀的黑帮火拼现场，南都无处不在。

从2009年2月开始，《南方都市报》启动了《深港高端访谈》大型系列报道，尽访香江数十位高官，开创全国先河，轰动深港两地。后来结集成《并非官话：香港高官的大智慧》一书出版，成为内地不少官员的床头书。

而这部《旧闻中国：巨变时刻的历史碎片》的出版，同样源于《南方都市报》驻深圳采编的大型系列报道——《港闻中国·1949》，重温1949年4月23日国民党政权在大陆垮台，至10月1日中国共产党建政前夜上演的惊天动地的历史大变局。

站在60多年后的今日回望当初，细枝末节都在大历史中复活，并获得新的价值。通过再现历史的原汁原味，追寻现代中国的艰难转型之路，为当下现实提供镜鉴和思考。

这正是饱含家国情怀的南都人的不懈追求，也是我们责无旁贷的使命。

目 录

第一章 毁灭的种子 …………………… 001

1949年4月23日，标志性的一天！国民党首府南京易主。此后的一个月时间，国共两军的形势急转直下。长江流域一座座城市迅速进入红色政权。国民党政府却一路直退，南下逃至广州，试图与共产党划江而治。

第二章 孤城上海 ………………………… 031

南京易主，江浙一带全面告急。作为当时中国的经济中心，上海的形势非常微妙。上海周边的城市被解放军一座座占领，它突然发现，自己成了一座被围困的孤城，但在相当长的时间里，解放军对于这块到手的肥肉，却又不急于下手。国共两军、上海工商界、租界的反应，构成了一幅非常有趣的战地孤城图。

第三章　暗战，无处不在　087

1949年之中国，处处皆是前线，各省皆闻硝烟，但硝烟弥漫处，却还有人在试图救赎。傅作义的义举，使得北京城免遭战火涂炭，而在1949年的香港，傅作义仍是一个谜，有称他虽已投诚共产党军，但心仍朝国民党政府；后又有报道，称其神秘失踪。更大的暗战，却发生于湖湘之地。试图与共产党划江而治的国民党，失去了最重要的一颗棋子。湖南省主席程潜，为保护古城长沙，与国民政府展开暗战。最终程潜率保卫长沙之国民党军，投诚共产党；继长沙在国共暗战中易手后，国民党的大后方——云南，也在酝酿暗战。

第四章　铁路命脉　129

粤汉铁路从广东广州到湖北武昌，1898年动工，1936年才全线通车，全长1096公里，前后经历36年。现为京广铁路南段。

很少有人知道，1949年的许多战争，与一条铁路密切相关。粤汉铁路，这条连接中国粮仓与国民党政府的铁路，成为国共两军争夺的重点。

在阻止解放军南下的战斗中，国民党军更多的是依靠粤汉铁路运送兵力和武器，这条事关战局的铁路，因此引发多次激烈的战斗。

第五章　最后的广州城　163

广州城，国民党政府拥有的最后一座核心城市，但兵败如山倒。在中国大陆已经退无可退的国民党政府，试图依靠经营广东，来筹措军饷与兵力，与解放军做最后博弈。

但历史证明，蒋介石也很清楚，这些都只是徒劳的挣扎。彼时的广州城，亲共的地下组织四处活动，军火库纷纷被引爆，广州市区污水横流，赌博、抢劫等混乱、衰败迹象处处可见。一个政权的毁灭，已劫数难逃。

而彼时的共产党占领地，因打土豪、分田地，经济形势大为改善，兵强马壮的解放军，正对广州展开合围之势。

第六章　最后的避难地　205

处于英国殖民管辖下的香港，此刻如同最后的世外桃源，内地高官巨商带着黄金纷纷逃亡香港，但在内地名震一方的要权者，在香港不过是一个失去光环的逃难者，连一个安居之所都难以租到。此刻的香港，也处于忐忑之中：挥兵南下的共产党军队，是否会一举收复香港？

第七章　换新天　245

中华人民共和国新政权成立，举国欢腾。开国大典举行，建国大业终成。然而，一片欢腾之下，国民党反动部队仍在祖国大地上小部分集结。诚如朱德总司令所言，现在我们的战斗任务还没有最后完成。我们必须继续努力，实现人民解放战争的最后目的。

后记　不碎的旧闻　历史的镜子　275

第一章 毁灭的种子

1949年4月23日，标志性的一天！国民党首府南京易主。此后的一个月时间，国共两军的形势急转直下。长江流域一座座城市迅速进入红色政权。国民党政府却一路直退，南下逃至广州，试图与共产党划江而治。

一、进逼上海，解放江浙

解放南京，国民党政府的首都陷落，解放军势如破竹渡江南下，江浙、两湖、福建成为大门洞开的不设防城市。在国民党军纷纷退守广州和西南之际，中国最富庶的江南腹地已经遍插红旗，解放在即。

南京弃守已证实
镇江常州无锡芜湖继陷　上海被围嘉杭酝大战

路透社上海4月23日电　南京及长江全部防线于一夜之间，如戏剧性之崩溃，为使中共军队今日能自东南两面，长驱直入，陷上海于孤立无援，中共军队即将镇江、常州、无锡相继占领，现已抵达国民党军的新总司令部所在苏州15英里以内及为京沪杭铁路中心所在嘉兴仅为50英里之地面，嘉兴失守，则所有自上海向各陆地撤退之路线，均将被切断。中共军队于南京西南80英里渡江者，正向国民党军队另一要镇宣城推进。宣城位于芜湖东南40英里，芜湖今日已被中共军队攻陷。现闻中共军队之三方面军于安庆下游渡江者，现已向东面移动，直逼杭州。军事观察家估计此等中共军队，于昨日开始于江阴渡江，关系重大之南下部队联络会师。占据南京之小部中共军队，当不能于此200英里内大显身手。大部中共军队若果能联络会师，则将于1000英里之长江阵线，包围国民党18个野战军，完成其自华北作战，势如破竹之绝大胜利。中共军队此役，参加作战者，计为35万之众，其中包括新成立之陈毅第二野战军、刘伯承之第三野战军、陈赓之第四野战军。国民党军队人数约在25万至30万，若能迅速逃出中共军队之聚歼战略，则将集中于自宁波越过杭州以迄江西南昌之一新筑防线以资抵抗。

中共军队九师渡江 江阴要塞司令投共

合众社南京4月23日电 国民党长江防事本日崩溃，数十万中共军队沿200里江岸，在6个主要地点渡江，并进行集结。南京因中共军队抵浦口，已受中共军队炮火威胁。另一滩头阵地则距上海仅45里，中共军队将多处江京沪铁路切断，南京除空运外，已与外界隔绝，以百计之政府官员飞往上海、广州。芜湖附近登陆之中共军队相信将进攻杭州，以切断南京、上海与华南之联络。

《工商日报》特讯上海4月23日讯 江阴要塞司令戴戎光率所部约两个团兵力，于21日夜正式投共，同时并以所有要塞炮口瞄准停泊江中之海军兵舰四艘，使之不能攻击由北岸沿江南渡之中共军队。因此于21日夜即有中共军队3000余人于此种情势下，顺利渡过长江。

蒋仍在定海 指挥上海战事

《文汇报》专讯广州4月22日消息 蒋介石现仍在舟山群岛之定海，外传赴福州之说不准，亦无来穗。该处有军舰四五艘，并停有飞机数架。上海战争是蒋亲自指挥，蒋拟将上海解放后始离定海。

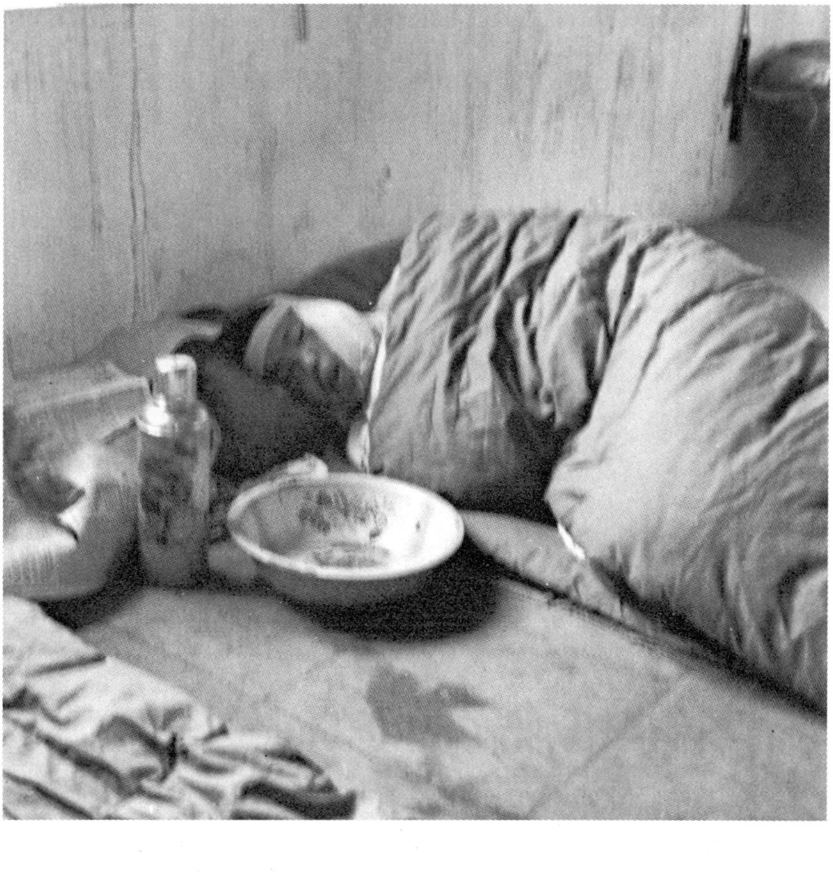

1949年初，南京，从华北战场退下的国民党军伤兵

南京当局仍努力使各方面团结 不少人甚望『蒋总统』来穗

合众社广州4月25日电 因国军现正撤退上海，广州政府当局亦正努力使各面攻势在华南建一强固基地。据拥护蒋氏复职之国民党领袖云，现已有多人签字，共请“蒋总统”东山复起；同时更闻“蒋总统”及“李代总统”将在澎湖岛相会，因闻蒋氏目前确在该地。有人谓已推出代表团九人，由阎锡山任团长，接洽此事。……又预料“蒋总统”将于本月底以前以声明书交广州国民党，发表本人对于解决国民党分裂之意见。同时“李代总统”本日下午通知地方官代表团，谓本人决不放弃华南，并谓“国都”仍设广州。李氏更称现已下令华中司令白崇禧及夏威坚守华中。但李氏复抱怨本人不能控制一切国军。军事方面本日承认江西省会南昌“陷落”，但云系国军自动放弃。又云，中共军队已由汉口南进一百里。

国民党军队今晨放弃苏州

《星岛日报》4月24日电 据悉，中共军队一部，今晨7时进入南京市区，目前尚有国民党军队一团，留南京协助维持秩序，受维持会所指挥，市区秩序，在绝顶紧张之情形下转佳。又南京维持会会长今午宣布，关于和平接收南京事宜，已与共方取得联系，前往接洽代表，今午已回京。（又讯）镇江昨成真空，今晨11时中共军队始入，又国民党军队今晨放弃苏州，使该城60万人口留予中共军队和平接管。

1949年，追击国民党残军途中休息的解放军战士

中共军队两路进攻杭州 距城仅12里
国民党军队退至钱塘江南岸阵地

合众社上海5月1日电 本社接杭州某报电话，谓预料中共军队一二日内可入杭州，但中共军队现尚在城之西北12里地方。城内由志愿警察及消防队维持治安，各报奉令今日停版。本社又向路局探悉，沪杭火车现仍运行无阻。

合众社上海5月1日电 本社接杭州电话，国民党军队与政府官员均已退出杭州，杭城门户满开，中共军队随时可入城。国民党军队退却，已渡过钱塘江，只留小队民团维持秩序，预料杭州今明将被占领。又华报载，军事当局承认杭州西北之孝丰、安吉、武康及德清四大据点均已被中共军队占领。杭州西北15里地方有小战。现省市政府官员业已退出杭州，但省主席及市长仍督率警察及民团维持秩序，直至中共军队入城为止。

路透社上海5月1日电 国民党军队于8日前放弃长江，逃避中共军队之包围，今日复由钱塘江后退。国民党军队撤退杭州后，现守钱塘江南岸之新阵地。据此间军事观察家称：国民党军队是否欲守卫新阵地，抑继续作战略上之退却，现尚未获知。

江南首次猛烈接触 嘉兴激战展开
传中共军队先锋距嘉兴仅3英里

路透社上海5月4日电 今晚获闻，中共军队渡江两周以来，首次与国民党军队于嘉兴地区，发生激战，国民党军队对有重炮掩护前来进击之3万中共军队，目前仍在拼死抵抗。

合众社上海5月4日电 上海警备司令部今日一公告宣称：政府部队因战略上必要，已自杭州撤出，现时并于上海西南130英里嘉兴杭州间地区，构筑第二道防线。该线所在之处，事关军机，故不能详为指出。上海人士猜测，国民党军队此时并非即已自杭州四围全部疏散，盖尚欲牵制中共军队，使其不得孤立或占领杭州东北60英里之嘉兴车站。上海闹市今日军队调动频紧，3日来即已如此，致若干观察家联想此与嘉兴附近战局之发展有关，因闻嘉兴现犹在中共军队两面夹击之中。此等观察家，包括消息灵通之中国报纸方面在内，或信国民党军队大兵增援上海对岸浦东，强化沪南及其四面防务，实因倘被中共军队攻陷，则中共军队将可沿嘉兴、奉贤、南浔，直扑上海，而不遭遇任何困难，盖此一防线实为嘉兴与浦东之联系。合众社顷与嘉兴一中文报馆打通电话，获悉中共军队已将嘉兴西北8

1949年4月，解放军渡江作战团在大炮的掩护下，向江南进军

英里盛泽及15英里平望占领，惟嘉兴局势尚属平静。上海中文报载，中共军队3万已自平望后路，向正在抵御由苏州南下另外中共军队之国民党军队，痛加攻击。若此讯属实，则中共军队自南北两面袭来者，业经会师，而嘉兴西面，复受威胁。一般相信，此等中共军队先锋，距嘉兴三面，均仅为3英里之遥。

江阴守军起义 活捉『司令』戴戎光

新华社长江前线5月4日电 迟到消息：国民党江阴要塞官兵，在人民解放军横渡长江时，举行战场起义，并活捉了下令轰击渡江解放军的要塞司令戴戎光。

江阴要塞解放前数日，匪军第一绥靖区副司令官李延年曾陪同他的主子美国顾问到江阴黄山炮台视察，该绥靖区司令官丁治磐旋即拼凑起炮兵总队、守备纵队、游击炮团、工兵营等3000余人增防黄山，下令死守这个长江门户的要塞。但是21日解放军自北岸开始强渡时，要塞上却很少有人射击。戴匪戎光急得在电话里直喊："怎么不打？失掉要塞要杀你们的头！"于是隆隆的要塞炮声起来了，但有的射程是超距离的，有的射出的炮弹是已摘掉了饮水帽的，还有一些爆炸的炮弹却纷纷落在匪二十一军的江防阵地上。戴匪慌忙打电话要炮台总台长唐秉琳见他。唐不理他。戴匪又直接打电话指挥大台长射击。大台长也不理他。戴匪想指挥他的亲信二大队打，但是连二大队的电话线也被剪断了。这时解放军已经登陆南岸，迅速地击溃了匪二十一军，占领了黄山港、护漕港、张家港等地。要塞上官兵也就在总台长唐秉琳、游击炮团团长王德容、守备总队长李云蔡等率领下举行战场起义。他们活捉了戴匪戎光。要塞7000余官兵大部归顺。而要塞炮则调转了炮口，朝着向南溃散的匪军二十一军轰击起来。

杭州顺利接收 秩序良好

《星岛日报》上海5月4日消息　5月3日，有“天堂”之称的杭州，重现天日。国民党的军队早撤光了，只留下保安团队，维持秩序，“市长”余济民是2日下午3时开溜的，保安团队是3日中午撤出。撤出一个钟头后，杭州“市政府”就接到解放军先头部队的电话，说是2小时后即可到达杭州。解放军先头部队4000多人，由西湖西北的松木场向杭州进发，下午3时，到了湖滨路“市府”门口，即刻开始进入城中心去。

中共军队进攻嘉兴距城八里 国民党军队将竹削尖遍插田野阻步兵

路透社上海5月5日电　国民党淞沪警备部称：“国军之部队在太仓附近击败中共军队一千名。中共军队伤亡一百人之后，向西北退却。陈毅虽调中共军队三万人进攻嘉兴，但在过去二十四小时内无进展。国民党军队仍坚守，嘉兴现于夜后八时起施行宵禁。”

又息：国民党军队增兵于苏嘉公路，监视中共军队之行动。据一目击之外人称：国民党军队在上海郊外布成一线的防御网，显欲集中兵力为纵深的守御。有的村庄全被铲平，及将田禾扫尽，以免中共军队藉为蔽藏之所。郊外现密布障碍物及美日式之大炮。据半官消息：中共军队占苏州及芜湖后，以主力沿苏嘉公路迈进，只留小队驻守苏锡。

合众社上海5月5日电　今日拂晓南开之政府援军，于下午在嘉兴之四五里之弧形线布防，今日下午五时本社接嘉兴日报一编辑人之电话，谓该城情势愈紧张，因城内已闻西北角之枪炮声。又谓，今日下午全城震动，因居民互相传布谣言，争返家中，以待大时代之来临。居民争相购物，以备粮荒，各商场突然关闭门窗。一小时后，始知系属虚惊。居民方敢出外，商场亦复开门。又淞沪警备部发出公报谓，中共军队两队，共数千人。

合众社上海5月5日电 滩外十里的西郊，仍在赶筑防御工事。虹桥住宅区的树木均被伐倒，改作障碍物、碉堡、战车陷阱和军用房舍。竹篱也全拆掉，一根一根削尖插在田里，尖端向外，凭此阻止步兵部队进击。

嘉兴联络中断 大军攻入昆山
铅山解放入闽孔道大开

《文汇报》综合报道 蒋军浙赣线防御体系已整个崩溃，浙赣路已被解放军寸寸砍断。上饶、横峰、弋阳、贵溪均已解放。上饶解放军并越路向西南挺进，解放铅山。铅山为由赣入闽要道之一，沿铅建公路，由铅山经崇安，可直至建阳。解放上饶等4城战果，据新华社赣东前线7日消息报道云："人民解放军在3日4日两天当中，接连打下浙赣路贵溪、弋阳、横峰3座县城和鹰潭镇等沿路车站。浙赣路已经完全被斩断。在上述战斗中，国民党68军军长王振声率领81师全部3000多人向解放军投降。解放军活捉敌军800多人，此外向南逃的景德镇保安大队4个连共300多人，4月30日在景德镇刘家湾向解放军投降。"又谓："在浙赣前线进攻的人民解放军某部，本月4日晚上12点钟占领江西上饶县城，歼灭国民党军6个纵队，共2000多人。缴获火车头7个。另一部人民解放军已经越过浙赣路，5日时进占上饶西南铅山县城，活捉敌人交通警察七八纵队各一部，战果正在清查中。"

浙赣西路情势紧急。东乡、万年、余干情况不明。南昌已进入战时状态。而据法新社上海7日电称："据南昌消息：中共军队正西沿浙赣路进贤县25公里之内前进。南昌据称安静，但甚紧张。"

据昨日沪报消息称谓：一夜火车军号叫声，6日晨起来，街上店门紧闭，行人甚少，室内空气较昨紧张。中央银行大门紧闭，并撤退木牌。省府内保安团至为忙碌，市民深居简出。军息：上饶、弋阳、乐平、万年、余江、余干、鹰潭、鄱阳已陷入情况不明中，东乡、进贤交接之将军岭，6日已发现游击队，但赣北各地仍甚为安定。

二、国民党政府的内乱

南京失守，国民党政权分崩离析，代总统李宗仁一路南退至广州。在广州，李宗仁明确表示，不愿做蒋介石的傀儡。但事实上，蒋介石依旧是这个摇摇欲坠之政权的实际掌控人。两人的斗争，更是加速了这个政权的崩塌。

粤政要机场苦候 李宗仁飞返广西

《星岛日报》广州4月23日电 李汉魂（国民党内政部长——编者注）、邱昌渭（国民党政府总统府秘书长——编者注）二人今晨自京抵桂，自桂转飞广州，追云号专机已于下午7时7分抵达天河机场。邱氏下机后对记者说："我与'李代总统'是搭乘南京最后之一架疏散专机于上午8时离开者，9时后，境内警察闻亦已撤退。"又一刚自南京来穗之要员告诉记者说："专机上曾见南京市内有微弱火光，似为失火。又见暴徒乘机劫掠，兵营已撤空，南京成为一不设防之城市矣。"

《星岛日报》4月23日广州特讯 "总统府"决定全部迁穗，此间"总统府"负责人今晨语记者，刻已接获南京方面消息，准备布置一切。穗方顷接电告，"李代总统"今晨来穗，欧阳市长接获此等消息，异常忙碌，除率领官员，亲赴机场迎接外，另派员马上将市府三楼市长办公室整顿，市长办公桌亦迁至邻室，总统府一部分机密文件已搬入市府，此"准总统室"在一番粉饰后，今日重新布置新型沙发椅和地毯一套，堂皇华丽。后悉"李代总统"是飞桂而非穗时，办事人员已"满头大汗"。盛传"李代总统"飞穗，广东首长级官员均到天河机场，可是结果大家都白走了一趟。据机场消息，南京今日以"特殊情况"没有任何飞机起飞。所谓"特殊情况"为何，机场负责人不愿透露。此间人士猜测，恐或有“兵变”或机场已入炮火射程。

蒋李何在杭州会议决定四项政策 『政府』决定与中共作战到底

南京4月22日中央社电　行政院秘书处新闻处22日发表公告称：“政府”为争取全国和平，使人民获得休养生息之机会，派遣代表团前往北平，与共产党商谈停止战事，恢复和平之办法。经两周有余之商讨，迄今未能达到协议，最后共产党拟定“国内和平协定”。

今日（22日）“蒋总统”自溪口到杭州，“李代总统”及何院长由南京飞杭晤见，经一致决定，对于共产党问题，“政府”今后惟有坚决作战。“总统”22日命令：1.国防部长徐永昌专任陆军大学校长；2.特任何应钦兼国防部长；3.国防部长指挥全国陆海空军；4.参谋总长则改为国防部长之幕僚长，先行国防部之组织法另案修正。

蒋介石离沪前往厦门 表示以国民党总裁身份支持李宗仁

法新社上海4月28日电　蒋介石昨晚搭乘太康军舰离沪，前往厦门，将于该处，有一比较长久之停留。他星期二日搭乘太康自宁波来沪，昨日并与国民党诸领袖及陆海空军各司令举行会议。刻自消息灵通方面获悉，国民党会议决定设立一最高决策委员会，并推蒋为主席，李宗仁副之。蒋表示仍将以国民党总裁身份，支持“李代总统”的工作，而不负实际军政职务。

《星岛日报》厦门4月28日电　“蒋总裁”可于短期内返厦，此间部署多已完成，蒋之住宅，亦经选定三处，并作警戒准备。美玲号专机今午飞厦，抵厦机场降落，视察是否安全着落，结果据机师表示，尚须加工。市政府已定29日起，每日征工，加紧赶修，蒋经国已于前日抵厦。

李宗仁赌气不离桂 传白崇禧部队三个师入湖南

合众社广州5月4日电　李宗仁今日正告群龙无首的广州“政府”，说他不愿成为蒋介石的傀儡，并说：只要现在的政治局势存在一天，他决不离桂。

美联社广州5月4日电　往桂林代表团昨返，白崇禧仍留桂林，各方均认为代表团显系失败而归。

路透社广州5月4日电　建国日报今日刊出灵通消息称：李或将随蒋退休。接近李方面的消息否认外传李将巡视汉口重庆之说。另悉：白崇禧昨日已离桂赴汉。

美联社广州5月4日电 据长沙来的旅客称：白崇禧军三师已开入湖南省境，以防止区域独立与倾向中共的运动。香港来的消息称：有三个以上的师由西北调湖南，交由前109军军长钟彬指挥。白崇禧现在桂林与李宗仁对整个局势有重要会商。

李宗仁致函蒋介石 要求获得实际的军权财权
何应钦等密会 商讨若李宗仁不来穗之新情势

路透社广州5月5日电 李宗仁曾致函蒋介石，要求蒋将“总统”全权授给他。这要求包含在由李文范（促李来穗之三名代表之一）带返之信内。

据称：李宗仁提出下列要求：一、经济方面，全部国家财产，包括两月前运往台湾的黄金、白银和外币在内，由他处置。二、政治方面，在广州的政府机关由他控制。三、军事方面，华中华南全

1949年5月的广州。战火的逼近让这里的商业娱乐业已经不复往日的人流熙攘莺歌燕舞

临危赴广州组阁的阎锡山

部军队由他指挥。该权威人士说：李宗仁并未表明倘要求不遂时有何打算。李文范并带返李宗仁致国民党中执会的信，这信会在今晨中执会和中政会联席会议中宣读。信内简单表示李氏对中执会派遣代表来访甚感“欣慰”，并说他希望不日将来广州，但并未表示在何日。

《大公报》广州5月5日专讯 何应钦四日下午四时，在其私邸召开秘密会议，孙科、阎锡山、居正、李文范、王宠惠等参加。会中主题为对付李宗仁不来穗所可能发生的新情势。商谈至下午八时，据云已有所决定，该项决定将成今天的中常会讨论中心。

又讯：李文范已将李宗仁密函一件，转与何应钦，内容不详。何接该函后，即赴粤“省府”与薛岳密商一番，并将谈话记录呈递与蒋介石，等候其对粤桂现局的“指示”传来。

《工商日报》广州专讯 “立法委员”侯庭督5日晤记者称：当前之“无政府”状态，必须赶早结束。他抨击目前之局势谓：首都失陷，实为历史上之重大事件，现时则“总统”行踪不定，代总统游山打猎，行政院长不发一言，如此情形，何以对得起全国老百姓！侯氏并呼吁党政大员需要“无条件”合作，他亦主张抓紧蒋李两氏会谈，解决一切国是问题云。

广州死硬派再催李上场 李要蒋表示态度再定

《文汇报》广州5月6日消息 立法院今日在此间召开三次院会，一班死硬派的“立委”往日要喊打倒李宗仁，现在慌忙中又要拉李出来。今晨刘文岛、陈紫枫等六十三人，提出临时紧急会议，提请大会用“立法院”的名义代表“全国人民”电请李宗仁即日命驾来穗。

合众社广州5月6日电 据权威人士宣称：“李代总统”于本日由飞机带返之私人信函中，曾通知“蒋总统”，谓设若“蒋总统”复出，重掌中国政府之领导权，则李氏宁愿以私人之资格离开中国。“李代总统”在该信函中，告知“蒋总统”谓：设若他需要继续就任为代总统，则他在宪法上之各项权利，需要详细阐明及确定。“李代总统”在致于国民党领袖之信函中，并提出数项问题，要求答复，然后他方可由桂林启程前来广州，俾参加该非常委员会。“李代总统”第一项问题，系“代总统将行使何项之真正总统权利”。他亦需要获知国民党是否将在政治、军事及经济各方面厉行各项改革。李代总统并提出一项问题，谓政府是项决定为民主主义而工作。最后，“李代总统”亦深欲获悉他是否将可自由决定谁人将继续在政府留任或去职。他并谓他不欲行政院各部长及其他高级行政首长由别人替他选择。

阎锡山称：李宗仁复职三条件，『蒋总统表示同意』

阎锡山等携蒋函赴桂，传李氏可能今日抵穗

《工商日报》广州5月7日消息　据阎锡山氏在穗密探：“李代总统”复职条件有三：军费、军火及行政大全。此种要求，甚为简单，条件尚予履行，李氏即可来粤。“蒋总裁”认为李氏之成败，即其本人之成败，故已同意李氏运用台湾方面之军事与财政资源。阎氏力言党领袖与代总统之间，宜有密切合作，而今后之军事资源，应供给真正需要之人。

路透社广州5月7日电　据权威方面人士获悉：蒋总统对于“李代总统”要求获得总统全部权力一事之正式答复，经于本日送达留在桂林之“李代总统”。据接近“李代总统”之某顾问称：该项覆文措辞甚为“温和”，内容亦甚为“公允”。他并谓他实不能进一步说明其详细内容。据可靠方面人士获悉：“蒋总统”至少业已同意“李代总统”所曾提出之若干项条件，该等条件“李代总统”认为至关重要，然后他方可复职，俾领导在广州之政府。据国民党某高级方面人士称：他深信“李代总统”将于明日前来广州，俾恢复他之职务。惟现时尚未获得若何征象，显示“李代总统”对于“蒋总统”之电文将有何项反响。该项电文，现已由阎锡山、陈济棠及朱家骅等代表由广州带往桂林。

美联社广州5月7日电　阎锡山6日称，“蒋总统”已允对“李代总统”予以军事上及财政上之援助，传李氏能再行领导国民政府，阎氏去周曾到桂林，与“李代总统”会商。据言：“蒋总统”“已知李氏之成败，即他本人之成败”。李氏现已答允，如有金钱、军火及自由处置权利，则可再出而领导云。

蒋介石昨函李宗仁 重申无意复出主政

《星岛日报》5月14日广州专电 “蒋总裁”最近致“李代总统”函，长达数千言，据有关方面透露内容：一，谓本人就职以来，未能依照宪法所赋予权力充分行使，表示遗憾。二，外间传本人，在幕后操纵军事，全非事实。但对目前军事积弊未能革除表示痛心。三，政府对军备经济粮食金融等措施，若李氏认为必要时，库存金银可以动用，但切勿浪费。四，无论战况成败如何本人决不再出山，亦不出国，只望能择自由区修养。闻李氏捧读该函后，感极而哭，在座者如陈伯南阎锡山等亦黯然动容。

传蒋准备复出 已向美国借款

法新社华盛顿5月24日电 美国杂志《美国新闻与世界报告》今日报道称：蒋中正已从大部分由美国供给之存款中提取约值美金一亿五千万元之黄金往台湾之新司令部，俾有财政支持，以便其复出。该杂志复谓：美国正催迫英国暂缓进行其承认中共政体作为恢复贸易方法之计划。

《华侨日报》5月27日消息 阎锡山、于右任、吴铁成、陈立夫、朱家骅五人，奉国民党中常会中政会推派为代表，于昨日下午二时乘追云号专机，携“李代总统”亲笔函飞往台北，下午五时抵埗，近日转往某地晋谒“蒋总统”。除面达“李代总统”亲笔函外，并报告请示救亡图存大计。据灵通人士消息，阎等此行任务极重要，能否扭转局势，须视结果如何而定。倘阎等未获圆满结果，“李代总统”可能再偕陈长官济棠亲往谒“蒋总统”，而为解决一切。

蒋介石不复出成定论

《星岛日报》广州5月28日电 阎锡山、于右任等五大员飞马公岛谒国民党总裁蒋中正，五老此行具有历史意义。彼等向“蒋总裁”呈递“李代总统”对国是意见书，希望在此危机局面中作东山复起。五老指出国民政府仍有西南西北广大幅区，倘重振声威，中共军队之嚣张可以遏止。“蒋总裁”对五老勤恳表示嘉慰，但仍坚决表示支持“李代总统”收拾局面。因五老一行，蒋李之间的国民党内部问题已获团结预兆。因五老返广州时面露笑容与“李代总统”谈述赴马公岛经过，彼此均感快慰也。多传蒋李拟择一地点会晤，亦因五老一行，此举尚无必要。

三、蒋介石表示将继续作“革命领导”

在广州，李宗仁率领众高管拜谒中山陵，试图以国父精神重聚国民党政府的魂。此刻已偏居台湾的蒋介石，依然在做着“四个月收复上海”的美梦。

谣传蒋氏抵穗 国民党将发表拥蒋宣言

《工商日报》广州5月2日专讯 国民党蒋中正来穗与否成为政治团中一个谜，国民党中元老及海外各党部迎蒋声浪又高。二日上午甚至还传蒋中正氏已由某地飞抵广州，经记者调查，蒋氏事实收到各方面之敦促出山，惟蒋氏对当之前途工作，已作深长考虑，复出与否，国民党中人未允透露。惟有国民党高级人员表示支持广州成为复兴基地，同时发出声音，“拥护蒋总裁整党救国”全体国民党华侨有此一愿，顿使此间国民党中央党部人士感兴奋，可能引起各地华侨国民党员之同响应。

路透社广州5月5日电 据传国军副总司令黄仁霖将军本日由台湾抵达此间。黄将军多年来即以安排“蒋总统”之旅行计划，一般认为黄氏前来广州，系宣示“蒋总统”将不日莅临广州。各方消息，均盛传“蒋总统”将于今后数天内行抵广州，传恢复执行国民党总裁之职务，惟推信“蒋总统”将不参加政府。

李宗仁国父像 前抱头痛哭

《星岛日报》5月6日广州特讯 “代总统”李宗仁，今日上午九时五十分出席大礼堂中央党部国父纪念周并致恳切训示。“李代总统”致辞时间共计三十分钟，李氏曾以恳切之语气称：“团结无间争取反侵略之最后胜利坚定信念，立定脚跟在，国府遗像前，抱头痛哭，屏除私见，一致抗敌，谋求政治文明，重新领导三民主义新中国革命运动。”

蒋介石在台广播四个月收复上海

路透社上海5月7日电 大美晚报引述昨日收听台湾广播之中国人士消息，谓蒋介石在台湾作一小时之广播，宣布渠将于四个月之内，收复上海，否则实行自杀。蒋介石对上海市民关于上海失守表示歉意。传蒋介石解释谓，渠“战至最后一人”之语未能实践，乃由于后方军队投降，以致引起一连串之不幸反应。又传渠并谓上海市民在市中心起40里半径之内，可不致受空袭之危险。

李宗仁或成为国民党『有名有实』的最高领袖

合众社台北电 据今日可靠消息称：蒋介石于沪战末期曾患病卧床四日，已告痊愈，现在高雄。彼等称：蒋仍计划在幕后活动，且希望“代总统”李宗仁可获较多权力。但蒋氏寓所之来客名单，表示此曾主持国民党二十年之人物，仍参与决定每日及长期之政策。蒋近日曾与晤谈之人士中，有阎锡山，陈诚，汤恩伯，陈良，方治及桂永清。阎锡山上周末曾与蒋介石在台湾会谈。陈诚由甫高雄返台北。据非官方消息称：蒋氏正考虑两主要问题：1.如何阻止国民党内李宗仁所领导之桂系及陈立夫所领导之保守派争执；2.是否使台湾成为最后军事堡垒。关于第一个问题，据闻蒋氏计划以国民党总裁之身份发出一项命令，提出党内团结之原则，且可能使李宗仁成为实际上及名义上之最高领袖。关于第二个问题，蒋必须将其使台湾成为军事堡垒之计划与国民党拟在此举办之实际调和。

章士钊抵港，传携有毛泽东函件请李宗仁接纳和平

《星岛日报》专讯 据悉：前人民和平代表团团员章士钊（按：该团系比政府和谈代表团先到北平，其后复返沪者），昨日由平抵港，政界方面传出消息：章此行携有中共毛泽东致“李代总统”函件，请李接受中共所提之和平条件云。章先寓于铜锣湾湾景道，记者曾往访，但其家人不愿代为传达，所谓章氏不在港云。

穗政界又盛传蒋日内莅广州，李宗仁已打消台湾之行，传宋美龄下月抵广州会蒋介石。

合众社广州5月27日电 国一高级官员今晚对合众社记者称，预

李宗仁

料蒋介石将于明日或星期三搭机飞穗，与“李代总统”宗仁举行一长时间之谈话会议。资相信此次现任元首与下野总统之会议，将于国军之一艘兵舰上举行，并非在台湾或广州也。可靠方面消息，李氏已决定不往台湾，故最多成分为此两名国民党最高领袖将于黄埔一海军舰艇上晤面。

《星岛日报》广州5月27日电

据可靠方面透露消息，国民党“总裁”蒋介石，经决定于本月廿九日自台北飞穗，与“李代总统”及阎院长锡山等会晤。抗战以来，蒋氏来穗，尚以此为首次，故粤穗市民现正准备举行盛大之欢迎。记者今晨于梅花村某政要官邸，目观高级将官多人，正为蒋氏布置其驻节之所。记者并从官方获悉，蒋夫人宋美龄女士，将于下月八日由美返抵广州，与蒋氏会晤。又据关系方面消息，蒋氏抵穗后，将以总裁身份，兼任国民党最近所组设之非常委员会主席，将作较长期之居留，该会为国民党之最高决策机构，蒋氏抵穗后，即可正式成立。

蒋介石在台接见美记者，表示将继续作『革命领导』，呼吁美援支持作战

路透社广州5月6日电　蒋介石、李宗仁及其他国军高级领袖，今日重申继续抵抗共军到底之决意。广州今日所颁发国军领袖之一宣言称：“铁幕降落中国，中共自得控制中国，世界和平将被破坏，自无疑义。”又称，反共战争必将严厉不断进行，以期保存中国领土之完整。

路透社纽约电　本日“纽约世界电报”电讯称：“蒋总统”已打破其长期缄默，宣告其继续作中国人民的“革命领导”。此六十二岁的中国“总统”接见该报通讯员于台北。该通讯员报道蒋吁请美国援助反共，责苏联破坏条约，谋控制世界。该通讯员并谓此项接见可能预示蒋“立即恢复积极领导”。查蒋于本年一月引退，仍保持国民党总裁。

王世杰宣称蒋李间无隔阂 蒋表示无意重掌政权

美联社广州5月15日电 王世杰今日称，“蒋总裁”与“李代总统”宗仁之间，并无根本不同之意见。惟关于重大事件，尚有交换彼此怀抱之必要而已。而目前各方面均有一强烈之愿望，即所有各地一切阵线，均应有一统整协和之作战计划。现时毋庸置疑。截至此刻，或系各自为战，故不能收统一指挥之实效。故此一极关重要之事项，须由蒋李两人决定。蒋氏已经决意尽其可能，与共军继续战斗，惟并无意恢复其正月下野后之总统职权。

蒋介石放弃黄埔会议计划 显示国民党内部之裂痕

合众社广州5月15日电 因“蒋总裁”今日突然放弃其在黄埔召开党员会议之计划，可见国民党内部之裂痕未泯。此间各报记者均云集黄埔听候开会，但临时改变计划，由蒋在东山分别接见各派人物畅谈。在蒋李会商之时，两人之部属亦在附近一屋内开会。此两会议均由宪兵警戒，蒋之计划如何，尚守秘密，但某高级人士谓：蒋随时可以离穗。

蒋李会谈主要课题 军事指挥

《工商日报》广州专讯 据“内阁”一政委对记者透露：蒋总裁此次来穗，主要系与李代总统晤谈，故对于其他人员，尤其在公开性质之场合，发言甚少，每持缄默态度。又悉：蒋李会谈之主要课题，系关于军事方面之问题，尤其关于军队之指挥权问题。蒋氏已坚决表示今后不愿意干预政治，但过去之事实，显示军事指挥权之问题，由于“历史上之感情关系”，尚待加以调整，此为李氏于与蒋氏会谈时，必须提请蒋氏予以支持者。此为一政委批评当前之政治现实，系位于“三脚政治”。

蒋介石在台湾

蒋介石再抵穗会晤李宗仁

《星岛日报》广州5月22日专电 国民党蒋总裁今晚七时半由昆飞抵穗，他是本日中午由渝飞昆者。同来者有张群、蒋经国、俞济时等。另一机由渝飞穗，有黄少谷、陶希圣等。蒋到时，李宗仁、阎锡山、薛岳、吴铁城、于右任、桂永清、顾祝同、李文范、洪兰友等，均到机场迎接。蒋当晚在梅花厅行馆接见“李代总统”、阎锡山、桂永清、顾祝同等。

《星岛日报》广州专讯 阎锡山“内阁”在暗潮冲击下，已实行局部改组。一日下午四时，阎“院长”主持之“政院”会议，通过“财政部长”兼“中央银行行政总裁”徐堪辞职，并任命关吉玉为“财政部长”，俞鸿钧为“中央银行总裁”，关氏系现任“内阁阁员”，兼任蒙藏委员会委员长，俞氏曾任“财政部长”职。“财政部长”徐堪之辞职，系因无法应付政府赤字财政，平衡国库收支所致。政府每月支出银圆四千万元，惟收入仅有一千五百万元，不敷之数极巨，致有辞职之行动。

①

指点旧闻

『残局』已经不可收拾

经历半个月的围城之后，蒋介石在中国大陆直接指挥的最后一场大战——“上海保卫战”以失败而告终。陈毅带着三野的十个军浩浩荡荡地开进上海，20万国民党守军经海路撤退到舟山群岛和澎湖列岛。而此前不久，对上海战事已不抱希望的蒋介石也提早永别了他的发迹之地，躲到位于台湾和厦门之间的马公岛，对到访的宾客闭门不纳。

下野做“寓公”，已经是蒋介石以退为进的惯用手段，但是他这一次已经铁定不再复出，任由国事糜烂。

此时中共基本解放东北、华北、华中、华东等地区，只有白崇禧坐镇湖南，在华中顽强组织抵抗，身在广州的“代总统”李宗仁也急得像热锅上的蚂蚁。

半年前，李宗仁还望着触手可及的“总统”宝座，想迫不及待地把蒋介石“搞下去”，现在他却巴不得蒋介石早日复职。

1949年元旦，毛泽东在新年贺词中提出“和平谈判”、“惩办内战罪犯”等条款，让李宗仁和白崇禧心头暗喜，因为他们发现了一个取代蒋介石的绝佳机会。在中共、美国和国民党内部的三重压力下，蒋介石第三次宣布下野，李宗仁如愿成为中华民国的“代总统”。

当时的苏联和美国都力劝国共双方“划江而治”，李宗仁也以为凭借桂系的实力和美国的支持，还能守住半壁江山。但是他很快发现，局势的复杂性远非自己所能掌控。

而与李宗仁幻想着与中共两分天下不同，蒋介石却早在1948年底就打算退守台湾了。他指派蒋经国把上海的金银和外汇、南京的古籍文物甚至军火统统运到了台湾，这直接造成了李政府财政困难和物资匮乏。

虽然下野之前，蒋曾多次向李宗仁亲口保证“五年内不干政”，要李全面负责，实际上却处处掣肘。蒋在老家奉化溪口设七架电台，与国民党军政大员联系密切，南京政府内部的一切大事也惟蒋意是从，参谋总长顾祝同对一兵一卒的调动完全听命于蒋介石，李、白二人根本指挥不动蒋系军队。

除了黄埔系不听指挥，其他地方实力派也不拿桂系当回事。李宗仁就任“代总统”不足一个月，“行政院院长”孙科就带着他的内阁从南京跑到了广州，屡劝不归，成为一时的黑色政治幽默。

熬到1949年4月，国共和谈破裂，李宗仁感觉自己无力“保卫”南京，便让新任“行政院长”何应钦请蒋介石复职，没想到蒋介石也撂挑子。一气之下李宗仁回到广西，专心经营起桂系的独立王国。这下轮到蒋介石慌神了，他让何应钦劝说李宗仁“立即莅临广州，领导政府”。5月8日，李宗仁抵达广州主持政府，却发现局势已经到了不可收拾的地步。

5月26日，阎锡山、于右任、吴铁城、朱家骅、陈立夫携李宗仁函到马公岛，请蒋介石复出，蒋只表面对五老勤恳表示嘉慰，还信誓旦旦地表示“坚决支持‘李代总统’收拾局面”，让五老“均感快慰”，实际上却是袖手旁观。

《星岛日报》旧闻所言之“国民党内部问题已获团结预兆”，似为掩耳盗铃的自我安慰。

孔　娜（中山大学历史系研究生）

2

指点旧闻

一次有预谋的『弃城』

1949年4月23日，中国共产党正式接管国民党首都南京。1949年4月24日香港报章的报道，透露了局势剧变的个中原因。

一、国民党的主要官员竟能在中共军队进占南京的前一天全部安全撤离，时间上的配合实非巧合。蒋介石在4月23日清晨乘坐专机“追云号”从南京飞往上海，代总统李宗仁待“追云号”从上海返回后，下午2时才乘坐该专机飞往桂林，国民党的主要官员与十万大军也于同日撤走，从容不迫。其实早在1949年年初国民党已部署退守台湾：美式战机、加拿大轰炸机在美国领事馆的安排下，自年初已陆续抵台；各西方使馆及外资机构亦纷纷撤侨，一切实已早有“预谋”。

二、中国共产党进占南京，似早料到国民党不会顽强抵抗。中共军队在短短的数天之内操控了长江下游的重点城市，全面切断了上海与南京的陆路交通，国民党弃守南京，上海被孤立。为了顺利接管上述各城，中共中央下令不准逼害国民党旧属、不破坏城市及不没收公私财产。中共军队进南京城当天水电供应虽被中断，但在接管后迅即恢复，而邮政服务仍然维持。国民党弃守南京当天市内的混乱，主要是来自暴民趁火打劫，抢夺粮食、官邸及政府大楼；国民党少年保安团零星的抵抗；以及国民党撤退前炸毁铁路、机场等设施所造成的破坏。4月24日中共允许由南京前参议员马景元和金陵女子文理学院校长吴贻芳出任会长和副会长的“紧急维持和平委员会”接管南京，让代表国民党旧属和知识分子的力量，在过渡期间担任管治角色，使政权能顺利移交。

三、国民党内政的紊乱与奢靡，从4月23日代总统李宗仁退守广州的官式排场可见一斑。李宗仁撤退广州之前，先发电报与广州，声称将在当地设立临时政府，并将蒋介石的私人物品如家具等运往广州，于是广州政府大费周章，并将市政府重新改装为华丽的总统办公厅，紧急关头劳民伤财，大摆排场，实教人难解。

四、两军交战，影响民生最深的是物价飞涨。4月24日国民党弃守南京之后，广州的米价，两天内由原先19000金圆券1斤，涨至25500元；公共车票由5000元升至14000元（当时1港元兑10万金圆币），物价在一日之内，猛涨三成至四倍不等，民怨沸腾，老百姓正热切期待中国变天。

上述种种现象说明中国共产党于1949年执掌政权，并非偶然。国民党既无战意，又无政绩；而共产党却全面部署，推行刚柔兼备的政策，到了4月24日实已运筹帷幄。

何佩然（香港中文大学历史系教授）

3

指点旧闻

丢失半壁江山 蒋介石仍未从错误中惊醒

国民党虽已丢了南京，蒋介石却仍然不甘心大权旁落，继续一意孤行延续其一贯独断专行作风。在宣布下野的四个多月后，他发表文稿声明“仍将以国民党总裁身份，支持李代总统及何院长，而不负实际军政职务”。国民党也配合地决定组织一“最高决策机构”，推蒋为主席，李宗仁为“实际负责任”的副主席。不负军政职务的“蒋总裁”辗转杭州、宁波、上海、厦门四地接见部属，指导工作，修建住宅和机场，好不忙碌，而“暂不拟去穗”并在闽有一较长之停留的原因：一是他下野后便全身心投入到往台湾转移经济和军事资本中，此前他已决定放弃中国大陆，退据台湾，重建力量并择机反攻；二是他与李宗仁素有芥蒂。因此，即使是失去了半壁河山也不足以使蒋介石惊醒和反省，派系斗争、独断专权等致命错误仍在延续。

早在1945年接管东北的战略部署上，蒋介石已犯下了一大致命的错误，即把曾作战滇缅的最精锐的美械装备部队直接调往东北，却没能首先加强对华北的控制。而中共军事和政治力量在华北地区迅速壮大，并很大程度上阻断了国民党军队几大战场之间力量的联系。后来李宗仁在回忆录中提到他曾提议不要派兵到东北，然而，由于国民党派系争斗以及蒋介石对接管东北于政治意义（国民党此前并未实际控制过东北地区）和战略上（防止中共开辟新的根据地）的高度重视，使得李的意见未受重视。甚至在标志着国民党军在中国大陆有效抵抗结束的淮海战役里，蒋还亲自干预作战计划，发布作战命令，这恰是他的一贯作风。《剑桥中华民国史》对此评论：“由于权力如此集中于一个人手中，失败的责任也只能由一个人来负。”

而中共军队占领了南京，下一个目标必是上海。此时国民党军队的情况用“兵败如山倒”来形容已恰当不过，然今日报道却提供了国民党军着装整洁，上海防备森严，苏州有秩序撤退，军费弹药由台湾充分补给等国民党军队的利好信息，这大概只是他们留给大陆最后的美好幻象。有一则报道不大容易引起注意，其内容为：国民党军于青岛外围全歼一中共侦察营，生俘20余人中儿童居多。今天读到这则消息，不免觉得可笑、荒唐，但它不仅反映了民心向背，更凸显出国民党穷途末路的无奈与悲哀。

最后，我们要关注的是向南流亡的学生，他们离开东北并不是为了逃避新的占领者，而是出于对战争的恐惧。即使国民党政权已危在旦夕，大多数赞成和平和政治改革的学生仍对“政府”不离不弃，“相信国家需要青年”，然而，“政府”早已抛弃了他们，“爱护国家的同学”也只能“各自另谋生路”了。

廖方舟（暨南大学历史系硕士生）

4

指点旧闻

国民党的『局部和平』梦想

毛泽东以中国人民解放军总部发言人李涛的名义，出面批驳丘吉尔、艾德礼，其用意当在促使英美等国在国共之间，尽快做出一个选择。

艾德礼为“紫石英号事件”所做的辩护是：英国军舰得到了国民党政府的许可，有合法在长江中行使执行和平使命的权力。这一点恰恰是共产党政府不能容忍的。毛泽东的声明里指出：人民解放军和人民政府愿意考虑和各国在平等互利和互相尊重领土主权的独立和完整的基础上建立外交关系，“首先是不能帮助国民党反动派”。

丘吉尔所谓“武力报复”不过是虚声恫吓，即使在英国，也有议员指出：在解放军强渡长江的军事行动前派军舰在长江内行驶，显然容易激起正在待命渡江的解放军的愤怒。有议员事后批评说：如果一艘亲纳粹国家的军舰在诺曼底登陆日驶入英吉利海峡，我们难道不应该把它打得粉碎吗?

同时值得关注的是美国30日的两项举措：军舰撤离黄浦江面，上海各外商银行继续营业，这是表明了观望的态度，他们不愿意与上海的统治者立刻翻脸，但也不愿意惹怒未来的占领军。上海战局短期内似乎不会立即结束，一切皆有可能发生。

中共方面对战事的估计则相当乐观。今日消息报道粟裕、张震并总前委，指出一旦占领杭州，接收上海是指日间事，所以必须尽快做好政治与军事两手准备，“请迅速抓紧完成占领上海的准备工作，以便在一星期以后假如汤恩伯从上海逃跑时，你们能够主动地有秩序地接收上海”。

暴风眼中的上海市面，一片平静。背地里中共地下党与国民党市政府的较量愈发紧迫。上海警备司令陈大庆严禁次日“五一劳动节”集会游行，害怕共产党借此发动群众。而中共地下党当然不会放过这个机会，广大劳工正承受着饥饿与惶惑的双重压迫，他们对当局的怒火随时可能点燃。无论如何，生活指数的高涨、战火的步步迫近，都让困守一城的上海当局捉襟见肘，大规模逮捕的高压政策似乎是唯一的办法，但谁都看得出，这只是饮鸩止渴而已。

风雨欲来之时，“局部和平”的命题也摆到了桌面上。丢掉了山西的阎锡山跑到广州指导“剿共”，只能说是病急乱投医。而湖南人对三湘将成为战场的担忧，伴随着湖南政府控制力的不断下降，正在动摇着广东以北缓冲地区的人心。虽然白崇禧坚决否认“局部和平”即湘鄂与中共单独谈判的可能，历史却告诉我们，事情正在向相反的方向发展中。

杨　早（中国社会科学院文学研究所助理研究员）

5

指点旧闻

『最后五分钟救赎』于事无补

“李代总统”宗仁在广州国民党政府三番五次催请，及蒋介石猛表退出姿态之下，终于5月8日抵达广州，也让羊城有了几分战时“首都”的意味。李宗仁发表的书面谈话，用词“柔和”，虽然表示要作战到底，但悲观之意溢于言表。他也私下承认，广州此时情况比困守南京时还要艰难。

蒋介石虽然满口答应交出政权、军权、财权，李宗仁并不真心相信，大量黄金、银元、美钞已经运往“反共基地”台湾，想再从蒋介石手里挖出来，简直难于登天。行政院曾派副院长朱家骅两度飞往台湾，希望动用一点台湾的库存，以安定大陆金融，均空手而返。所谓“合作无间”，尽是虚言。不过，言犹在耳，“广州银行金银运台”这样的举措暂时停止，而居间的“保人”阎锡山等，自然也要摆出“共纾国难”的姿态。

好莱坞动作大片中，总有所谓“最后一分钟营救”，李宗仁再度出山，期待的也是这“最后五分钟”。谁来当拯救国民党江山的英雄？李宗仁的唯一指望，只能是美国的援助。

军事上，李宗仁依靠老搭档白崇禧出谋划策，计划西北以马家军为主的部队退守宁夏，胡宗南部队号称尚有60万，驻守湖北的北部与西部，白崇禧华中战区20余万人死守鄂南、湘北，再做好上海失守的准备，让汤恩伯部队退守闽南、粤北。国民党残部从宁夏到福建排成一字长蛇，李、白认为“未始不可与共产党军作最后的周旋”。

但更重要的是美援。从报道可知，金圆券不但在解放区已经全面废止，限期兑换，在国统区也形同废纸，市面只能靠金条、银元、港币、美钞等“硬通货”支撑流通。如果没有美国的大批经济援助，守不守得住中南战区防线犹在其次，金融崩盘已经迫在眉睫。

李宗仁相信，“美民主党政府如能于此最后五分钟改变对华政策，则川、滇、黔、湘、桂、粤、闽七省，或许不致土崩瓦解”。但是争取美援的任务十分艰巨。驻美大使顾维钧只听蒋介石号令，靠不住，外间有甘介侯将任外交部长的传闻，事实上今日旧闻报道李宗仁此时已经决定，请甘介侯担任“代总统私人代表”，专程赴美国，向总统杜鲁门及国务卿艾奇逊作“最后的呼吁”。

中共方面，随着萧山、嘉兴的解放，上海人员与物资外逃之路已基本堵死；至5月6日，新乡、安阳相继解放，从而完成了华北全境解放，该地区辖八省区，四个直辖市（北平、天津、太原、石家庄），303个县，人口5836万；西北战局，中央军委当日致电中原局、西北局，计划第一野战军从6月开始夺取潼关、西安、宝鸡、汉中、天水及陇南地区，最后直取汉中，切断胡宗南向川北的逃路。败局已定。李宗仁的广州之行，即使不是观察家所说的“挽回面子”，也是徒劳的挣扎。

杨　早（中国社会科学院文学研究所助理研究员）

第二章 孤城上海

南京易主，江浙一带全面告急。作为当时中国的经济中心，上海的形势非常微妙。上海周边的城市被解放军一座座占领，它突然发现，自己成了一座被围困的孤城，但在相当长的时间里，解放军对于这块到手的肥肉，却又不急于下手。国共两军、上海工商界、租界的反应，构成了一幅非常有趣的战地孤城图。

一、南京易手　百万共产党军合围上海

无锡、杭州等城市纷纷被共产党军轻易拿下，期间驻守国民党军有拼死抵抗而不得者，也有弃城逃亡者。上海，在迅速变化的战局中，成为一座孤城。此间国民党政府的心态也非常复杂，一方面增派援军试图保卫上海，一方面却又有微妙心态，担心战局在上海城区开打，将一座名城毁于战火。

上海准备作战　加紧掘战壕筑工事
交通中断物价惨跌粮食则飞涨

路透社上海4月23日电　上海抵抗中共军队之准备今日已达顶点。警备司令宣布上海将抵抗到底。

国民党军队在各街道架设电线以联络市内各战备地区。大批士兵及民夫挖掘战壕及建筑工事。今日下午有浅水舰四艘，驶上黄浦江，停泊于沪南郊对开之河面。

合众社上海4月22日电　上海今日全部戒严，宵禁仍由夜11时至第二日上午5时，预料随时延长宵禁时间。美侨并无采取特别措施，亦无拟定新计划。但第三登陆队700人，显已做戒备，准备接到命令，立刻进入岗位，以保卫美国人生命财产之安全。

《工商日报》特讯上海4月23日消息　沪市场以局势关系今陷入极度混乱之境地，交易清稀，物价惨跌，银根紧势如昨，日拆每千元昨700元，美钞28万，袁头42万，龙头细布207万，白粳230万，棉纱因无人成交而停市。

中共军队昨进逼大场 市场完全停顿难民如潮涌到

《星岛日报》上海4月23日晚讯 今日上海无市，食米场亦完全停顿，存粮均为国民党控制，故民食堪虞。

中共军队游击队昨晚向上海西北10英里之大场进攻。军事方面消息，预料苏州于今晚即将被攻陷。中共军队前锋明日即可抵达上海近郊。上海水上警察已奉命将苏州河千艘帆船肃清。

合众社上海4月23日电 上海今日完全在戒严状态，宵禁时间未变，但随时有延长可能。上海的700名美国海军陆战队大感惊恐，并已待令前往指令岗位。上海警备司令部及警察局准备对违反紧急法令的任何人处以死刑。上海在表面上虽无变化，但市场则已停顿，上海军政当局今日正进行紧急会议。千千万万的难民，如潮涌到上海。

国民党士兵及民工在挖战壕以应对战事，脸上流露出迷茫

苏州国民党军队撤退　上海形势陷孤立
南翔昆山已发生战事　国民党军队在浙赣筑新防线

路透社上海4月24日电　上海今日因中共军队以闪电战术渡江，直冲南京、上海地区之心脏；中共军队警备部队现正向南京推进，而其在东面100英里以外之前锋，又分三路猛攻，期使上海陷于孤立。

陈毅带领的军队于过去12小时，已将上海西北60英里公路交通中心、地势险要之地常熟攻陷。一般相信，自常熟出发之中共军队，现正于东南方面之重要公路出发，进逼上海东面20里之铁路中心南翔。一尚未证实之报道称，中共军队已开抵距离南翔4英里以内之嘉定。

南翔国民党军队将不予以抵抗，故预料不出24小时，即将被攻陷。中共军队占领南翔之后，即可表示其将大举南下，穷追国民党军队，或仍挥戈前进，直扑上海，与当地人数不多之国民党军队决一胜负。

另外一路于今日进驻苏州之中共军队，据闻现正东上，向25英里以外之昆山进攻，该地区国民党军队已于仓促间撤退。现据所有方面之报道，明悉中共军队此次迅速扩大，聚歼自江南撤走之国民党军队计划，已属过迟。杭州方面报道，汤恩伯将军现于上海西南100英里之浙江设立新总司令部。

国民党军队第4、第15军亦能自长江下游，搭乘火车，平安撤至杭州。此等兵团之若干部队，现正送往广州改编。其他则分别送往于浙赣省内。自宁波经由杭州以及南昌之国民党军队新筑防线。

据未经证实之报道称，此防线西端之南昌，以前于芜湖设置司令部之国民党军队，现正向当地撤退。昨晚于九江横渡之陈赓部中共军队，据闻现正沿100英里之铁路地带向南昌推进，但今日并无报道可获。

今日清晨自苏州撤出之国民党军队，现时于上海西南35英里处，构筑新阵地，据闻其等整编当地民团，以抵抗上海南面中共军队之来袭。松江南面沿杭州湾地区之中共军队游击队，目前甚为活跃，因中共军队现欲越过上海，进击松江，深入太湖沼泽地带，直趋嘉兴。嘉兴国民党军队，已将公路铁路破坏，以图阻止中共军队主力之合围。

《星岛日报》4月24日上海电 据军事观察家预料，中共军队有暂时不进攻上海而绕行进攻南昌杭州宁波线之可能，在中共军队得以设立长江下游之供应线前，一时或不可致进攻上海，此项供应线设立之能力，尚待于林彪大军推进之程序而定。

《星岛日报》南京4月24日电 大约有150万名的中共军队，24日向上海及向南推进，迅速行进之中共军队，几乎未遇任何抵抗。

胜利大军开进南京江面 蒋舰七艘投降

新华社南京4月24日12时电 人民解放军已于23日夜12时由下关开入南京，江面蒋舰七艘投降。

1949年，起义的前国民党海防第二舰队司令林遵（前排中）将军及部分将领

这是解放军缴获的国民党海军舰艇。国民党起义的海空军官兵和物资，成为组建新中国海空军部队的重要基础

新华社南京4月24日下午3时电　国民党22年反革命老巢南京，已于23日午夜为人民解放军解放。国民党反动统治宣告灭亡。人民解放军入城后，受到学生和市民的热烈欢迎，男女学生们纷纷向解放军献花致敬。人民解放军已布告市民，城内秩序安定，商店照常开业。

三路大军逼近上海 前锋仅离15里

法新社4月24日电　上海警备当局宣布，解放军距离上海15公里，上海自夜10时起，至第二日5点半戒严。

《工商日报》上海4月24日消息　上海许多大学（包括圣约翰大学在内）的学生在各处张贴标语，宣称："冬天过去，春天来了"、"等待光明灿烂的明天"。据悉交通大学校园已经组织了"和平维持队"防守校舍。国民党警备司令部说对此事将予以处置。

国民党冀白崇禧与林彪野战军决一雌雄 中共军队距上海7里

合众社4月25日电　本日向上海华南进发的中共军队，总数有150万人以上。中共军队又在南京渡江30万至50万人，加强已渡江的100余万部队，已置上海于危急境地。中共军队进展迅速，几完全未遇抵抗，相信上海将于数日内易手。上海共产党地下活动日趋加强。

法新社上海4月25日电　可靠方面消息：中共军队前哨部队已越过上海以西15里，京沪线上的南翔车站，现正向距离市中心7里的真如推进。在真如建有中国无线电台，上海警备司令部发言人对这些消息拒加评论，但称自现时起，一切军事消息将由官方"中央通讯社"每天广播三次。另一方面，该部并禁止报馆发布除该部所发之外之有关军事局势的消息。此间观察家认为中共军队仅将包围上海，而不开进上海城区，以待当前的谈判结果，该项谈判目的在于不经斗争而使上海投降中共军队。可靠消息谓，上海市商会与银行界的按标正对"京沪杭卫戍司令"汤恩伯、"上海警备司令"陈大庆施以强大压

京沪杭卫戍总司令汤恩伯（中），为蒋介石在上海的挣扎卖命

力，该城可能由国民党军撤退。同一消息称："二月份领导首次和平代表团的成员，已被委托担任说服上海国民党军事当局，开始和中共谈判的工作。"

传中共游击队已抵杭州东南20英里处 杭州局势紧张沪国民党军队一部撤退

法新社上海4月25日电 上海国民党军队一发言人称，所有国民党军队现均沿京沪铁路，有条不紊，撤至上海外围地区。目前集中上海19个军之兵力总数，其深信当地防务甚为坚固。上海国民党军队之陆上退路"沪杭铁路"截至今晚，仍可通车，嘉兴仍为国民党军队坚守。铁路管理局今日宣布，开往杭州之火车，继续行驶，今晨开出两列，多数是乘客或是军人眷属。非官方讲，若干装甲车队及步兵大队今日已驰往杭州区域，因闻杭州东南20英里之地区已被中共军队游击队占领，对杭州颇有成为一种威胁之敌。浙江省政府撤往宁波之后，杭州士绅由教会"之江大学"校长及省参议员数名率领，组织治安维持会。

美联社上海4月25日电 中共军队今日以闪电式攻势，直逼杭州。其目标则为包围自上海退走之30万国民党军队。中共军队距离杭州之远近，传说纷纭，且缺乏切实之军事情报。盖有称中共军队已将上海西南53英里铁路中心嘉兴占领者，倘若属实，则自上海挤乘火车至杭之最后可能已告断绝，因嘉兴可控制沪杭铁路，嘉兴虽有失守之说，惟今晨尚有火车自杭州开来之事实。目前军事情势瞬息万变，嘉兴或于列车通过之后即遭中共军队占领，亦属可能。

合众社上海4月25日电 国民党军队军事领袖谓有7军约24万人包围上海，但记者巡视西郊，并未发现有大规模激烈抵抗之准备。观察家相信此等军队将奉命撤退，上海将无激烈战事。

蒋机两架起义

新华社北平4月25日电 国民党运输机两架先后自上海、台湾起义参加解放军。一为国民党空军第十大队101中队C46型飞机，由中尉领航员沈济世、中尉驾驶员刁光第、中尉通讯员王伯泉等7人驾驶，于本月9日自上海飞抵解放区。该机为美国经菲律宾运沪援助国民党者，启用仅两个月。另一架为C4飞机，由20大队中尉机械员郝子仪等于17日自台湾新竹机场飞来。

中共军队绕攻吴淞　切断蒋军海上退路

战火逼近上海外舰撤吴淞口

《星岛日报》上海4月26日消息　本市背面威胁剧增，解放军现已避免正面进攻上海，而绕攻吴淞，以切断蒋军海上退路。今日警备司令部发布的战报中亦承认：解放军约千余人今晨在常熟浒浦、福山等登陆。

合众社上海4月26日电　过去48小时内显然已向预定地点集结的中共军队，现已自上海四五十里战线向吴淞港展开攻势，国民党军深恐将遭遇两面同时夹击使上海与南北之联络齐断，即调3万人往前传已弃守的苏州。今晨9时苏州长途电话报告：因中共军队展开攻击，该处夜间可闻大炮及机枪声。已成为空城历24小时以上的苏州，于昨夜已变成国民党军之一座武装阵营。其九部国民党军已逼近到封锁苏州城门，布阵抗拒中共军队进攻。

新华社长江前线4月26日电　人民解放军23日晚解放南京西南的著名米市芜湖，并于24日截获逃敌国民党军第二十军、九十九军两个军大部，予以包围歼灭，俘敌13000余人。另有芜湖伪保安团等千余人，于芜湖解放当时，向解放军投降。刻人民解放军芜湖市军事管制委员会警备司令部已奉命成立，军管会主任为杜义德，副主任为李步青，警备司令员为范朝利。

《星岛日报》汉口4月26日消息　军息：军方证实，安庆国民党军队于23日晨全部撤守。又，黄陂以北及云梦安庆间，顷新到中共军队10万余人，番号不明。

中共希望保全上海

免受战火之灾

合众社上海4月27日电　据上海灵通消息人士谓：中共之旗可于一到三个星期之内插在上海。但本社据悉，中共之旗早已在吴淞附近出现，美英舰队之所以决定由沪撤退皆因此。据本社向欧美及中国人士征得之意见，都谓上海之被攻占将非由百万军队之进攻，而是由于一个烂熟之瓜之崩溃，否则由于行将进行之和平谈判。倘上海自行崩溃，则将引发暴动。同时中共军队将在西区截断上海之农产供给，不出一星期，上海即达到崩溃之点。但据市供应当局谓：上海可以支持此种局面三星期。然地下人员已进行投降谈判运动，并每日刊发一种油印报纸，多数军政人员及商人均认为此处比较安全。一般人尽数以为中共军队之进攻本市，只属一种软化作用，而非有意以大炮破坏此一最富庶之城市，其意乃欲占领无缺之上海。实际上一般人恐惧者为国民党军队之破坏，国民党之和平代表团尚留平未返。

国民党放弃苏州
中共军队离沪不足百里

合众社上海4月27日电 中共军队经两日之停顿，今日已大举向上海推进，猛攻其西南50英里之苏州，并派遣先锋部队攻入距沪市25英里之地面。中共军队经整理及休息后，现分两路进兵，并或将于西北滨海之处，攻入沪市。中共军队此次重拟攻势，调动庞大部队，配置于广泛区域，经由苏州以及杭州西北65英里之广阔，俾能进攻杭州，使与上海隔绝。国民党军队现已承认，中共军队现已占领苏州，其对上海东面之公路铁路干线，均能控制。苏州东北25英里之“支塘”，现亦被中共军队占领。政府情报局顷已对中外记者公布紧急公告，谓对于时局变化，本局及各地方分局殊不能预言于紧急时，尚可照常办公。特请所有外籍记者于4月29日以前来办理离境执照。

合众社上海4月27日电 国民党军队今日放弃苏州，据闻为时不久，中共游击队旋即于苏沪间之昆山展开活动。“官方”声称，昆山尚未发现大批中共军队，且亦无国民党军队驻防，现仅有少量民团防守而已。苏沪今日午后3时，电话即已不通，上海一家报纸记者，在常熟于电话中断以前曾有报道，中共军队分别在长江南岸之浦浒、福山登陆。

法新社上海4月27日电 警备司令部今晨宣布，中共军队第29军、第23军主力万人，刻自西北及西面进攻苏州。据称：苏州车站附近之猛烈炮火，自昨晚10时开始。据可靠方面消息，今晨由沪至苏之火车现已停开。苏州常熟间电话，昨日午后即告中断。

路透社上海4月27日电 宜兴镇“官方”前日报道，已被自无锡西下之中共军队占领。无锡位于京沪铁路，此等中共军队部队一旦会师联络，即可自西北方面，及自北面苏州，以威胁嘉兴。长兴复有公路，直通杭州，杭州即为宁波、杭州、南昌国民党军队之新防线之枢纽。

国民党动用舰队载军队离沪

合众社上海4月27日电 因中共军队前进，上海加紧疏散。央行已遣一部职员赴穗，并准备全体南迁。海军一队中有前日驱逐舰一艘，前美扫雷艇四艘及小艇数艘。今日均满载军队及军装离沪。“政府”新闻处向所有外国访员及其眷属，发出紧急通告谓:“因时局迅息万变，不能预知中央与地方政府究竟能办公至何时，故请各外国访员及其眷属立即请领出口证，无论如何，不可延至4月29日以后。”

大上海战事即将展开东进中共军队已抵达真义

《工商日报》上海4月28日专讯 据国民党某军事要员表示，“保卫大上海”战事，即将在昆山展开，国民党已有军队自台湾源源开来，大上海之防务日益巩固，国民党军队正在淞沪沿线布置坚固防御工事，及分驻各要道，海面亦调集军舰十余艘，游弋于崇明岛附近。城郊工事建筑，已有装甲部队驻守。

合众社上海4月28日电 逐渐逼近上海者为由苏州东进之中共军队，昨晚已抵真义。国民党军队正在昆山至太仓间长达三十里之线布防。上海方面至今无战事。

路透社上海4月28日电 今日此间报载：由太湖西岸前进之中共军队现距杭州六十里，在南京东登岸之中共军队由苏州分途推进上海及嘉兴。官方证实火车已停止开往苏州，今晨有列车开往昆山，

1949年5月上海外围战斗中的我炮兵阵地

由苏州开出之最后一列车于廿六日晚抵沪。据其中一旅客称：该列车开行时，苏州已闻炮声。据军事观察家称：中共军队是否直捣上海或绕过上海，尚且无断言。

合众社上海4月27日电 据县府某职员廿七日晚在长途电话告合众社称：国民党军队于是晨三时撤出苏州。国民党军队现沿京沪路东退，已抵上海以西四十五英里之处。县城国民党军队又已撤出常熟（苏州东北25英里）。目下国民党军队经组成一新防线，长凡三十英里，由昆山而至太仓。太仓距吴淞约二十英里，黄浦江与长江即在吴淞汇合。

中共军队已攻占广德、长兴

合众社上海4月27日电 上海西南正酝酿大战，中共军队向杭州施压力，企图楔入上海与华南之间。据本日接得消息，中共军队已占杭州西北五十三英里之广德及广德廿五里之长兴。中共军队据杭州仅六十五至七十英里。

美联社上海4月28日电 中共军队在此区内似分兵三路直指目标：攻沪一路似有四千人；由苏州攻杭州一路人数似更少；后两路目标均力图杭州。今日下午三时沪杭铁路仍全部通车。中共军队最近此线之一路似为吴兴。

路透社上海4月27日电 中共军队初步渡江后即停前进者，料是运大炮及其他重兵器前来及整理部队，然后继进。

《工商日报》上海4月28日特讯 据悉，中共军队一部自苏州向南推进，使政府军不得不退出苏州南苏嘉兴铁路上之平望。又一中共军队部队自太湖西边南下，通过防务薄弱之长兴，攻击杭州北四十里之吴兴。又中共军队部队现在太湖南岸向杭州进逼，已逼近沪杭铁路。

又讯：中共军队已推进至距离上海不及三十八英里之地点。据称：中共军队其余先头部队已进入唯亭之郊外。

合众社上海4月28日电 国民党军队顷宣称，苏州有秩序之撤退，是实行原定计划。据闻国民党军队现自昆山，以迄大场，约三十英里之地段，构筑阵线，大场距吴淞仅为廿英里之遥，吴淞位于黄浦江及长江交接之处，可控制上海之水道。

中共军队猛攻昆山，国民党上海驻军『象征性抵抗』

沪市区国民党分布重兵防内部暴动

合众社上海5月2日电 上海警备司令部今日午后公告称：经过中共军队一度向昆山猛攻，即继续安静4天，今日上海西部又发生战事。国民党军队于昆山一役，既击退中共军队，且使其伤亡甚众。昆山边境国民党军队虽于晚间遭中共军队强大有力之重炮轰击，但仍能坚守昆山。当地国民党军队虽终夜遭受中共军队重炮轰击，但仍“拼死抵抗，堵遏中共军队，不任其冲入昆山近郊”。

合众社上海5月2日电 上海争夺之前哨战，经四日之沉寂后，本日又加速起来。从铁路线昆山（上海西23里）附近，小队中共军队已被守军“肃清”。并谓该小队中共军队似牵制行动，人数不过百名，另队中共军队则在太仓西北7里地区活动。惟许多观察家相信中共军队尚未开始向上海真正进攻，或尚未准备取上海，以待选取有利于彼等计划之时间。

合众社上海5月1日电 本日国民党军队徐徐向上海撤退，对于向海岸紧迫之中共军队未予以认真的抵抗。上海境内分布重军以防市内暴动，惟对于中共军队之进攻未有决心作战之征象。

《星岛日报》上海5月2日电 据国民党军方公布：（一）太仓西南方向之真塘镇，昨日有中共军队200余活动，驻守军派军搜攻后该地已无中共军队行踪。（二）中共军队二十九军主力一部，1日夜10时向我昆山东南5里之青暘港阵地猛烈攻击，经守军迎击后，中共军队向西北方向退去。（三）昆山城郊1日晚虽曾遭不断炮击，惟该地迄今仍安然无恙。

二、砧板上的上海

两军重兵云集，将领战前叫板阵阵。此刻生活于上海的工商巨贾和外国人，如同热锅上的蚂蚁，四处寻找逃离之路，倒是上海市民，依然在担心维生的斗米与牛奶。在媒体记者的刻画下，这是一幅鲜活的战地孤城图。

传和平移交上海
具体行动暗中举行

路透社上海4月25日电 根据接近国民党高级官员的国民党方面消息：根据北平方式，完成和平移交上海的最初具体行动正在暗中进行，此一行动将使中国第一大港口免于战火的破坏，但此项消息，在目前并未得到任何方面的证实。据未经证实但流传于各国使馆方面的消息称：京沪杭区警备司令汤恩伯已离开上海，而解放军也已在上海西北22里的浏河完成登陆。

路透社上海4月25日电 今日中国消息：上海与其外围的局势，已因国民党军增援部队（包括来自台湾）的到达而有所改变，本地消息称，约有1.5万美国训练及美式装备的国民党军今日自台湾抵此，他们是曾在台湾接受美国军事顾问团训练的部队。

国共上海大战一触即发
中共军队加紧对沪的围困

合众社上海4月28日电 中共军队今日进入距离杭州四十英里及嘉兴十英里以内之地面，对上海四周发动加紧围困之攻势，中共军队若一举而占领嘉兴，即可使沪市之路上退路割断。另一中共军队部队于过去48小时欲进攻包围沪市水上退路之吴淞炮台，但未能成功。此外中共军队两部队集中于太湖东西两面陆上作战者，据闻已于嘉兴以北十英里平望车站外数英里地面会师。据闻，撤退之国民党军队业于平望构筑阵地，此实为嘉兴以上国民党军队最后之前哨。西路中共军队纵队与自苏州开来之东路纵队，将于不及四十英里之处会师。嘉兴今日午前十一时四十分电话报告之情势，大致如此。

外报记者参观上海防线
汤恩伯部加紧修筑防御工事

合众社上海4月28电　记者今日完成上海防线25里之观察，目观无数国民党军队身穿整洁军服，加建防御工事。余与一国民党军官及一能说中英语言司机通过拥挤不堪之难民营向西而行。余等行抵沪市中心七里之处，即见以巨杉筑成之工事。该工事沿沪杭路环绕沪市约廿五里，新近始告完成。每杉相隔六寸，入地二尺。因敌人炮火可摧毁此等木工事，故此大防线之目的，似为安全而非为防御。沿主要公路之防线，均有数缺口，由三合土机枪阵地防御。军营联合放哨，荷枪实弹，检查入市之车辆行人，在本栅之外，余等目观军事活动异常紧张，士兵每隔约一百码之路面建筑障碍物，其他士兵则赶筑三合土或泥之机枪阵地挖掘战壕及设置木之车辆陷坑。

士兵自作大部分工作，但见若干平民，在武官监视下被迫工作。余等见甚多装甲车正在进行战略演习。若干部队杂有身穿制服之女子。余等越过虹桥机场已达最后之外围防线，可再向敌军方面前往，但不能再返上海。余等此行先后被盘问检查达三十次之多。余等深悉汤恩伯将军防止敌人渗入之彻底，但恐上海因内部经济混乱及第五纵队活动失守，而汤将军之防御工事尚未见敌人也，在北站附近，哨兵击毙一人。余返回总部后，获知于淞沪警备司令部今日开始逐家搜查，目的在将无居住证之人驱逐出市。凡无居住证者均须携行李解送出市。

1949年5月中旬，上海争夺战战况正酣，一名解放军战士站立在守护岗位上

国民党军方发言人召开记者招待会

中央社上海5月1日电 “淞沪警备司令部”发言人张泰祥1日下午3时于招待记者会上分析最近军事态势，指出中共军队渡江以后，军事进展虽似迅速，然已伏下一大危机，即其补给线随时有被截断之虞，如遇挫折，其败亦胜如江河之一泻千里。张谓：“军事上胜败非决于一城一地之得失，而在于消灭对方之主力，国民党军队现争取主动地位，仍然保持作战，犹如赌博，‘等’、‘忍’截断，即将过去，将伺机作‘狠’之表现。”

战神步入上海街头拥塞 搬家车担耐藏粮食利市百倍

《星岛日报》上海电 沪市今日之慌乱情形，已甚于昨日，北区交通孔道，终日被搬运行李什物者所堵塞，市民纷纷储备粮食燃料等必需品，以资应变。咸菜、咸鱼等便于久藏之食物，莫不利市百倍，各南货店生意兴隆，有如农历除夕，货价混乱，大头小头现钞本票身价大有区别，今日买白米一担，需大头八枚，美金折价以八折计，百货店则门可罗雀。各娱乐场所已乏人光顾。

自当局宣布上海进入战时状态后，紧张气氛与日俱增，由于郊区市民向市内移迁，络绎不绝，路途之塞，在沪西、闸北、沪东等郊区，都很显著，搬家所用车辆，五花八门，其中以老虎车、拖车、马车、三轮车为多，大卡车、小汽车亦算不少，车夫趁机勒索，从江湾到北四川路底，竟索到食米七八斤之多。此外最兴旺的生意，便是皮箱，销路特好。市上昨普遍拒收银行本票，甚至连央行定额本票，也不例外，由于现钞难得，一般店家生意奇淡。昨天虽是周末，但各机构均照常办公，中央银行也不例外，市财政局为赶办市府发薪手续，全体加班一天，虽加班费只有金券5000元，只能买大饼一只，但是为了大家都能准时拿到临时增发的1.62万倍的新津，加班者毫无怨言。各治安机关的紧张情绪，更倍于常日，马路上的传言增多，由于通讯及交通不便，传说的消息，是真是假，极少能得到证实。实际宵禁时间昨日又提早于10点半开始，至第二天清晨5点半止，8时后路上行人就很稀落，触目皆是荷枪实弹的军警人员，沿苏州河各桥头，分布坦克车辆，桥下船只强迫疏散后，更现一片凄凉景色。

江淮人民6000万斤大米送前线 以行动报旧仇

新华社蚌埠5月1日电 江淮解放区各地人民正在全力支援解放军过江。该区过去曾经过两年的敌后坚强斗争，至今年初始全部获得解放。其淮河以南大部分为新解放区，但人民因过去遭受国民党摧残压迫，目前情绪极高。

邳睢县新设县，动员组织常备担架时，占城乡贫农陈起超说：国民党在时，保长曾经把我打得死去活来，这次我一定要参加担架队，帮助解放军到江南去消灭国民党军队报仇。

六合县人民在缴粮中提出“人息碾不息”的口号，并将城区10家碾米厂全部动员开工，20天中即缴粮4万石，并碾好送给人民解放军。含山县东林民工在修筑桥梁时，正当大雨，民工们全身淋湿，眼睛都睁不开，但仍坚持着工作，在一昼夜中修筑了5座大桥（计三十八孔）。定远、凤阳等六个县人民一起动手下，在半个月中即征好2500万斤大米，动员20万民工星夜赶运。

在交通线上，每个粮站的周围彻夜汇成人流车流，忙碌地起卸装运粮食，五分区（辖巢县、和县、含山等六个县）在全分区设立了50个粮站，修筑公路1175里，桥梁75座，并完成1000条船及万余船工的组织工作，由于人民发挥了高度的支前热情，总计全江淮解放区已顺利征借6000万斤大米，保证了人民解放军的供应。

全区除临时动员4000副担架，1万2000副担子，5000辆小车外，并组织了常备担架4100副，挑子1000副，小车6000辆。民工们向家乡父老保证：“解放军打到哪里，我们坚决支援到哪里。”

主要大厦防暴动 国民党派兵侵据上海

路透社上海5月1日电 上海600万居民在休假状态中度过今日，他们穿上最好的衣服在街上挤着，影院及其他娱乐中心均极拥挤。交叉路口停着装甲车准备应付任何骚乱，但今日并无示威，假日在寂静中过去。

上海市四郊警备部队忙着增筑碉堡，所有通上海市的道路均已设防。今日被国民党军将顶层占为据点用的建筑中，包括英商华懋饭店、皇宫饭店及百老汇大厦，携有机枪及其他装备的军队坐在一些摩天大厦外的路上等待着几小时，而屋主则与警备当局争论未经请求即占用他们房屋问题。

合众社上海5月1日电 上海今日开始变得像个军营，街头行人均可目击国民党军作如此的行动。今日军队进入某些摩天大厦的行动，震撼上海人心，使和平易手的希望为之黯淡，此惊惶的感觉由于相信当局如不与中共作战，亦正在预防内部暴动。在此次行动之前，陈大庆（京沪杭警备副总司令兼淞沪警备司令——编者注）曾发表声明说：所有高大建筑均已被择为驻军场所，以镇压可能发生的骚乱。

防民之口胜防川 沪『警备部』严格检查新闻 制定『新闻标准』勒令每日送检原稿及报纸大小样

《文汇报》上海5月1日消息 “蒋党”在上海之倒行逆施，益变本加厉，“警备部”昨起实行检查新闻，中外日晚各报一律送检。警备部公布之新闻检查暂行办法如下：

1.为使新闻报道正确，适应军事要求，维持地方秩序起见，特定本办法。

2.新闻检查之范围包括：(1)报纸（包括中外文日报晚报小报）刊载前之所有原稿或大小样。(2)中外文各通讯社送登各报之电讯及通讯稿。(3)中外文各通讯社发往外埠或国外之电讯通讯及稿。(4)新闻杂志之原稿。

3.新闻检查标准包括：(1)不得有违反“反共自卫战争”之言论。(2)不得有影响治安及社会秩序之言论与记载。(3)不得破坏“政府”法令。(4)不得造谣惑众。(5)不得为共军张目或宣传。(6)不得有破坏军民合作之言论与记载。

1949 年，上海黄金交易所

4.报社通讯社新闻杂志等送检之原稿及大小样如有违反前项检查标准者，分别予以“免登”、“删登”或“缓登”，其有违反检查者，视其情节之轻重，依戒严法令分别处理之。

沪经济情形更剧恶化 米面菜肉跃涨数倍 香烟涨得最离谱
『国民政府』公布4月下半月生活指数 二周来生活指数已增加25倍

《星岛日报》5月1日讯 食米交易时间，近日至为短促，于上午9时半开市，10时半交易已毕。昨日米价因金钞银元上涨，故亦再狂涨，南市场白粳1500万元，薄稻1560万元，早稻1410万，各涨近一倍。但折合银元仍与上日仿佛，白粳5元，薄稻5元2角，北市白粳薄稻各为1200万元，均为现钞价格。二市登记到货347石。

食油涨飙，金钞银元狂涨一倍余，但涨势尚不如银元之远，故折合银元价反见下降。豆油收11900万至11200万，生菜油9800万，吉桶生油11200万，均为本票价，涨一倍多。折合银元豆油16元，生菜油13元，生油16元，各降2元。面粉价跳五成，由于金钞涨势连连，初喊银洋1元4角，收市以420万成交，仅合银洋1元2角。

美联社上海5月1日电 上海经济情势愈发严重，二周来生活指数几已增加25倍，金圆券继续贬值，美钞已跳至270万金圆，如以银行支票兑换，美钞竟高至700万金圆，此因各银行未有足够现钞支付支票，而引起各方不信任所致。

合众社上海5月1日电 市中目前已有暴动之更大危机，此种危险系由经济危机所激成，而非由于外间之进攻。

1948年，上海人排队用纸币兑换金条。1948~1949年，国民党政府实行“币制改革”和“限价政策”，发行金圆券作为本位币，引发金融危机

路透社上海5月1日电 沪"市府"经过数日的考虑后，期待已久的4月份下半月生活指数，已于昨晚公布，增至37倍。本日米、蔬菜、肉类、香烟及其他日用品价格猛跳数倍，其激烈程度为沪市空前未有。跳得最惊人的当推香烟，老牌子香烟有在数小时内猛跳数倍的，外国香烟最低已涨至每包200万金圆。

路透社上海5月1日电 "财长"刘攻芸昨日飞穗，"央行"高级职员偕行者多人。刘行前告记者称，他赴穗向何应钦（国民党政府行政院院长——编者注）报告经济金融情形，并将回沪以有效措施，稳定金融与物价。

上海人更害怕国民党军队打劫

美联社三藩市5月2日电 据由中国返抵此间之一美籍难民言，上海四周起立木栏以为防御，但在外人眼里只有若儿戏。有名斯特朗者昨日同其妻乘飞机返国，称上海四周起立9尺高之木栏，所用均为联总之木料。因此种木板仅厚1寸宽8寸，故普通运动员纵身一跳即可越过，否则吉普车亦极易撞穿。斯氏与其妻均信国民党军队在上海仅将作象征之抵抗，各商店现均在窗外增加铺板，其恐怖打劫，实有甚于中共军队。

上海菜太贵市民吃素成习娱乐场所生意萧条

《大公报》上海5月2日消息 小菜价昂，市民茹素成习。星期天本来是招待亲友吃饭最理想的日子，但因菜价太贵，遇到什么人光临，做主人的大都抱着恕不招待的精神气。昨天有人要吃客饭，跑了半个钟头，找不到一家饭店，原来昨天是劳动节，各店休业一天。据说，各店本来不想休假，因生活指数刚发表，市面又混乱，趁此机会，休假一天，倒也不无小补。商店不能拒用本票，但货价却已先提高，若于商店橱窗上的条子："本票十足通用，银元格外克己"，有的写"银元购货7折优待"。1万元的金圆券，在市面被认为小票，连买

风姿绰约的旧上海舞女

只大饼都不够资格。时局紧张，娱乐场所生意萧条，但大华所放映的茶花女，独场场客满。

『蒋军』在沪胡作非为 外商担心资产被毁

合众社上海5月2日电 上海的洋商不知道他们在中国所已投的巨资命运如何，大家镇静地抱着听天由命的态度等待着。他们也晓得除了“等着看”以外没有什么办法。美国海军已撤离长江，从前官方宣布派遣海军陆战队保护美侨财产，大家曾一度有恃无恐，如今却简直靠不住了，据估计目前美国在华投资为两亿五千万美元，英国投资为10亿美元，大部分都集中在上海一区，美商经营的有上海电力公司和上海电话公司，前者以油料为动力，乃世界上最大电力厂之一；后者办理成绩不佳。英国人在上海的不动产方面更投入巨资，其中包括最大的公寓、旅社和写字楼。

路透社上海5月2日电 虽然今日消息灵通方面均传上海至少在一个月内可以“安全”，但各国撤侨工作仍继续进行。在最近几日内离沪的船，据说票都已售完，据调查国民党占领了许多大旅馆及摩天大厦的底层及顶楼。“警备部”今日宣布：这是为了维持法令秩序，及预防变故，市中心近日有一大商店停闭，约有500军队在五楼上设立住宿所，并在顶楼底层加以防卫。大部分舞厅均已被当局征为军用医院。

合众社上海5月2日电 上海今日颇为平静，但居民都不知道国民党军队为何要占领了许多著名的摩天大厦。警备部的理由说是为了保护，然而一般市民却莫名其妙，不知军方的下一着是什么。各公园及公共场所，热闹的情形一如往昔。球场、戏院、舞场等都有人满之患，但因宵禁所限，须提前在晚间10点钟休息。

『当局政府』将组特别购米局

路透社上海5月14日电 据悉：在紧急时期内，当局将组一个特别购米局采办食米以供市内需要。是项步骤系由市长陈良与米商代表开会决定。市政府将极力援助购米计划，并寻求必需之运输工具，载运米粮来沪。过去数日内米价飞涨已引起市当局重视，市当局努力平抑米价。警备部宣布凡抬高米价者将依戒严法查办。囤积或拒绝不售米者亦受处分。昨日米价每担为18银元，10日前仅值6个银元云。

《工商日报》上海讯 最近听上海无线电节目，我想大家都有这样的感觉：不但是电台减少，就是每家所播放的广告几乎也一元化起来了。每个广播员都想用他们伶俐的口齿来渲染“吃”的问题。有的说：某店的青油好，没有小菜的时候拿来冲碗汤吃吃，比鸡汤还要美。有的讲：某某铺子的热猪油，拌饭吃顶便宜。还有一个广播员活灵活现地为肉松作广告说：这种东西，可以贮藏起来，以应不时之需。干嘛这样做呢？也可说是时局在生活上的反映。

你在街上走路的时候，随便抬头一看，到处可以望见一串串的黄鱼，像万国旗似的飘荡在人家的屋檐下、铁门上甚至马路两旁的竹篱笆，风景也成了它们出风头的地方。怪不得现在流行着这样一句话：“家家户户抖黄鱼了。”

记得从前黄鱼是说不到上品的，买两条咸黄鱼吃吃，又算得了什么？没想到最近竟转了个一百八十度，红了起来。最吃香的时候，一块大头只称得八九斤，同时还得手快脚快，慢一步，就会向隅。大家存货足了，价钱也稍带跌了一些，但仍不失为大众的宠儿。到无菜可吃时，取一两条出来煎煎，还不失是一道可口的小菜。

提起买菜，可说是老妈子最伤脑筋的工作了。她们走进菜市场，碰到熟人，就会自然而然地讲起来：“你们近来吃点什么菜?”“没有什么吃呀！你们呢?”“还不是一样！这日子真是不好过。”“苦哉!”她们把这些现实的问题代替了往日的寒暄。

其实呢，菜市场上素菜应有尽有，可是问一问价格，就会使你有点茫然了。母鸡一块银元2斤，客气一点，多加4两，银元以大头为限，这倒并非鸡贩子故意刁难，他们向主顾诚意地解释道：“先生，我们去串货时，一定要拿大头作准的！实在没有办法啊!”黄鱼虽上市已久，8角1斤的价钱吓退了不少普通的顾客。菜钱仍以金圆券计价，算起来，比以银元计价的菜似乎便宜得多了，但平常要买几把素菜，也非几十万圆莫办。

有一对广东夫妇昨天兴冲冲地提着篮子一同到菜市场去，想乘星期例假买点鱼肉打牙祭。但一问肉价，竟要240万元，大吃一惊，手里捏了一百多万元的钞票有何用处，于是在菜市场上徘徊了半天，互相发了一顿牢骚就回去了。

此外，听说从前安福系时代的某部长公馆，目前由于菜价，无形中等于吃长寿了。一桌8个人，每顿只吃6个素菜。那位部长太太不忍心让老太爷吃这样的苦，另外特地为他做了一份白切肉，放在他的面前，但老太爷不愿独享，自己拣了薄薄的两片肉后，即把其余的分给他的家人，每人一片。一般小市民的伙食也就可想而知了。

市民储粮应变 『警察局』严禁操纵米价

路透社上海5月15日电 上海“警察局长”毛森昨晚呼吁上海六百万市民照常活动，镇定生活。……他警告称，在此过渡期内必不可避免遭受困苦。毛森呼吁人民乘粮食来源未断时，尽量储备粮食及日用品，以备应变。他警告米商称：米价暴涨，不仅威胁人民生活，抑且影响市内和平及秩序。任何操纵米价将受戒严令处分。

沪市民平静待解放 穗赌场生意兴隆

路透社上海5月15日电 除战事接近外，此间今天又响起了警报。长鸣的警笛使门窗不断震动，往常船只拥挤不堪的黄浦江已是面目全非，荒凉之至，只有几艘中国船匆忙地在各处装货，以往的小船都绝迹了。

美联社上海5月15日电 昨夜从上海市区可以清晰地听到吴淞口方面的炮声及爆破声……上海等候解放军的到来太久了，现在已引不起过大的兴奋。

1949年5月20日，上海争夺战进入最激烈阶段。在一场恶战之后，获胜的解放军把被俘蒋军押出战壕

路透社上海5月15日电 解放军疾进声中，上海四周“难民”大量涌入市中心区。他们大部分都是由上海市边界逃来，带着行李及许多日用品东西坐着黄包车往市内走。

上海外商航线
明起全部停飞

路透社上海5月16日电 据悉所有航空公司航线，自明日起均将停开。但海外公司说，该公司飞机仍可用以运输。中航与央航说他们将尽可能继续经营下去，泛美公司发言人说，他们最后一次离开上海的飞行已于今晨九时飞往香港，西北航空公司亦作同样声明，说将于十七日停止正常飞行。外国轮船公司亦已决定停止营业，最后一艘外轮油船“蓝立克”号昨日已开出。上海港内现已无外轮碇泊。

法新社香港5月16日电 上海三千英侨中，只有百分之五决定接受英领事馆劝告撤退。英侨一百廿人，多为妇孺，今午由皇家空军及海外公司之森德兰飞艇撤抵此间，这些飞艇是香港政府派去接他们的。

上海四周火光烛天
蒋军疯狂焚烧村落

美联社波斯顿5月18日电 《基督教科学箴言报》所载香港特约通讯说：蒋介石秘密留沪，显然在指挥上海的国民党军。该报说：“前虽宣布蒋介石已到厦门，实则不然。和他在一起的还有‘空军司令’周至柔，‘海军司令’桂永清。”“这一来，集合了上海历史上算是顶大的几个兵头，力求支持国民党军所谓决不弃城而逃的大话。上海周围乡村都进行着疯狂的破坏。不但民房被战火烧平，连运河和许多河流上古老的滚石也都拆掉。邮电检查空前严厉，不准提及上海可议宣布为不设防城市，意在防止不利国民党军防备，可致降低士气的报章。”根据这个特约通讯，众信蒋介石和汤恩伯都毫不留情地利用上海阻挡解放军势如破竹的进展。“上海日趋实力战争的方向，和平分子完全湮没。”又据合众社载基督教科学箴言报香港通讯称：上海大多数外国商圈已秘密和其本国首都（华盛顿也在内）接洽，请求尽可能对蒋介石施以压力，使他不再把上海变成为战场。上海人最担心的是国民党军的“焦土政策”将殃及许多公用事业，如美商上海电力公司一旦破坏，所有工业动力、自来水、电话等便会立刻断绝。

法新社上海5月18日电 火光浓烟今天整个包围了上海。战事虽然在早晨就停止了，国民党士兵却继续在上海外围的村落房舍放火，不分皂白，也显然没有军事上的必要。四郊外国人的产业也未必能例外，虽然曾广提抗议，但中立性的建议似未被考虑。

上海四乡浓烟四起，惨不忍睹，树木被伐，村民们的家被破坏了，自己又被征用去筑防御工事。有一个有力的例子可证明盲目的破坏。上海南面三十六华里的仁丝疯人院的教堂水源都被国民党在撤退前断绝了。

三、上海攻守战

似乎是有默契，也似乎是力量悬殊到失去悬念。上海的易手，最终是以一种近似和平的方式，国民党军为保持实力，实现划江而治的目的，选择了放弃。此为上海之福，这座中国最大的城市，最终躲过了一场战火，但不甘失败的国民党军，在上海失守后不断用军机轰炸上海。

解放军疾进 『钱塘江防线』断沪杭联络

据路透社讯 国民党军阴谋炸毁钱塘江大桥，阻解放军南下。

嘉兴方面，解放军分路进迫，城内可闻隆隆炮声，到埠小轮都已停航。吴与东进的解放军经南浔至泽，并在平望架设浮桥。另路循苏嘉路南下，进攻平望，南迫嘉兴。在解放军两路夹击下，嘉兴国民党军已是恐慌万状。

上海东面的昆山，背面的太仓都无大战。据合众社讯，沪昆间火车昨天恢复行驶。上海国民党军陆续派兵增援浦东，3日前有1000人自上海渡黄浦江赴浦东。

赣北方面，渡江西路解放军深入赣境，克浮梁、越乐平，迫贵溪后，南昌国民党军已呈动摇。国民党赣省府已迁赣县，只有方天留守。原驻九江的“第八绥区”亦由徐祖贻率领自九江逃到南昌。浙赣路以南昌为中心，现仍勉强分段行驶，东段由南昌驶上饶；西段自南昌驶株洲。南昌、九江间的南浔路若断若续。

国民党空军炸毁被俘军舰

中央社上海5月2日电 据悉：拱卫“首都”即在长江作战之海军军舰，除“永嘉”等4艘冲出江阴要塞、中共军队炮队所控制之狭窄江面，退至上海外，尚有军舰8艘，为中共军队俘获。“当局”为防此种军舰为中共军队利用起见，连日由空军派出大编队轰炸机，前往南京、下关、采石矿一带，对八舰实施轰炸。截至5月2日止，计已炸毁6艘，余2舰亦已中弹受损，不能行动。

中央社上海5月2日电 4月23日起，沪市十日夜飞机起落不停，据悉：主要之军用战斗机，皆已集中上海，以“雄厚”兵力，对中共军队继续作战。

中立军事观察家怀疑蒋方所言空军实力

合众社上海5月3日电 中立观察家有鉴于去冬中共军队开始向长江推进时大批“政府”飞机、地勤人员及其他人员已撤往台湾，推测目前可出动保卫上海的“政府”空军力量并不强大。观察家认为:“政府”空军于去年12月间既不能阻止中共军队直搏长江岸，则是否能对尽享上海的中共军队作有效力的抵抗，实成疑问。但观察家承认“政府”空军亦可能重调相当数量的飞机和人员，作此最后一拼。

目前对“政府”空军实力估计纯处于推测。据信“政府军”可能有数架P五一型机B廿四型机在上海区作战或待命，“官方”对上海西、南面之状况报导始终未提及空军参战，上海本社与附近地区之电话联络，亦未提及此事。过去数日内，间或有“政府”飞机在上海市中心区上空低飞，使居民憬然回忆起1926年日军青年占上海时之情况。

传中共军队不入沪为政治原因

合众社东京5月3日记者巴托鲁苗电 中共军队如非因恐惧入沪后引起纷乱而毁灭全市者则随时可入占上海。现有种种迹象，指示中共军队何时入沪，只属政治而非军事问题。据上海之高级国民党官员之意见，均认为共产党政府命令一下，中共军队即可进占上海。然此项命令预料最少亦在两星期后始发出。一般相信上海易手时将有小冲突，但无大战。凡欲离沪之美侨早已尽去，其尚留沪者，准备中共军队进占后仍留而不去。现民航机仍可在龙华机场上落。但因该机场位于郊外，有随时停闭之可能。美国投资之命运发生问题。灵通人士相信美国产业暂时不致被没收，因共产党无技术人才经营之，故预料美国企业仍能继续经营。共产党只征收重税及加以限制，与乎鼓励工人要求发应变费而已。如此办法可以继续数月，直至企业主人自觉厌恶而止。上海防军之营养与装备均佳，且人数亦多于中共军队，但彼等自信不必作战。

英美商人向联合国呼吁设法防止上海沦为战场

路透社香港5月4日讯 此间确可靠消息，上海甚有名英美及其他外籍商人，现拟联合向联合国呼吁，以人道主义为理由，设法防止上海沦为战场，或请联合国劝国民党政府放弃上海。据上海消息：守上海国民党军队不止损害上海近郊私人财产，且上海经济极度困难，已无力负担维持如许大量军队，而上海防筑工事并不稳固，若仍要抵抗，只有破坏上海建设。虹桥一带近郊区域，华丽建筑已被军队损害，且环绕上海防卫壁垒又阻碍粮食输入。上海警备司令曾表示守卫上海到底，倘守卫上海到底，能实现重要之军事目的者，则外籍居民亦愿与全城居民共同抵受中共军队来围攻之恐怖，但自长江防线崩溃，上海确不能守，若仍抵抗，只有涂炭上海600万无防卫之居民；且上海繁盛工业在战争当中势不免被破坏，上海工业生产力量占全中国80%，亦为上海许多工人生活所赖者。

大军挺进嘉定摧毁浙赣西段国民党防线，解放东乡县城

《文汇报》综合报道 上海西北的解放军，已入距上海15里的嘉定北区，“警备司令部”也承认“嘉定发生小规模战事”。嘉定位京沪公路上，距铁路7里，在防守上海的地位上极为重要，它是上海外围弧形防线的北面支柱，西北距太仓12里，东距吴淞口仅10里，如吴淞口得手，解放军可封锁黄浦江一切船只。

据合众社讯 昆山方面中共军队第31军半数以上，已于9日开始猛攻城垣。“国民党空军总部”公布：“中共军队似由昆山出击，想移其战线至市北周围，准备直接进攻，但其防线已为‘空军’粉碎。”

国民党称决不放弃上海 并以捍卫上海之办法防卫广州

路透社广州5月12日电 “政府”发言人今日称：“政府”实无放弃上海之意，因战略关系，将被迫至汉口撤退，但对江西南昌，则因其于作战上价值重大，必全力死守。

又称：“政府”既无自广州撤退计划，目前亦不恐惧中共军队深入粤境，也为时尚早故也。该发言人等，系自南京撤退之后，首次向出席会议之中外记者60人报告。军事发言人邓文仪称：上海防务巩固，援兵已经开到。海空交通战线照旧开放。

陈毅所部12个军，现成已配置于上海弧形阵地，计其在外围者六军，行货走三军，镇江三军，均准备攻沪。此等中共军队于上海地区，已损失2万之众。嘉兴中共军队5万，伤亡颇重。林彪所部装备优良，现正向汉口推进之东北中共军队，恐系声东击西，或将与防卫南昌之国民党军队交战。

国民党军队强调南昌在战略上之价值谓：倘被占领，则中共军队即可向汉口后路推动。若汉口难守，则留后之国民党军队或将开往湘南，以强化计划中之防线。目前南昌尚无战争发生，但国民党军队现正准备迎击陈赓之第四兵团。刘伯承中共军队系图谋向福建进发者，刻正受给养困难之阻碍。“政府”发言人鲍静安称：“政府”对现实湘西之变乱，已有确定之方案，不久即可解决。此事与共产党无涉。

美联社广州5月12日电 国民党军队昨晚举行之一会议，决定以捍卫上海之办法，防卫广州。该会议出席者为“李代总统”宗仁、何应钦、于汉谋、薛岳、张发奎等。薛张建议，当抽调西北大军，强化粤省防务。惟该案未发已否通过。国民党政府现已调派舰艇，驶往海南岛，因闻中共军队万名，图谋再度进攻大陆故也。国军驻防粤省西南雷州半岛之一师，获悉过去数周，有中共军队600以上于其防地登陆，刻已严加戒备。

解放军对沪 包围圈日益缩小

《文汇报》综合报道 解放军对上海包围圈日益缩小。自昆山、太仓、嘉定、罗店、浏河解放后，京沪线汤恩伯军改以大场为枢纽，困守吴淞、宝山、南翔一线。解放军战略目的，显为先下吴淞，切断蒋军海上撤退道路。据路透社上海14日电称：“沿月浦经杨行至狮子林一线，战斗激烈，如中共军队控制狮子林，则吴淞海港麻痹。

而大场江湾二地机场已入炮火射程之内。传汤恩伯现已加强防守龙华与虹桥二机场，建立一新防线，自龙华机场以南12里的闵行起，经龙华心安7里的莘庄，而至黄渡附近。”

外围据点相继弃守　铁路停开
中共陈毅部队志在必得

路透社上海5月14日电　上海今日争先恐后搭机南逃之新举动，正在发展。负责捍卫沪市郊之国军，往来于震撼之炮弹硝烟之中，以抵御愈来愈近之中共军队快速进攻。上海此时因警备司令部业已命令停开各铁路班车，故实际上自沪市最后撤退，仅能搭乘飞机。同时，英国总领事巫尔客哈尔特已劝告英侨勿再逗留于此危域之中，当趁此最后机会，由海空两路向香港疏散。中国官方报称：中共军队于国军自上海外围地点如太仓、昆山、嘉定、松江撤退之后，即自各方面集中，进攻沪市。中共军队最为接近沪西及西南方面之地点刻尚难明，惟西北方面之陈毅部队，今日午后已与扼守黄浦江之国军援兵，作“一决死战”，且对大场及江湾之国军机场，亦志在必得。据云国共双方部队呼应助阵。可能此旧日拥有“东方巴黎”之称之上海，将成为凡尔登，或斯大林格勒。

国民党军队在沪中心区构筑工事

路透社上海5月14日电　内战逐步迫近，市中心已开始构筑防御工事，室内随处可见铁丝网与沙袋组成之临时堡垒。北站与通达上海最大机场之江湾路，现已满布铁丝网障碍物。上海市政府、亚细亚煤油公司等重要大楼门前，满布沙袋。是项防御工事系在表示战事已迫近上海之炮声中筑成。轮船与飞机之乘客亦不见得挤拥业务，已将上海之过多居民，疏散回彼等在苏州、徐州及其他共区内之故乡。一等获得军事当局许可，则帆船及大木船将驶往共区。此举用意，并非在与共区通商，其目的仅在输送难民回乡而已。

中央社广州5月12日电　广州绥靖公署发言人12日下午接见中央社记者谓：闽北各县情况安体如恒，浦城现有重兵驻守，仅崇安建阳间，有共产党游击队骚扰，破坏电线，致联络中断。

中共军队进攻吴淞口 战事仅距沪北8里

路透社5月14日电 据今晚公报，国军在吴淞附近之宝山与杨行区经血战数小时之后获一大胜。该区之危机暂已度过，国军可以量守新防线7日或10日。此新防线由宝山越过京沪铁路以达南翔及莘庄。

《工商日报》特讯 上海14日息：淞沪警备司令部承认中共军队已至上海北8里地区。政府消息称：国军主力部队已发动反攻，目的在包围并歼灭威胁上海之中共军队先头部队。保卫黄埔江口之吴淞炮台，13日夜发炮不停，炮火已连续30小时之久，吴淞炮台离上海北仅13里。

路透社上海5月14日电 上海国军在市郊防线抵御急进之中共军队，致市内门卫为炮火所震撼，今日由此间乘飞机逃亡华南者复多。现因各路之火车均停开，唯一撤退之路只余空运之一法。

上海成『世界上最明亮的军事目标』 蒋军撤离武汉『惜别』地方父老

《大公报》综合报道 上海近郊战事重心仍在吴淞口，国民党利用海军空军配合台湾新军在该地背水作战。上海以西的南翔、黄渡解放后，大军对上海的包围圈半径已缩短到十里，国民党残军昨天又退入距离市区不过五里的新阵地，解放军在若干地点已可看到市区显著目标。市区以内可闻机关枪声，登楼远眺，炮弹爆炸地点可历历入目，昨夜全市灯火通明，美联社誉为“世界上最明亮的军事目标”。

吴淞口战事达第三天，高潮未退。解放军主要目标显在此处，得此可控制围困或直接拿下上海，随心所欲。月浦、杨行附近有大战，国民党虽出动达三百架飞机轰炸扫射，仍难遏止解放军前进，现距吴淞炮台八里，英美海军都撤到射程以外。

据合众社说，解放军为保全上海起见，将不向市内发炮，仅将海陆空交通枢纽完全攻倒，逐渐缩小包围圈，迫蒋军投降。所以一面攻击吴淞，一面分兵南下，与西路大军取得联系。

攻占南翔、黄渡的解放军，已进迫虹桥，西南方面大军也进抵龙华机场附近。龙华机场是上海民航基地，指挥塔因受战火波及失却作用，所以泛美航空公司及西北航空公司都宣布停飞上海，似此，即属外民航通路也要变成死路一条，上海附近的四个机场，因残军退回最后防线，眼看就要相继失却效用。解放军的包围圈即将缩小，而兵临这孤城的国民党木头城防了。

战事激烈 国民党调台湾援兵扼守吴淞

中央社上海5月15日电 军方十五日上午十一时息，“大上海保卫战”开始，已达三日，国民党依预定计划，十四日已放弃黄渡、南翔，向主阵地集结兵力，准备聚歼进攻共军。

合众社上海5月15日电 战事迅速逼近上海市郊，中共军队一面进攻吴淞，一面逼近沪西八里地方。大战之地点仍在沪北，以长江南岸为基地之共军正建立阵地，使能直接扑攻吴淞。根据今日下午各消息：北路之共军正增兵南进，其目的有二：一在攻陷吴淞；一在与由西推进大翔及南翔之中共军队会师。

路透社上海5月15日电 自国军在上海外围向市区总退却后，中共军队今日进至可以望见上海多数要据之地点。然国军得海空军之助，仍能扼守吴淞，使黄浦江通海之道依然洞开。国军现在沪西五六里之新防线掘战壕，新防线由沪西北直达真茹及虹桥机场。海军舰队与飞机三百架，及坦克军数十辆，援助在台湾训练之新兵数千，扼守吴淞口，抵御中共军队之猛攻。据官方公报谓：昨日吴淞之战歼中共军队五千人。此役为中共军队渡江后廿五日来之最剧烈者。据空军总部宣布：在过去廿四小时内，派出飞机二百架在沪参战，在太仓，嘉定及吴淞区共炸毙共军万余人，并炸毁共军卡车八十辆，炮位八个及木船一百艘。

战火愈逼沪中心区 机关枪声可闻

《工商日报》上海5月15日消息 沪全市均可闻清晰炮声，除终日助战飞机，往返掠过市空，及警备部分队装甲车及机动车不时巡逻街头外，警局为防止闲民暴动行为，确保治安，今晨已令各分局切实在各街道里弄要口装设障碍物，以备临时闭塞，限廿二日以前办妥，其他市民表现却甚镇定，今为星期日，除少数机关及公司例假停止办公外，市上各商店照常营业。

中共军队使用『人海战术』月浦杨行刘行激战

合众社上海5月16日电　上海争夺战今已入第五日，中共军队在炮队协助下，如浪潮叠拥而来，惟吴淞炮台西七里至十里之政府军阵地仍然坚守。政府公报及凌晨报告表示过去二十四小时间，中共军队东南两路夹攻吴淞炮台，及上海北面国军袋形防事，只有少许进展。吴淞发出之震炮在过去二十小时内，已见减少。据警备司令部最近公报，昨日下午中共军队得廿八军增援后，再在月浦、杨行、刘行附近施行攻击。官方公报首次指责中共军队使用“人海战术”，空军司令周至柔昨日飞刘行吴淞上空，指挥空军作战，蒋纬国则率装甲部队在吴淞附近作战。

虹桥龙华吴淞川沙附近激战汤军有撤退模样

美联社上海5月16日电　中共军队现正进攻陈纳德的虹桥飞机场附近，虹桥离上海市区仅十公里，离旧法租界仅一箭之地，该机场已有好几个星期未加使用。一切飞机均在上海西南边缘龙华机场起飞，中共军队离虹桥机场仅十公里。中共军队一纵队据称已自黄浦江南面包围上海，显欲攻打浦东。

合众社香港5月16日讯　中共军队今午已渡过上海以南的黄浦江已进抵龙华机场炮队射程之内，国民党军则开始自上海以东海岸由水路撤退，这一消息是由巩美航空公司最后一班飞机的机上职员和乘客带来香港的，该机于今日中午自上海搭载最后一批难民来此。该机职员称，中共军队挥舞着战旗（以此识别部队）渡过黄浦江，该处在龙华以南约三里处。同一消息并称，他们曾看到好几艘大船，有几艘还载有飞机，另有许多小船出海岸，直开上海以东。国民党军向海上撤退，说明汤恩伯已调动他的部队南向——唯一他可能去的方向，如消息证实，则过去中共军队进占其它城市的方式可能会用之于上海，在进行这些撤退（特别是天津和南京）的同时，国民党守军总司令部再三声称，“保证”该城等将守至最后一人。

上海争夺战进入最猛烈阶段
沪西郊炮声震动全市

路透社上海5月17日电 上海全面争夺战，现已进入新戏剧式阶段，因西北郊区兆丰公园（即沪西梵皇渡）已发生恶战，重炮及空炸声不绝于耳，全市为之震动，其战斗之烈，为在此次战役中未有。

上海约翰大学即位于此区。国军飞机本晚在浦东一带投弹，因自本日上午，战事延至该地，隔黄浦江可见数处起火。中兴轮今晨经过扬子江口时被中共军队炮击。

路透社上海5月17日电 中共军队虽暂不进攻吴淞，仅将国军退路封锁，但今日对浦东港实施猛击。今日午后官方一公告承认，二千名中共军队业经越进吴淞东南十六英里要县川沙，刻正向黄浦江口挺进，另一路中共军队则攻击更南方面之周浦。

路透社办事处获见川沙地区数股融融大火，历历在目，其地距外滩对岸，不及刘应力之遥远。据官方报道，国军增援部队现正反攻。惟闻中共军队亦于川沙东面，一登陆舰艇，远远运兵，证之政府空军公告所称，今日已将中共军队满载士卒及给养之五十艘以上大型戎克船炸沉，即可推知其员额甚形庞大。

又称，政府空军大场机场三英里以外之刘姓小村，刻发生一拉锯式之激战。现闻中共军队今晚凭据壕沟将上海围困于一半圆形防线内，即起自上海北站三英里外之真茹，经由距兆丰公园不及三英里之北新泾、梅弄、莘庄，迄于龙华机场往南四英里左右之处。国军刻于浦东，亦扼守一道于黄浦江平行并列之防线。

合众社上海5月17日电 各路中共军队已合围上海，北则逼近吴淞炮台，西南则逼近虹桥机场。今日淞沪警备部公报称，国军经苦战后，仍固守吴淞以西七至十里之防线。中共军队渗入虹桥机场以北数里之南围及国军阵地。国军已派兵增援。上海黄浦江西南岸之中共军队已进抵南汇县。今日中国空军公报谓，中共军队大举增兵进攻吴淞区。空军昼夜出动炸击中共军队，歼中共军队数千计。又国民党称，彼等破坏中共军队炮位多个，并歼中共军队五千人。淞沪警备部之战报又谓，国军在杨行拊中共军队之侧翼，致使中共军队后退。又中央社讯，在过去四天内，吴淞炮台并无损毁，因中共军队大炮之射程未能达到吴淞，中共军队虽曾一度进至距吴淞五里地方，旋即后退，故吴淞后现未受威胁。

日本『志愿军』登陆东北上海

《大公报》讯 广州5月18日来人谈：广州盛传国民党政府与美国的日本占领军及被占领的日本签订了一个“军事同盟协定”。这个协定是在冲绳岛签字的。国民党政府由蒋介石代表，美国驻日占领军由麦克阿瑟代表。依照协约的规定，日本派遣大量“志愿兵”分在东北及上海登陆，助国民党军队作战，抵抗人民解放军。将来的东北四省和现在的台湾则由美国日占领军管制，建为“反攻基地”。此间国民党人得悉上述消息后，极感兴奋，日来纷纷以此为庆祝，狂欢痛饮。

浦东蒋军一万就歼杨树浦趋紧张 外滩区亦将封锁交通

新华社上海前线5月19日电 上海前线人民解放军，在上海市以东的浦东区歼灭国民党军万余人。人民解放军对川沙城东北十余里的邻家码头、小营房、九港、白龙港之敌发起攻击，将守敌五十一军残部及暂八师残部包围，……将该敌完全歼灭，生俘敌四千余，毙伤敌四千余。另部解放军在川沙城西南三十里之周浦镇一举歼灭国民党青年军二零四师的一个团（缺四个连）及江苏省保一旅、保二旅全部，生俘保二旅旅长孙云辉以下官兵二千余人。

《文汇报》综合报道 由于浦东局势的进展，黄浦江西岸的上海繁华市区，倍形紧张。上海“警备部”自十九日晚起戒严提前一小时。（即自入晚九时开始）杨树浦区（电力公司所在地）已禁止市民通行。一说外滩即将封锁交通。昨日有国民党军一千名，由西郊乘货车东运，增加市区的东北面。

浦东大军昨晨十时起，由王家湾、高兴、新陆等地，猛歼走廊地带困斗的蒋军，一部且已深入至南桥以南的八字桥。

黄浦江中所有商船，均奉命开往复兴岛停靠，两三小军舰则彷徨江内，作支持作战状。中共军队一纵队，自三林塘（距龙华三里）推进。龙华机场自晨至晚可闻五里外之炮声。机场上停留的飞机，准备即送“要人”们逃走。

路透社消息 “中共军队自西面及西南近迫上海，企图摧毁并跨越上海卅万守军的防线。”虹桥机场情况不明。“中央社”的解释是:“七宝、莘庄、虹桥机场地区的”国军“已重新完成严密部署。”（编者按：七宝、莘庄已解放）“警备部”公报披露:“两个主要空军基地，仍在‘国军’手中。”

浦东烈焰蔽天 炮弹射进市区
国共两军拼死相持中，火势猛烈村落工厂毁灭

合众社上海5月20电 浦东今日激战甚烈，因中共军队援兵开到，启向上海闹市所在之黄浦江岸，打开血路，而国军步卒及装甲部队又获空军掩护，一致联络抵御。“政府”一公告称：国军增援已于海岸上陆，进袭中共军队后路，与浦东四周反攻之友军联合作战。国军于浦东，甚难得收，已无多疑。若干中国方面报导称，国军于沪市东面十八英里川沙附近业已受挫。警察局长毛义谓，国军大批援兵刻正源源不绝，自某基地开拔抵沪。

“政府”空军今晨最后之公告称：沪乡第八日之战讯，即昨天终日，吴淞炮台附近及浦东若干地区，均在激战。据可靠方面报导，中共军队昨日已进展至距黄浦江两三英里之遥，惟今日“官方”公告所述，则所有战区，均在十二英里以外。

美联社上海5月20日电 因炮击之结果，浦东沿黄浦江本日晚共有二十六处起火，有起于工厂者，其中有距黄浦江东岸仅数百尺者，直延至上海至奥泽炮台中途。除一串火焰外，本晚比较平静。

路透社上海5月20日电 国民党军队昨日放弃其在上海西南郊所建防御工事，此举既其他凶兆性战事发展似与警备司令部所宣告对包围的中共军队，尤其是西南方面作战胜利说不符。五百万以上市民在细雨霏霏中，复度过不安之一夜，远处炮声作催眠曲。

路透社上海5月20日电 本晚此间报纸谓国民党在华区之军事前线急趋恶化，昨夕“官方”中央社不依时发表公报。上海昨晚进入被围之第八晚，炮火声稀，空气沉闷，乃属凶兆。

《星岛日报》上海5月20日电 国民党空军总部宣布，国军战斗机击破中共军队之渡过黄浦江及攻打龙华机场之企图，龙华机场之防务，已大为增强，因中共军队已绕至上海市之南，并占领飞机场东南八里之地，上海东面之威胁，较之北部或西南部更为严重，“政府”报导暗示中共军队沿西部战队，逐渐迫近，随时发动。警察当局正式承认浦东中共军队未遭抵抗已达黄浦江东岸，正与外滩市区相对。入夜战争已转平静。国军虽称在过去二十四小时内，战事已不似以前之紧张，但因外滩之封锁，一般人颇感不安。据本晚中文报导称：亲“政府”军事观察家，初信国军尚能支持一月，现已修改其估计。

法新社上海5月20日电　今晨又有一新法令，禁止外滩一切交通。该区交通不得不转至其他狭窄街道，因之引起额外拥挤，摩托车、卡车、三轮车、人力车、单车，和行人群几乎完全封锁了这些街道。车辆行路极窄，要花好几小时才能到达终点。一部分摩托化炮队及军车亦行经这些街道，使交通更为拥塞，并把行人赶到一旁去。外滩恰得其反地只容军车、警察、救火车及伤兵车行驶。该区已呈半荒凉状态。

路透社上海5月20日电　上海平时喧闹嘈杂行人众多的外滩区域，与其堂皇富丽的高楼大厦，本日已成为无人地带。国民党军部队以刺刀阻止行人车辆行近此间商业中心。沪市“警局”昨日下令封锁此价值十亿美元的外滩区域，而与全市其他各区隔离，封锁命令昨晚由“中央社”正式公布。该公布称：黄浦江戒严时间本日起延长一小时，每夜由八时起即行戒严。但未说明理由，相信为浦东中共军队威胁加强使然。

据非“官方”消息，向黄浦江岸出击的敌对中共军队，已将接近某目标。沿黄浦江长达五英里地区，起自旧租界至杨树浦，均已禁止行人行近，该处原为多数上海主要工商公司所在地，内有英商太古公司、渣甸公司、汇丰银行、渣打银行、麦加利银行、亚细亚石油公司、字林西报、国泰饭店、英总领事馆及上海俱乐部等，其他尚有法商十五层楼大厦、美商格林大厦、美总领事馆、惠中饭店、中国银行、中央银行、交通银行、江海关办事处及招商局等。在杨树浦苏州河的对岸，有美商上海电力公司的巨大电灯厂，全市赖其供应电力。

合众社上海5月19日电　因危机迅速增高，军事当局已宣布新办法，以维持秩序。散兵、暴乱者及形迹可疑者，均将以逮捕。所有无业游民及有参加危害治安及秩序之活动之嫌疑人，均将逮捕，有令其列为军方之服役者。

解放军迅速收缩包围圈
留沪蒋军约余五六万

《文汇报》上海通讯　解放军正以雷霆万钧的攻势，迅速缩小对上海的包围圈，为避免反动派空军的狂轰滥炸，每天夜晚便是解放军大举进攻的绝好机会，当黄昏降临的时候，炮声便照例响起来，直到东方黎明的时候方止。炮声愈响愈近，临近郊区的屋宇都为之震动。早归的人们紧闭门户，躺在床上静待着扭转乾坤的迁移。

从种种方面看来，反动派都已失去了任何有组织的抵抗力量和防卫力量。街道上虽然几乎所有的红绿灯旁都堆上了有枪眼的沙包，零星地站着几个武装的士兵，但就常识判断，那仅是用来维持市内“治安”，防止所谓“暴动”的，而对于强大的解放军，是没有丝毫作用的，因为一小枚手榴弹便可以完全摧毁它。

据此正确的估计，目前反动派留在上海的兵力总数不过五六万人（陆海空均包括在内），而之于放手如此广大的上海区郊，那是非常笑话的，而且兵员们的战斗力尤其是战斗意志是意外薄弱，一旦接触，都会交枪投降。因此，反动派指挥当局不得不用重点主义，把兵力集中在赖以逃跑的吴淞口边的宝山县外围一带，以阻止解放军的“封口”战略。尽管报纸上怎样渲染该地区的国军大捷，但据军方人士透露，防守该地区的五十二军已伤亡过半，没有伤亡的也都疲惫不堪，苦于挣扎，同时“蒋二公子”（蒋纬国——编者注）在该地区所指挥的战车兵团也损失了三分之一，其余的为避免“牺牲”，已于前日奉蒋介石之命撤往台湾。

今晨中共军队猛攻浦江两岸据点
传汤恩伯已乘飞机逃走　蒋军弹尽

《文汇报》上海5月22日消息　“淞沪防卫司令部”发布战讯：沪西南七宝之线，昨晚八时以后，发生猛烈战斗。中共军队两千，附小炮八门，向国军阵地猛攻，国军采取机动战法，将中共军队诱至主动地猛击中。又据二十二日下午十时前方电话：七宝方面中共军队数次进攻，国军正予阻击。据说“南部主要阵地，确保无虞”。

《文汇报》讯　本港中国航空公司前日又接到了上海该公司的紧急电报，在昨晨六时，急派十架运输机，飞往台北，再转上海。传说因为被困的上海蒋军子弹用尽，这十架飞机是往台北运子弹去接济他们的。昨天晚上，飞机还没有回来。

浦东中共军队逐渐接近至黄埔江边
国民党飞机低空轰炸　大火蔓延将及黄浦江东岸　炮声紧密震撼全市

路透社上海5月23日电　据中央社消息：浦东本夜八处发生大火，火势甚猛，黑烟蔽天，约距黄浦江东岸不过半里，因此浦东战事已达决定性阶段。同时大炮及机关枪声连续不绝，市区房屋为之震动，上海之争夺战，迅速进入最高潮。

路透社上海5月23日电　当一切都暗示中共军队已在对岸的浦东逐渐进迫之时，市中心区今晚又为步枪与机枪声所震响。大火已经几于烧到东岸的边沿。当入夜步枪与机枪声更为密集的时候，几千在屋顶居住的市民，自动逃下躲避。黄浦滩上空一片红色，从来枪声没有今晚来得那么近。今晚贴在街道转角的布告牌书："如果一家发现窝藏共党，邻居便要受处分。"

"中央社"报道　浦东罗家渡方向中共军队离黄浦滩不及半里。国军轰炸机与战斗机今晚全力对付浦东中共军队。向先头中共军队低飞轰炸扫射，飞机在黄浦江滩的摩天大厦之上空掠过，施行猛烈攻击，可是中共军队有系统地保持他们的压力。黄浦江东边的炮声火光已显出战斗将发展到顶点。同时据迟到消息，说吴淞的争夺战已复起。

路透社上海5月23日电　中央社称：国军此次反攻实为沪战开始以来，最为令人惊心动魄之发展。并称：吴淞东南五英里高桥海滨浴场，刻已成为浦东中共军队之一集合场。……浦东其余地区之战争，则所有报道，均以中共军队仍是主动，且正向其目标地点挺进，施行压迫。今晨旧法租界外滩对岸之浦东地区，又有数股冲天大火。至机枪轧轧之声，则于外滩可清晰听闻。官方现已承认，虹桥南面不及六英里之国军险要七宝，已为中共军队占领。但吴淞地区，因国共双方现均整理部队，故所有报道，均谓平安无事。军事观察家或信，中共军队对沪市所取战略，仍欲控制吴淞，封锁国军最后退路，并当吞食整个浦东半岛，然后又一连串同时并进之渡江作战，以进攻上海之繁华中心。

上海外滩战事正酣
解放军攻占南昌周边德安樟树

路透社上海5月23日电 外滩正对面之浦东，今晨似是唯一之战事所在地，该区传开之迫击炮及小武器声音，均清晰可闻。最近之中共军队距上海之经济与财政神经中枢不过一里半。浦东方面仍有几处大火，有已燃烧数日者，有正开始燃烧者。上海之其他战线，则战事沉寂，其中包括龙华机场，昨日下午有中国民航飞机三架降落，但无指挥塔之指导。

相信各机是来自上海另一方面之中国空军之江湾机场。江湾是上海机场最繁忙者。江湾机场因是战略机场故常备有适当之增添燃料队及工作队，而能协助各战斗机及轰炸机二十四小时飞行数十次，然以最近飞行次数与上海战事初期相比，则已略为减少，因国共战线之接近，及前线之混乱，此等每小时飞行四百里之蚊式机及野马式机，须低飞作细微之整理。

过去数日间此间之密云天气，实是空中作战减少之原因。据“官方”及扫射轰炸之所见，则并未有空军飞机被中共军队高射炮所击落，但浦东之北方则闻有高射炮弹之爆炸甚多。数日前曾提及有国民党空军飞机四架被中共军队高射炮击伤。一架被迫由机身着地，全机皆毁。

解放军先头部队今晨入沪
国民党军队仍做零星抵抗

《华侨日报》上海5月25日消息 上海西线被中共军队于25日晨3时许冲入后，“市府”即被接收。中共军队前头部队已于25日进入

解放军向恒丰路桥北的残敌冲击

上海。在战事现仍在北部进行之际，中共军队显已达至占领上海之第一个阶段。

中共军队部队正用各种礼语请市民力持镇静，毋庸惊扰及恐惶。其他部队已开始架设电话线，并用白色之箭头在重要街道交叉点刻有种种符号，规定直达城内之通路。中共军队主力部队刻正在市郊等候开入。美国侨民俱乐部隔邻之福州路警察分署之警察业已撤退，新警察部队多人已于晚间接收该警署，惟是否系属中共军队警察部队，尚未获悉……开入××租界之中共军队，在青色制服上带有“人民解放军”之徽章，制服上染满泥迹，似示曾经激战，开进时并无开火……

目前市区未有中共军队出现，偶有守军部队游行，但无佩带手枪，如休假之兵士。又在市府大门前有国军四十余人，于其沙包堡垒上竖一大牌，书有“欢迎人民解放军”字样。现北方仍有猛烈炮声，吴淞炮台仍在，该方去上海约十里，国军正在力战，以保持此退路之开放，中共军队则两方向之攻击。

《华侨日报》上海5月25日消息　中共军队自沪西推进后，部分国军仍继续作零星抵抗。电流供应中断，市面萧条，闻中共军队纪律尚好。

合众社上海5月25日电　东方之珠上海，今日已为中共军队所占

1949年5月，解放军攻入上海，为不惊扰市民，官兵全部露宿街头

领，此繁盛而喧闹之大城市，已为中共军队在内战中最大之胜利品。中共军队于今晨三时自西方突入，蜂拥进驻市内，实际上未遇任何抵抗。小队中共军队即建立巡逻阵地，大队继续向市中心推进，政治工作人员即随后行入……上海紧张显已过去，因一切已甚清楚，国军虽曾建筑巷战防御，但巷战两字已成噩梦矣。国军现向吴淞北退中，中共军队自东、西、南向市内推进。国军正在进行撤退……上海当有数量颇大之国军部队，彼等现封锁通往北面之道路，以掩护撤退。随中共军队突破东线之消息后，闻中共军队已安然自东面进入市内，警察总局部分人员昨夜携带大量供应品向北撤退。商店均在关门状态中，各处大楼上飘扬白旗，以示降服。警察局亦高飘白旗，市内居民昨晚入睡前，尚在推测中共军队将于何时抵此。今晨彼等已可自窗户外望见其答案矣。自中共军队向上海推进之日起，凡二十四日。中共军队于四月二十日突破长江防线后，于东西南三面包围，并占领上海。

路透社上海5月25日电 上海之大部分（苏州河以南），今日下午已全为中共军队不战而占领，但由于苏州河各桥以北至虹口一带继续有战事，因国军部队为掩护大队撤退而战。两军在两主要桥梁隔岸用机枪及步枪作间歇性互击。同时有数千国军自知逃走之机会已渺茫，纷纷将军服脱去。

四、浴火重生

攻守双方似有默契，尽管也曾发生激烈的巷战，但上海这座远东最繁华的大都市，在共产党政权接掌之时，依然大致保持原貌，并在很短的时间内即已恢复正常运营。

解放军有系统地占领上海
蒋军仍作绝望抵抗

美联社5月25日上海电 经过两星期的包围后，上海在今晨进入新纪元——解放军开始和平占领这世界第四大城。解放军着绿色卡其军服，持大量自动武器，今晨有系统地占领了这座城市，排成巷战队形，一区一区地前进。上海“市政府”和“警察局”是在今天早晨9时被接收的。截至现在，这次易手井然有序，所有看到的解放军都是纪律良好，严格执行自己任务，除在封锁区外，决不干涉市民活动。

合众社上海5月25日电 苏州河桥上蒋军傍晚仍继续作绝望的抵抗，他们不会再活几小时了。解放军占领北站，因此可以包抄蒋军后路。上海其他各区安静，没有紊乱或战事的报道。解放军傍晚移入宿地，补给源源而来，西区南区街上行人转多，部分商店开门。

路透社上海5月25日电 中共军队今晨进入上海后，沪市六团体迅即成立保安委员会。该六团体包括市参会、商会、工会及其他进步人士……该会主要目的为与解放军合作，维持秩序及保护人民，并发出布告：一、所有政府机关及公有事业应维持现状，等待解放军接收；二、要求共用事业继续照常办理；三、不可破坏码头、仓库及车辆；四、抢劫纵火之不良分子，将予严惩；五、希望所有工厂恢复生产，所有市场尽速恢复营业；六、救济难民。

《星岛日报》上海5月25日电 自清晨起，市中心区之轻武器仍砰砰作响，国军凭外滩四川路及河南路三桥抵抗，中共军队于傍晚占领北车站。

上海国民党军撤退后将在华南建基地

美联社广州5月25日电 上海“陷落”颇使广州感觉不安，因不少人颇信中共军队从此将着眼于广州。但因此项消息，尚未十分遍传民间，故货币市场尚无变动。因鉴于上海之“陷落”，行政院本日开会讨论对策，下午或有公布。若干人揣想，上海守军如能撤出，或将来广州。高级当局现仍努力使各方面团结，不少人甚望“蒋总统”来穗。

合众社广州5月25日电 因国军现正撤退上海，广州政府当局亦正努力使各面攻势在华南建一强固基地。据拥护蒋氏复职之国民党领袖云，现已有多人签字，共请“蒋总统”东山复起；同时更闻“蒋总统”及“李代总统”将在澎湖岛相会，因闻蒋氏目前确在该地。有人谓已推出代表团九人，由阎锡山任团长，接洽此事。又预料“蒋总统”将于本月底以前以声明书交广州国民党，发表本人对于解决国民党分裂之意见。同时“李代总统”本日下午通知地方各代表团，谓本人决不放弃华南，并谓“国都”仍设广州。李氏更称

在上海争夺战的尾声，解放军用沙包在市区内筑起防御工事

现已下令华中司令白崇禧及夏威坚守华中。但李氏复抱怨本人不能控制一切国军。军事方面本日承认江西省会南昌“陷落”，但云系国军自动放弃。又云，中共军队已由汉口南进一百里。

上海军管会今日正式成立 外侨劝服国军残兵投降

路透社上海5月27日电 今晨吴淞方面中共军队已与开入虹口方面之中共军队衔接，占领上海工作已全部完成。中共军队在肃清国军残余队伍之最后阶段中，几未遭遇抵抗。其中，不少国军改换平民服装，弃械而遁。上海现已迅速恢复常态，苏州河各桥已开放，车辆行人来往甚密，外滩各大商铺亦恢复，但一般人对共党管制上海政策如何，尚在臆测中。闻上海新任警备司令已抵沪，共党当局不久宣布其政策。

美联社上海5月27日电 解放军今天整个占领了上海。人民的队伍和平地在上海北区执行了中共规章。解放军的完全占领，在进入上海三天后完成。政工人员接过市府工作。军事阶段过去后，接收行动非常迅速。中共第一批政治人员昨天到达，住在金门饭店。中共的新闻政策预料将公布。同时，外国通讯社仍可供给上海各报稿件。留在上海的16名外国记者和广播员仍可自由地向国外发电，毫无限制。

美联社上海5月27日电 上海之战于今日结束，国军最后有组织的抵抗已告崩溃，中共军队占领国军退路之吴淞撤退战败的守军之一小队轮船已从上海北十里处航去。许多从上海北退之国军抵达过

1949年上海解放前，天主教神职人员（包括图中正在登轮的修女）正在离沪

迟，赶不及船。

法新社上海5月26日电 消息灵通人士本晚称："政府"征用之轮船约四十艘本日离吴淞，载去政府军约两万人。观察家分析，约有5万政府军队因吴淞区无撤退方法致被留弃。

合众社上海5月27日电 苏州河国民党军投降后，上海今日一切均已恢复正常，绿色军服的中共哨兵驻守在国民党军最后据守的四大桥旁的堡垒内，国民党军系在昨夜10时投降。今晨，一批苦力首先过桥，哨兵让每个人自由通过，立刻涌现出过桥的人流。白天时中共军队遍布北区，扩大占领区。偶尔尚可闻步枪枪声，但众信最多不过是一两孤立的顽抗而已。料中共军队将在两三天内完成大上海的占领，然后再致力于市政之建立。中共军队军纪优良，行止有

1949年7月6日，上海市百万军民举行盛大游行，欢庆上海解放。参与游行的上海文化界团体举着毛泽东主席的画像，以及“向人民领袖毛主席致敬”、“跟着共产党走”等政治标语

1949年5月，解放军攻入上海，接管上海发电厂

节，礼貌周到。于是一般恐惧的感觉为乐观所代替。市民津津乐道，虽然有许多大厦是大开着，可以用来做军营，而中共军队仍睡在人行道上一事，并一致予以好评。中共军队军官处理苏州河战事的态度也极得好评，他们并不急迫作战，使人民及国民党军的损失都大为减少。对国民党军所守卫的四道大桥，在第一天及第二天上午，他们只用轻武器射击。昨日下午3时，中共军队发出劝降书，告诉国民党军六小时内投降，否则将以较重武器射击，时限一过，中共军队即以重机枪、手榴弹开火，声震市区。外侨在旁力劝国民党军投降，最后他们接受了，条件极为宽大，只是拿走他们的武器，并且仍然允许他们睡在原有的大厦里。降军现在已精疲力尽，正在呼呼大睡，他们睡的房间，就是他们昨日向中共军队用机枪射击的地方。但现在，中共军队甚至不派一个士兵在那里站岗，去打扰他们。

外记者从中帮忙 残兵放弃抵抗

美联社上海5月27日电　昨日午夜上海恢复和平与安静，中共军队接管此城市的军事阶段于苏州河北岸的一次最后激战中结束。因为盘踞建筑物内顽抗的国民党军犹豫不决，使扫荡残余之战颇形复杂，但由于外侨的调解和中共军队疾速开抵，终而击破这种犹豫。自此以后，中共军队即进入虹口及闸北，并迅速消灭若干顽抗者。同时，西北面的吴淞已落入中共军队手，未及逃抵撤退地的国民党军和平地投降。一个月来的围城战和市中心区的两日战争从此结束。在百老汇大厦内汉侨塔巴而最后劝服若干台湾训练出身的国民党机枪手，谓他们的官长已在邻近建筑物中投降。塔巴而和汉普逊夫人借着中国译员的帮助，运用电话来达成劝说工作。国民党士兵终被说服。

①

指点旧闻

治理南京 做给上海看

4月25日清晨，解放军35军103师一位营长在南京寻找民房，安排部队食宿，误入西康路美国大使馆，见楼上无人，便带着通讯员上了二楼，正撞见美国大使司徒雷登在洗脸。司徒雷登吓得哇哇大叫，指着二人问："你们要干什么？"虽然两位军人立即撤出大使馆，但《美国之音》当晚即播出了"进入南京的中国人民解放军检查了美国大使馆"的新闻。为此毛泽东专门致电总前委，严厉批评此事违反外事纪律。

《星岛日报》称"城内外侨甚自由……记者的活动迄今未受限制"，实际上，进城头四天内，发生了六起解放军与外国人争执事件。其中有影响的一是擅闯美使馆事件，二是电报局不让外国记者发报。市军管会外事处处长黄华与市公安局局长周兴在向华东局提交的报告中建议，对于驻南京的32国使馆人员，除社会主义阵营国家外，一律按侨民处理，不承认其外交特权，并限制其活动范围。

共产党政权进入南京后，两件事至关重要：一是稳定形势，二是安定人心。需要中共接管的南京中央政府与南京市政府两级单位共有700多个，公务人员、警察、工勤人员共有7万多人。南京城破之前，"屠城"的谣言甚嚣尘上，至少很多人都做好了失业、饿肚子的准备。对此邓小平告诉接管人员："中央早有指示，一律包下来，三个人的饭五个人吃嘛！"

另一件事，是对金圆券的态度。南京曾有流言，说人民政府不可能承认金圆券，金圆券只能当手纸用了。但中共入城之后，很快便宣布按一定比例收兑金圆券，市民奔走相告，银行柜台前排起了长队。据统计，南京市人民银行一共兑收金圆券876亿余元，兑出人民币1298万余元。

由此，才会出现一夜之间，南京米价下跌24倍，"一块银元可买四石米"——这种现象部分是银价高企造成的，自民国初年以来，一石米的价格一直在四至八块现洋之间，如今银贵米贱，并不正常，不过可以见出市面上的信心。

中共治理南京，其实是做给上海看的。自近代以来，上海既是南中国的经济中心，也是战乱时期东南人民的逋逃薮。太平天国、辛亥革命、二次革命、军阀混战、八一三、一二八……每次上海的租界内外都成了难民汹涌的聚居地。如今，解放军离上海只有七里之遥，大上海如何面对这种局势?

有人麻木不仁、有人醉生梦死、有人惊慌失措……已经解放的南京，自然成为上海照见自己未来的一面镜子。大家都明白，国民党军绝无可能守住这座远东最大城市，是继续南逃，还是静观其变，已经逃到上海的人们，必须做出最后的抉择了。

杨　早（中国社科院文学研究所助理研究员）

2

指点旧闻

上海通胀暴露政府管治危机

国民党弃守南京的第三天，进驻城内的中共解放军约有10万，少数报章虽已复刊，但各行商业依然停业，南京的气氛相当紧张。而此时上海的局面非常混乱，经济陷入瘫痪状态，工商业不能如常运作，投资者因担忧前景，工业产品及工业原料有价无市；另一方面，粮食却供不应求，粳米当天市价约需6银圆（480万金圆券）一斤，生油则售25元银圆（2000万金圆券）一斤。当时中国市面流通的货币大抵有三种：国民党政府发行的金圆券、美钞和银圆（用白银铸造，上刻有袁世凯头像，俗称袁大头）。金圆券贬值速度惊人，4月26日一天之内，兑美元的价格，从上午的40万兑一美元，跌至下午的80万兑一美元。银圆本身是贵价金属，故仍得市场信赖，金圆券兑银圆的价格，约为80万金圆券兑一银圆。同日港元兑美元的价格为一美元兑6元2角。

物品价格暴升，动辄需要数百万金圆券，钞票因而严重短缺，不足之数竟高达2/3，为舒缓钞票不足的情况，国民党政府发行10万元面额的金圆券，上海印钞厂因战事不能如常运作，故需香港印钞厂代为印制，但路途遥远，并没有太大帮助。由于钞票面额太大，千元的纸币被称为“湿柴”（零钱）。买一斤米需要用面额10万元的金圆券48张，如果用千元面额的零钱，则需480张，市民购物必须携带行李箱盛现钞。有关南京前市长滕杰夹带3亿金圆券公帑私逃的新闻看去让人侧目，3亿约有面额1万元的金圆券30万张，但只能兑换3720美元。严重的通货膨胀暴露了国民党政府管治危机。

达官贵人要逃离上海，也不容易。4月26日，香港启德机场通宵运作，将平日每天只有数个航班增至22班，疏导从沪来港的旅客，仍然不敷应用。一张沪港单程机票需95至300美元，款项足够平民百姓购买数年的粮食。从上海逃到香港的政要，包括热河省长、中央信托局局长、财政部部长，达官贵人逃难的排场也不小，据说某官员随身行李有13件，当中不少是黄金。

国民党政府的主要官员，决定将立委总部移至广州，监察院院长于右任、立法院长童冠贤、副院长刘建群等于穗组织“复会筹备委员会”，约有50名立委相继抵穗出席会议，估计会有100名立委会参与；但代总统李宗仁却仍留在桂林老家，夫妇俩更在26日上午为德志中学演讲一小时，如此危急关头，仍有心情为中学讲演，国民党内部不和的苗头，不言而喻。

西方领事馆人员和军队，如英国、美国，需遵守不干涉中国内政的协议，退受上海外滩，准备随时撤退，来不及撤退的外侨，暂时迁往军舰，美国就有200个外侨临时住在美军舰上。美国对华采取不干涉政策，让国民党失去支持；另一方面，中共制定三项纪律、八项约章，敦促军队严守法规，准备和平接收上海。上海失守，国民党恐怕也难再坚守上海以南的地区。

何佩然（香港中文大学历史系教授）

3

指点旧闻

中共欲以最小代价取上海

自古以来，南北分峙，失江淮者失天下，但失去了首都的蒋介石及国民党政府仍未打算放弃战争，而是想顽抗到底。蒋介石27日在溪口以国民党总裁身份发表《告全国同胞书》，意味着“李代总统”主持政局已告无效，蒋介石又从幕后回到了台前。某种意义上说，这是蒋“下野”前就已布好的一着棋。

在这篇文告里，蒋介石号召军民拿出抗战时期的精神信念，要确信“转危为安之机就在今日”，“不惜一切牺牲与共产党周旋到底”。他下令所有部队向沪宁杭撤退，集中兵力保卫大上海。京沪杭警备司令部也在28日至30日大量散发传单，高唱“反共剿匪是救国救民”的口号。

为此上海展开了大搜捕，凡是没有居留证一律驱逐，这就让许多南逃的难民陷入困境。李敖在《李敖回忆录》里记述他父亲说，（本以为）逃到上海就差不多了，然而解放军渡江之后，形势急变，上海俨然成了未来决战的斯大林格勒，物质缺乏、金融失控之外，政府控制也步步收紧。

国民党政府究竟有没有信心守住大上海？从宋子文往台湾运送珍珠金币已足见一斑。政府过早地迁往广州，也给民众一种政府已放弃华东地区的印象。在上海市民心目中，解放军进入上海是迟早的事，这才会出现“解放军愈向上海锐进，则市内亦愈觉平静，一如往日”的现象，许多人的疑惑在于：共产党将如何治理上海这个从未面对过的商业都市。共产党方面，也在为攻取上海未雨绸缪，做着周详的准备。四野检讨纪律问题，事实上是强调解放军在进入国民党统治核心地区后，必须比在东北、华北更注意军风军纪等形象问题，才能彻底地征服民心，从根本上撼动国民党政府的统治合法性。

中共中央军委考虑的最大问题，是尽量以最小的代价攻取上海，获得军事上与政治上的双重胜利。为此，中央军委在4月29日这一天复电第二野战军粟裕、张震及南京总前委，指出：我军既已占领苏州，似宜在苏州停止，让昆山、太仓、嘉兴暂时留在敌手。攻上海的重点应该放在常熟，防止敌人从海上逃跑，一旦发现敌人有海路撤退迹象，立即攻占吴淞，控制黄浦江出口。

同时，中央军委强调，必须事先严戒部队，到吴淞后避免和外国军舰发生冲突，没有中央命令，不得向外国军舰发炮。这是汲取了4月20日解放军军舰在南京长江水面上与英舰“紫石英号”开炮互击的前车之鉴。而英美不愿意将使领馆移往广州，明里暗里，都不排除与中共接触建立某种关系的可能。

虽然尚未取得全部的国土，但共产党人已在慎重地考虑未来的共产主义国家与世界尤其是西方国家的关系。

杨　早（中国社会科学院文学研究所助理研究员）

4

指点旧闻

上海人最怕长时间围城

“他们永远得不到上海。”此话出自旧闻所报道的沪郊前线的“国民党老兵”。要是两三个月前放此豪言，或许还有一些“消息不灵通人士”相信。眼下傻子都知道上海何时易手，决定权是在中共手里。

早在南京失守时，上海人就“在公共汽车里，在电车里，在街头上”悄悄地议论:“快了，快了!”“这一回不出一两个月了!”反而是解放军迟迟不进攻，让上海人“活像热锅上的蚂蚁”，一封来自上海的信里高呼“真的，上海再不赶快解放，上海人们也实在活不下去了!”（天津《进步日报》）

当时，上海守军总指挥汤恩伯逃到了吴淞口外的军舰上。两天前，中共中央军委致电粟裕、张震表示:“接收上海的准备工作业已大体就绪，似此只要军事条件许可你们即可总攻上海。”22日，中央军委再电，要求第三野战军“提前于23日晚发起总攻，25日拂晓占领苏州河以南的市区和浦东市区”。

合众社肯定也不相信国民党军队能守住上海，他们的报道已经揭示了这些士兵如何为了银元还在坚持。有意思的是，有消息称，上海绅商代表曾私下向“汤屠户”汤恩伯接洽，希望他将军队移驻上海郊外，免得骚扰市区。他们进一步的希望，是“上海地方不要受到战火影响”。据说汤恩伯回应得很轻便，给多少多少条黄金，可以让军队全部移驻郊外;多少多少黄金，则可以“不”保上海。

上海人最怕的自然是长时间的围城，有长春、天津、北京的正反两方面经验在先，围城，百姓吃的苦最大。偏偏中共军队围而不攻，绕开上海，长驱直入中南腹地，上海人不急才怪!

“代总统”李宗仁昨日才发表《告全国同胞书》，号称要“从事政治经济军事各方面的革新”，国民党政府所在地广州今日就已“正式宣布金圆券死刑”。真是宣传归宣传，现实是现实。打仗归根结底是拼经济，经济已然崩盘，胜负已无悬念，无非是过程的不同。

虽然中共解放上海的胜利指日可待，但解放区的真实情况如何，仍是国统区乃至殖民地民众心头的悬疑。从“解放区拆散家庭，配给老婆，老头子都关到老人院做苦工，小孩子强迫进托儿所，毫无天伦之乐”的传言中，看得出国民党文宣部门，确实如陶希圣所说，与军队一起在做最后的抵抗。

“进城”是必然的了，“进城”之后如何，中共需要交出满意的答卷，要击破故意制造的“共产共妻”一类谣言不难，难在如何向未占领地区民众传递“普通人生活可以说和过去没什么大分别”的信息。由此不难理解中央军委为什么特别强调“接收上海的准备工作”，总攻上海的大幕即将拉开，一切即将见分晓。

杨　早（中国社会科学院文学研究所助理研究员）

5

指点旧闻

上海和平易手 不见硝烟的战争打响

万众瞩目的解放上海战役全面打响。

20日，中共中央军委同意第三野战军总攻上海；22日，中央军委要求粟裕、张震按原计划对总攻上海进行部署；23日，中央军委又指出，上海解决后，三野可以提前进入福建，“入闽部队只待上海解决，即可出动”，同时，中央军委命令二野要准备好协助三野“对付可能的美国军事干涉”。

22日，上海守军总指挥汤恩伯逃到了吴淞口外的军舰上；23日，李宗仁接受国民党中常会的建议，致函蒋介石，“就国民党当前的情况交换意见”；24日，368名国民党籍立法委员，联名致电蒋介石，请其来广州主持党务。

这一切都意味着，上海易手，将是整个国共战局的一个标志性转折点。上海一旦被中共接管，美国的态度也到了必须明朗的时候，而苦苦支撑的李宗仁，败走大陆的日子亦不远矣。5月25日，注定要揭开许多悬念，许多故事。“农村包围城市”的共产党如何对付这座世界第四大都市，多日来一直是远东的巨大问号。现在，答案要揭晓了。

解放军入城前一日凌晨，上海市长陈良匆匆离沪，临行前委托工务局长赵祖康代理市长。代理什么？陈说：“两件事：一是维持秩序，二是办理移交。”赵与中共地下党早有联系，25日凌晨，听说解放军已经占领常熟路与长宁路两区警察分局，立即电话指示各警察局：“务必维持好秩序和治安，避免同解放军冲突。”赵祖康后来说，他是在暗示警察缴械。国民党驻上海部队也无心恋战。于是解放军进入大上海，基本上波澜不惊。

《大公报》报道了一则有趣的插曲：某对新人定于25日在新生活俱乐部结婚，来宾非常寥落，连证婚人都缺席，临时找人代替。婚礼正在进行，解放军到了，来接收这个国民党机构。新郎新娘宾客们进退维谷。不想解放军很客气地说“你们结婚”，然后站在一旁等待。等到礼毕，又等到宾客们进完茶点，司仪宣布终场，解放军才进场接收。这则趣闻说明解放军接收上海，全无许多人预想中的紧张与惨烈。

撤退之前，国民党市政府曾经下发一个“应变”文件，要求各局尽可能地毁坏各种档卷、财产。据说市府本来还要成立专门机构来执行文件，似乎因为时间及人力关系，改为要求各局"自行销毁"，结果各局都马马虎虎，敷衍了事。上海市的档案，相当完整地移交到了解放军手中。

"当日清晨，苏州河南已告稳定。我到市府大厦，看到已竖起白旗，大门口架放着原警卫市府大厦的枪支，内心很平静高兴。"代理市长赵祖康的回忆，或可代表大部分上海市民面对解放军进城的心态。

可是，真正的考验才刚刚开始。据报道，解放军进入上海那天，每枚银元可以兑换人民币300元。两天后，市军管会规定，禁止使用伪金圆券，人民币1元兑换伪金圆券10万元。上海上空的硝烟已经散去，闻不见硝烟的战争才刚刚拉开序幕。

杨　早（中国社会科学院文学院研究所助理研究员）

第三章
暗战，无处不在

1949年之中国，处处皆是前线，各省皆闻硝烟，但硝烟弥漫处，却还有人在试图救赎。傅作义的义举，使得北京城免遭战火涂炭，而在1949年的香港，傅作义仍是一个谜，有称他虽已投诚共产党军，但心仍朝国民党政府；后又有报道，称其神秘失踪。更大的暗战，却发生于湖湘之地。试图与共产党划江而治的国民党，失去了最重要的一颗棋子。湖南省主席程潜，为保护古城长沙，与国民政府展开暗战。最终程潜率保卫长沙之国民党军，投诚共产党；继长沙在国共暗战中易手后，国民党的大后方——云南，也在酝酿暗战。

一、傅作义之谜

傅作义的义举，使得北京城免遭战火涂炭。而在1949年的香港，傅作义仍是一个谜，有称他虽已投诚中共，但心仍朝国民党政府。后又有报道，称其神秘失踪。

傅作义脱险抵包头正候机飞渝

《华侨日报》8月31日特讯 傅作义脱险业经证实，傅由绥远专车抵包头机场，正有专机两架升火待发，傅可能搭机飞宁夏转重庆。“李代总统”、“阎院长”已经派某大员前往慰问。

蒋氏留渝多日 引起各项揣测 传粤北山岭地区将发生大决战

路透社广州9月2日电 蒋总裁逗留重庆多日，现已引起此间人士之揣测：现时并未获悉渠对于解决西南各将领间之分歧意见，是否刻正遭受困难，抑或傅作义最近突然由北平逃出一事，使渠揣测未能返回此间，国民政府对于傅作义将军偕同随员及卫队二十人抵达绥远之消息，并不多大公开发表。傅作义若非是携有共产党向蒋总裁所提出之各项建议，则是渠在深知与共产党合作绝无希望之后，曾自行设法逃出北平，设若是属后一项情形，则渠对于有意投向中共或脱离中央政府之若干领袖，可能有影响。渠并将引起渠之旧部纷纷从中共手中叛变。据传傅作义将军之旧部，多已来归。据此间获悉：绥远有十七个以上之县份，刻仍由绥远省府主席董其武将军所部军队十万人所控制，董其武为傅作义之一个密切支持者。

合众社广州9月2日电 非常委会一委员今日证实，傅作义已离北平，并与国民党官员接触。但是否逃出中共之掌控，多数人均怀疑。亦无人相信，傅再在国民党中任职。闻傅现奉命暂留绥远，听候非常委员会之后命。该委员会将决定是否准许傅氏复自由人之资格，或将其看管。

马步芳表示
青海仍有骑兵 将在山区作战

《星岛日报》广州9月4日电 西北军政长官马步芳，昨由台湾飞抵穗，今日上午八时往拜访阎锡山官邸，报告西北战况。马氏表示：西宁国军撤退，乃避免与共军正面作战，今后将在山岳地带，配置重兵，遏制中共部队之攻势。又阎锡山“院长”复接见刚由西北归来之徐永昌，晤谈甚久，内容秘密，相信是有关傅作义出走事。据记者观察：傅氏今后之动态，仍待若干问题澄清后，政府始有正式公布。

路透社广州9月4日电 西北长官马步芳今日对路透社记者称，渠数日以来，尚未收获青海省西宁市任何官方之呈报。渠刻对报纸刊载其故里已“沦陷”之讯，未曾予以否认或证实。惟谓吾人现于青海仍有骑兵，以抵抗中共军队。政府军事发言人顷对西宁情势，亦不加评论。

毛泽东、朱德电勉董其武

《文汇报》北平9月20日消息 毛主席朱总司令今天回答绥远董其武将军九月十九日的起义通电如下：

董其武将军及在贵将军领导下的绥远军队全体官兵，政府工作人员和同胞们，看了你们九月十九日的声明，你们的立场是正确的。自从傅作义将军领导北平和平解放后，人民表示欢迎，反动派表示反对，反动派还企图破坏绥远军民和平解放的努力，但是终归失败，你们已经率部起义，脱离反动派，站在人民方面了。希望你们团结一致，力求进步，改革旧制度，实行新政策，为建设人民的新绥远而奋斗。

政协今日开始进行大会发言 到会人员分组讨论国旗国徽 马寅初张奚若等任执行主席

新华社北平9月23日电 中国人民政治协商会议第一届全体会议，从今天起开始进行大会发言。今天在会上主要发言的有十八个代表，计：中国国民党革命委员会主席李济深，华中解放区暨中国人民解放军第四野战军代表黄克诚，人民解放军第二野战军首席代表刘伯承，特别代表傅作义，教育工作者首席代表成仿吾，特别邀请代表陶孟和，民主建国会代表章乃器，人民解放军第三野战军首席代表粟裕，社会科学工作者首席代表陈伯达，中华全国民主青年联合总会首席代表廖承志，三民主义同志联合会代表，全国工商界首席代表陈叔通，中国国民党民主促进会首席代表蔡廷锴，中华全国文学艺术界联合会首席代表沈雁冰，自然科学工作者首席代表，台湾民主自治同盟首席代表谢雪红，新闻工作者首席代表胡乔木。各代表在发言中，都兴奋地表示拥护中国人民政治协商会议组织法、中华人民共和国中央人民政府组织法和中国人民政治协商会议共同纲领等三个草案，并决定予以坚决执行。

今天的大会，到会代表共计六百二十六人，由马寅初、张奚若、乌兰夫、李德全、陈云担任执行主席。在本日上午，全体代表曾分十一个组分别讨论了中华人民共和国国旗和国徽的图样。

威胁利诱阻不住将士决心 傅作义谈董其武起义详情

新华社北平9月24日电 此间《人民日报》昨日发表傅作义对该报记者的谈话。傅作义将军说，绥远军民起义通电，是十九日发表的，因这个通电代表着所有在绥远的部队官员、政府工作人员、各界和平阶层、各民族的人民，完全出于他们共同的认识，是自觉的自愿的。我这次在绥远二十多天，起初我没有就我的见解多说话，因为我觉得发表政治立场，如果不是基于自觉自愿，则积极性和坚决性就不够。国民党反动派残余集团，曾接二连三由广州、重庆派人，用各种手段，破坏绥远居民和平解放的努力；但在人民公意之下，军政人员进行了自我思想斗争，认识了毛主席的伟大，认识了中国共产党各项政策的正确，拒绝了反动派的诱惑，坚决地宣布起义。绥远今后的工作，将确实遵照毛主席的指示，力求进步，团结一致，改革旧制度，实行新政策，为建设人民的新绥远而奋斗。目前要进行的是肃清潜伏的特务分子，防止他们的捣乱和破坏。董其武将军现在正在做这项工作。

傅作义将军进一步说及国民党反动派怎样破坏绥远军民实现和平解放的努力时说，他们的手段是分化利诱兼施。他们的说法，第一类是第三次世界大战快了，今年明年就要爆发。美援有望了，白吉尔将要再来中国了。国民党政府还有很大数字的军队、武器，绝对会有前途的。第二类说法是，你们无法与中共合作，中共绝对不要你们，你们再改造再进步也不行。在这种威胁论调的相反方面，他们提出给绥远增加多少部队番号，给多少现洋，给多少武器。北平和平解决后，广东方面对绥远一向是歧视的，但这次他们又给董其武将军送来五十万现洋，董其武将军们收下了；然而恰如刚才所说的，绥远部队根据其切身经验，经过了自我思想斗争，认定只要是有利于人民的，就应该坚决地去做。反动派特务分子进行破坏活动，除了以金钱官位作诱惑，还不羞不惭地暴露了他们现在正在暗中从事的另一项阴谋。反动派赤裸裸地说，日本空军志愿队已经组织起来了，国际志愿军要来中国参战了。他们以搬外国兵打中国人为荣，以为绥远军民听了这些话会同情他们。恰恰相反，这些无耻的宣传，更加强了绥远军民对反动集团的憎恶。绥远军民有过艰苦抗日的历史，反动派的这种荒谬论调与无耻的阴谋，在绥远军民面前说，是一种莫大的侮辱。“我们当初为什么要抗日呢?”自然反动派是无言回答的。因而更促成了要成为解放区、解放军的决心。现在绥远特务分子的电台已经完全取消了。当我来说，正在开始清查户口，搜捕潜伏分子。

傅作义将军接着又说，他来北平时，只看报纸发出的号外，人民将会自动地开会发出他们愉快的欢呼。广大人民的反应，是普遍的高兴。起义军队现在正分区帮助人民秋收。

最后，傅作义将军谈到参加政协和半年来生活在解放区的感想。他说，我坦白地说，过去我是一个反动分子，并且去年今天，我还以解放军为仇，以共产党为敌。后来，我觉悟过来了，决心遵循人民的意志，实现北平和平。虽然，人民的生命财产没有遭受损失，工商业免于破坏，可能作为新中国首都的北平文物建筑得以保全，可是我知道我还很不够，我还要加紧学习。这次我能被邀参加，真感到又惭愧又荣幸。

国民党政院昨通过任免通缉各要案
撤销西北公署惩处马家将领　『通缉』新政权主要人员

中央社广州10月8日电　行政院八日上午，举行第九十二次政务会议，出席者：阎锡山、李汉魂、杭立武等。阎院长主持，首先讨论施政报告，继讨论提案，通过了如下的要案：

讨论事项：（甲）一、兰州撤守后，马步芳未返防，西北军政长官公署，因交涉人事关系，已形成瓦解现象，无法维持其职权，即予裁撤。二、西北军政副长官马鸿远擅自撤退，致友军损失惨重，兰州战役，增援不力，以致战局逆转，该员应负重大责任，应予撤职查办。三、西北军政长官马步芳，副长官兼八十二军军长马继援，于兰州战役后，未能继续作战，复更擅自脱离部队，以致影响战局，应予撤职惩处。四、西北军政副长官兼第八十一军军长马敦靖叛国投敌，应予撤职通缉。五、前华北剿匪总司令傅作义，叛国投匪，应予通缉并免官。六、第十一军军长马敦静，作战不力，应予免职。

（乙）“伪中国人民政府政治协商会议”主席团毛泽东、刘少奇、周恩来、林伯渠、董必武、陈云、彭真、李济深、何香凝、李德全、谭平山、蔡廷锴等八十九人，其中除毛泽东、李济深、蔡廷锴、朱德等七人通缉有案，傅作义另案通缉外，余均予通缉。“伪中央人民政府委员会”主席毛泽东，副主席朱德、刘少奇、宋庆龄、李济深等六人，委员陈毅、李立三、林伯渠、叶剑英、何香凝、林彪、刘伯承、徐向前、彭真、薄一波、聂荣臻、周恩来、董必武、饶漱石、邓子恢、徐特立等五十六人，其中除毛泽东、朱德、李济深、蔡廷锴、程潜等已通缉有案，及列入前项予以通缉者外，余者予以通缉；立法委员李任仁、许闻天等，除其中李任仁已通缉有案外，余均予通缉。

政务院昨正式组成
各部会署负责人名单发表

新华社北京10月19日电　中央人民政府委员会今天下午五点钟举行第三次会议，通过任命了政务院副总理，政务委员，秘书长和副秘书长，政务院政治法律委员会，财政经济委员会，文化教育委员会和人民检察委员会的主任委员和委员，以及各部、会、院、署、行的负责官员。会议并且通过任命了人民革命军事委员会副主席、委员、总参谋长和副总参谋长，最高人民法院副院长和委员，最高人民检察署副检察长和委员，广东省人民政府主席，副主席和委员，广州市市长、副市长，中央人民政府办公厅主任和副主任，全部任命以名单得到全体的一致通过，因为这个名单是会前各方充分协商的结果。某些部的副部长还在协商中，不久将继续发表。

新华社北京10月19日电 今天下午举行的中央人民政府委员会第三次会议，通过任命董必武、陈云、郭沫若、黄炎培为政务院副总理，李维汉为秘书长；任命董必武为政务院政治法律委员会主任，陈云为财经委员会主任，郭沫若为文教委员会主任，谭平山为人民监察委员会主任；任命谢觉哉为内务部部长，罗瑞卿为公安部部长，薄一波为财政部部长，陈郁为燃料工业部部长，杨立三为食品工业部部长，黄炎培为轻工业部部长，滕代远为铁道部部长，朱学范为邮电部部长，章伯钧为交通部部长，李书城为农业部部长，梁希为林垦部部长，傅作义为水利部部长，李立三为劳动部部长，史良为司法部部长，陈绍禹为法制委员会主任委员，李维汉为民族事务委员会主任委员，何香凝为华侨事务委员会主任委员，郭沫若为科学院院长，邹大鹏为情报总署署长，孔原为海关总署署长，胡乔木为新闻总署署长，胡愈之为出版总署署长，南汉宸为人民银行行长；任命朱德、刘少奇、周恩来、彭德怀、程潜为人民革命军事委员会副主席，徐向前为总参谋长。中央人民政府的全部负责人选，都经过中国人民政治协商会议的充分协商，集中了中国共产党和民主党派、各人民团体、各少数民族、国外华侨及其他爱国民主分子的代表人物，以及知名人士和专家学者，充分体现了中国共产党领导下的多党合作制，是中国有史以来人民自己的、最为统一和完备的政府。

新华社北京10月19日电 今天举行的中央人民政府委员会第三次会议通过任命人民革命军事委员会副主席五人为，朱德、刘少奇、周恩来、彭德怀、程潜。委员二十二人，为贺龙、刘伯承、陈毅、林彪、徐向前、叶剑英、聂荣臻、高岗、粟裕、刘云逸、邓小平、李先念、饶漱石、邓子恢、习仲勋、罗瑞卿、萨镇冰、张治中、傅作义、蔡廷锴、龙云、刘斐。总参谋长徐向前，副总参谋长聂荣臻。

二、无声的战争：抢夺长沙

天下大势，至此已经分外明晰。失去长江天险的国民党政权，大有一退千里之征兆。此刻，也到了国民党要员进行决策的时候。因为程潜的率部起义，古城长沙免遭战火洗礼。

穗将走向战争边缘
预长沙衡阳必有恶战

《华侨日报》广州5月19日消息　今日为共产党宣传进展广州之一日。但是日四境宁静，市民旬来揣然不安之心情，遂告平复。警备司令部为防患未然计，特自是日起一连四天，施实紧急戒严，市民知当局广州局势将走向战争连缘。

一般人均预料长沙衡阳间必有一场恶战，而广州之安危以将系此一战役。

武汉国民党军总部决定逃长沙
白崇禧程潜等在湘会议军事

《大公报》综合报道　解放军切断了横越华南的大动脉——浙赣铁路。西路大军沿鄱阳湖东岸南下，沿路解放鄱阳（南昌西北五十里）、余江（南昌东七十里）、万年（南昌东七十里）、弋阳（南昌东百里）四城，四日下午五时在贵溪、弋阳间切断浙赣铁路，现正沿铁路分向东西推进，扩大战果。解放军现距离南昌百里。解放军得了此重要门户，将沿浙赣铁路的萍株段，长驱入湘，北附武汉之背，南窥广州之门。南昌告急后，武汉陷于腹背受敌情势，所以汉口撤退的传说甚嚣尘上。据美联社纽约电，“华中军政长官”白崇禧打算在四十八小时内把“长官公署”搬到长沙，惟此讯未获得证实。

《星岛日报》长沙5月19日电　华中军政长官公署昨起举行军事会议，到会白崇禧、程潜、李品仙、于默庵、黄杰等高级将领，宋希濂及鲁道源均因公未出席。会议至今日，闻对今后整个华中区之作战布置，已有重要决定。

国民党政府声明封锁『共区港口』 顾维钧被外媒指『割地卖国』
国民党称『外轮遭遇危险应自行负责』 国民党飞机今袭沪市

中央社广州5月20日电　“行政院”新闻处长鲍静安顷发表声明称，“中国政府”兹已决定将下开地区，即自闽江口北，东经一一九度四十分，北纬二六度一五分之点起，往北至辽河口，东经一二二度二十分，北纬四十度三十分至点止，沿海岸领海范围以内的区域暂予关闭，严禁一切外籍船舶驶入。“中国政府”并经颁布命令，自本月二十六日零时零分起，对外籍船舶之违反此项决定者，即予制止，至外籍船舶因违反此命令而遭遇之任何危险，应由其自行负责。

又在战事期间，凡不在“政府”实际控制下之已开放口岸，亦经本月十八日决定，一律停止开放，在此项口岸目前包括永嘉（即温州）、宁波、上海、天津、秦皇岛在内一切海外商运均予禁止。至各国航空公司根据其本国与中国所订协定，在上海天津等地经营国际航线者，如继续航行上述各地，其所遭遇之任何危险，包括由于政府所采军事行动而引起之危险在内，亦应由该航空公司负责。以上各节均经外交部分别通知各国政府，转相遵照。

美联社上海20日电　今日午后三时不久以前，最少有国军三架P五十一型战斗机，装载炸弹，空袭上海，达二十分钟之久。若干炸弹已集中沪市西南边缘龙华机场附近，其中一弹距离一栋水泥铁筋之工厂不远。目前尚无损失报告。此种野马式飞机越过机场及其他环处沪市边缘一带工厂中心之上空数次。

美联社广州20日电　外交部一发言人今日称，该部并未奉到“行政院”训令，通知有关各国，即将封锁中共军队占领之所有沿海各口岸，惟亦承认此项通告实有必要，并当于短期间送达各国，此项决议实于六月十八日之“行政院”会议通过，并以之拒绝刘裴返穗所携来之共军和平试探，而中国观察家亦谓此举将藉以强化甘介侯预定于六月二十二日谒见杜鲁门晤谈之地位，使能获得美援。

蒋党卖国无耻！

《文汇报》5月20日讯 据法新社消息，著名美国无线电评论员皮尔迈昨晚报道称：国民党赴华盛顿大使顾维钧已向美国政府建议，国民党政府愿意割让台湾给美国，作为其永久海军基地，以换取对国民党十五亿美元的财政援助。他称：他预料美国当局将立刻否认它的报道。

关中战事激烈 白崇禧死守衡阳
解放军沿浙赣线集结临湘

《工商日报》特讯长沙5月20日讯 一、中共军队刘伯承之数个兵团刻已全部分布于浙赣与湘岭沿线，并向南渗透。二、中共军队共有五个兵团主力驻扎于南昌及丰城，及第十八军驻樟树地区。三、中共军队刻已攻占崇仁、临川间地区。

长沙20日消息 一、中共军队第四十军主力刻已窜抵临湘。二、中共军队江汉第一旅昨向四方铺北窜，刻该旅及中共军队黄德奎合据川心店十里铺一带。三、中共军队第三十八军刻由荆门南窜，昨日该军一部分别调，刻荆门仍由中共军队占领。

《工商日报》特讯长沙20日消息 军息：中共军队一部分大约千余人，昨日向汨罗进攻，国军刻已将该队中共军队击溃，向北逃去。

《工商日报》特讯长沙20日消息 军息：一、中共军队刻从军事整编声中，李人林部现已改为独立第二十八旅，该旅兵力大约共有五六千人，现分驻于新堤等之长江沿岸。二、中共军队黄德奎部昨日进扰江陵外围龙会桥一带，经国军迎头痛击后，现该队中共军队已向西北河溶方向溃退。

湘鄂边境无战事长沙外围仍平静
赣省中共军队尚未发动攻势

《星岛日报》广州5月26日电 据军闻社长沙讯，盐利附近中共军队，约千余人，前日由该区以东地区渡江，现广新洲附近湘鄂边境无战事，临湘中共军队仅一团，长沙外围刻甚平静。

《星岛日报》广州5月26日电 据军闻社讯，南昌附近地区虽有大量中共军队，然始终未发动攻势，分析其滞留不前原因，约有下列数端：一、连天阴雨，赣江水涨，偷渡不易；二、民间存粮已空，而新谷又未登场，粮荒严重，接济补给困难；三、林彪刘伯承等部，均自北南下，月来因气候关系，患病者甚重。

李宗仁定明日飞台湾 将与蒋会晤商谈军政大计

《星岛日报》广州5月26日电 “李代总统”于今日上午八时乘追云号专机出巡，第一目的地为军事要冲之衡阳，“总统府”第二局长黄雪邨，侍卫长李宇清，央行国库局长，及国防财政两部熟稔财政及军需补给情形之专家十余人随行，到机场送行者有阎院长，及“总统府”秘书长邱昌渭语记者称:“李代总统”此次出巡各地军政机构，拟先到衡阳，再往福州，台湾，约一周后可返穗云。

《星岛日报》福州26日电 政府当局及白崇禧长官对长衡保卫战，已有最大决心与把握，目前衡阳外围有重兵驻守，情势至为安定，“李代总统”在衡逗留三小时，用过午餐后，一时五十二分专程来榕，留宿一宿，定廿七日午飞台湾，在台约有二三日逗留，即行返穗。“李代总统”莅榕台等地，是巡视东南沿海防务，以加强反共军事部署。

《星岛日报》福州26日电 “李代总统”今乘专机莅榕巡视，此间各机关首长和乡绅百余人，在机场恭迎，专机于下午四时四十分降落，“李代总统”御灰色西服，精神奕奕，下机后与欢迎人员一一握手道谢，旋检阅仪仗队伍后，召见在榕高级军政首长，与地方民意机关代表等。据“总统府”第二局局长黄雪邨称，“李代总统”此次莅榕，是巡视性质，“李代总统”是于今晨八时，由广州起飞，于九时三十分抵衡阳，“李代总统”在衡阳曾召见各军政首长，垂询军政情形，并与白崇禧长官，商谈指示保卫战机宜。

《星岛日报》福州26日电 随“李代总统”莅榕之“总统府”第二局长黄雪邨，国防部第五厅编训处长谢连品，别动部队第四处长黄占，顷接见记者时谈称，当局对保卫华南具有决心，“李代总统”此次南巡经衡阳时，曾召见当地军政长官，并以电话与正前线指挥作战之湘代主席陈明仁将军及在邵阳之绥署主席程潜联络，垂询军情，衡阳人心，极见安定，治安稳固，现大批精锐国军，正源源开赴前线增援，湘赣战局，短期内可有改观。继上海战役后之大规模会战，将在长沙附近展开。

程潜发表 叛逆通电

中央社广州6月4日电 “总统”四日命令：前湖南省政府主席兼长沙绥靖主任程潜，通匪叛国，逆迹昭著，并于一日发表通电，措辞荒诞，为匪张目，实属罪无可恕，应予通缉，训令仰各军政机关，严密缉捕，归案讯办，以彰法典，切切此令。

解放军进入长沙

《大公报》综合报道　湘赣战场及西北战场均有捷报传来。解放军已进入湖南省会长沙，湘省重要城市现只余衡阳在白崇禧残部盘踞中。衡阳外围，东路大军续攻攸县茶陵，西路部队则长驱南下，直指安化，将切断桂军西撤道路，衡阳将腹背受攻。赣南方面，刘伯承部解放军解放遂川万安，赣州已在望。西北战场，陇海铁路终点及陇南重镇的天水已光复，大军并在陇东越过六盘山，解放了隆德，兰州的门户已是洞开了。

路透社广州6月4日电　据此间通常可靠中国方面今天消息称：解放军已于昨晚十一时占领湖南省会长沙的一部。

华中前线4日消息　华中前线人民解放军在七月卅一日解放湖南北部的安乡县城，伪县长率部四百名向解放军投降。另外在解放军占领常德以后追击逃敌的时候，伪石门县长熊壮献率警察一百廿名向解放军投降。

赣县6月4日消息　解放军已攻克万安县城东南八公里的枫树坪。

长沙局势有变化 赣南大战将爆发

路透社广州6月4日电　广州经常可靠中国方面今日消息，湖南省会长沙于昨晚十一时被共军占领一部分，今晨仍未能获悉其经过之详细情形。

《星岛日报》广州4日电　此间对长沙消息，备极关怀。当局承认长沙电话已不能通，据悉程潜返长后，局势大变，中枢当局已截获

解放军南下部队开进长沙市

若干情报，唯当局对此，未有表示，李“代总统”已急召中枢各首长，举行秘密会议，商讨对策。

路透社广州4日电　中国军事机关一发言人今日对外传长沙被共军占领一事云，国军殿后部队截至昨晚仍在长沙，惟渠今日未曾截获任何报道。渠谓，共军业将长沙东南一百五十英里左右之赣南遂川占领。

《星岛日报》广州8月4日电　据消息灵通方面透露：长沙昨晚十时起，与外界电讯联络中断。此间人士相信：长沙整个局势，可能发生变化，但军事当局对此，尚保持缄默。

林彪部队今晨进入长沙　五十万市民欢迎解放军
美国发表白皮书坦承对华政策失败　蒋朝统治注定垮台

陈明仁携麾下三军九万兵力投奔解放军，国民党广州驻军人心浮动，文汇报今日发表社论：向人民投降是光荣的。

《文汇报》汉口8月5日电　前国民党湖南省政府主席程潜将军和前国民党军第一兵团司令陈明仁将军，接受国内和平协定，率部举行起义，宣布脱离蒋介石李宗仁反动集团，接受中国共产党领导。人民解放军来解放湖南省会长沙城，人民解放军第四野战军司令员林彪将军，为执行毛主席朱总司令的进军命令，和平解决湖南问题，曾在七月二十二日，派遣金明、唐天际、袁任达、谢沛然、李明灏等五代表赴平江，和程潜将军的代表举行谈判，李明灏将军将亲赴长沙，和程潜陈明仁洽商。程陈两将军，对四月十五日，中共代表团与南京政府代表团所商定的国内和平协定八条二十四款表示诚意接受。程陈两将军遂将湘鄂赣边区绥靖司令傅正模，以及白匪崇禧留置长沙的所有特务匪徒拘捕，率领所部，于四日在长沙举行起义，迎接解放军入城，人民解放军当即在长沙市民的殷切希望和热烈欢迎下，进入长沙。

文汇报社论指出　共产党解放全中国指日可待

《文汇报》社论　在今天，国民党反动派，已经到了应该知所抉择的最后机会了，路只有两条，或者走第一种方式的道路，或者走第二种方式的道路，没有第三条道路可走。走第一条道路，是被彻底消灭，是死路，只有走第二条道路才是生路，并且是一条康庄的大道、光明的大道。国民党反动集团内的军政党人员，如果走第二条道路，不仅他们自己会得到宽大，而且人民的生命财产不至被无辜牺牲，城市和乡村也赖以保全，不至破坏糜烂，有利于他们自己，更有利于人民和国家。

以蒋李为首的国民党反动派，他们寄望于美援和第三次世界大战，他们幻想，逃到台湾和海南岛来苟延残喘，依靠美援来支持目前，等待第三次世界大战一来，他们就勾结异族外寇来进攻中国，实行复辟，蒋李为首的反动派，他们已经丧失人性，他们已经是一帮认贼作父的汉奸，没有半点国家民族观念的匪盗，他们早已变成一堆没有灵魂的死尸了。在今天，蒋李为首的国民党反动派注定了要被消灭的命运很快就到来的时候，解放大军很快就要解放湖南、广东、广西、福建和西南各省的时候，此刻还靠拢反动派的国民党的军政人员，应该激发良知，当机立断，毅然决然地脱离蒋李为首的反动派的机构，不要再让他们牵着鼻子走，转过来向人民靠拢，争取华南西南各地的和平解放。

长沙和平解放了，我们为长沙人民获得解放庆祝，为解放军的胜利庆祝，我们还应为和平解放的方式在华中攻势发动以来的第一次成功庆祝。同时，对于国民党反动集团内的军政党人员，我们愿意郑重对他们提出最后的警告，希望他们从这里获取启示！

向人民投降是光荣的！

程潜等国民党军政人员及地方绅士发动湖南和平运动，配合华中解放大军南下，首先在解放大军兵临城下的长沙举事，获得了解放军的接纳，于是湖南省会的长沙城遂告和平解放。

长沙和平解放，在今后解放华南以致西南的解放战争中，将是一个重要的认识，这不仅在战略上，而且也在政治上，必将发生巨大的影响，因为这事件本身是最雄辩的宣传，它说明了解放军不是拒绝与人为善的；而在华中攻势发动以后，这是新战场第一次出现的北平式的和平。这对于国民党反动集团中的军政党人员，在临近灭亡的关头应该仔细地想一想，应该认识觉醒和平才是唯一的生路。长沙的和平解放，在华南西南的解放战争，这是和平解放的发端，此端一开，则继之而起者，不难接踵而至。此刻，广州的“弱小朝廷”为了长沙的和平解放而惊惶，焦急万状，这是完全可以理解的。

解放全中国是多久的事可以不问，但却是已排定了日程，要付之实现的。问题是在今后华南和西南的解放方式。解放的方式，显然是有两问题：一种是解放军用武力把敢于顽抗的一切反动派予以彻底的、干净的、全部的消灭。另一种则是各地国民党反动派幡然悔悟，悬崖勒马，弃暗投明，获得解放军的接纳，实现局部和平，解放军以和平的方式达成胜利地光复土地和解放人民的任务。

路透社广州8月5日电 根据广州的可靠人士说：林彪部下的东北军已在今晨进入长沙，长沙的国民党军已在昨晚撤出长沙，故共军未遭抵抗。前湖南省主席程潜与共军成立局部和平，城中无扰乱。

路透社广州8月5日电 今日国民党军事发言人证实，长沙已全部为共军攻占。他说他不知道国民党新委任的湖南“省长”陈明仁在哪里。国民党空军今天早晨在长沙郊外投给国民党军兵士十万份传单，通知他们常德已经“陷落”，并让他们不去接受来自长沙的程潜的任何命令。发言人称长沙城外的情况颇为混乱，国民党军士兵已和他们的长官失去联系，观察家相信，国民党军处此场合，遭受到的损失很大。

合众社广州8月6日电 国民党军在广东以北的起义以及美国和国民党政府的腐化政策，今日形成两重危机，使国民党政府的基础，发生动摇。广东以北传来的消息称，衡阳西六十五里国民党湘南省流亡“省会”邵阳的国民党军队，亦包括在最近的起义中。邵阳的起义，使衡阳全然陷于中共军队的包围中。邵阳的消息并没有涉及起义部队的数字，起义部队很显然地遍及湖南省，打开了去广州的大路。广州实际上已不能防守。此间国民党政府方面称，据他们所知，所有程潜与陈明仁所部九万人均已在长沙地区投向中共。国民党空军在长沙散发传单，假称陈明仁为共军“绑架”，下令部队撤往湘潭，但据悉毫无结果，非“官方”人士称，程陈两人所以参加起义，把湖南省移交给共军，是因为他们对国民党计划以湖南做战场来防守广州表示愤激，这些消息并说，他们两人都是坚决拥护该省“湘人治湘”的政策的。最近的水灾遭受了普遍的损失以后，他们起来阻止再把湖南变成战场。据悉，因这一起义，白崇禧已被逼放弃国民党在衡阳以北的一切据点。

邵阳汤季楠部响应起义 遭国民党轰炸

《文汇报》8月11日广州电 顷据最近自邵阳来穗之人士谈，七月二十八日，程潜在邵阳宴请地方人士，说明决心从事局部和平，要求邵人予以支持，翌日程潜离邵，程部六十三师师长汤季楠，即率部宣布起义，邵阳于八月四日宣告解放。十四军军长成钢，犹疑未决，时适光杆主席黄杰返湘，黄以“绥靖司令”一职饵成钢，成为黄所诱，以十四军残部进犯邵阳，衡阳之国民党空军，更狂炸邵阳市区，八日汤以不愿邵阳遭受破坏，退出邵阳东郊青树坪之线。刻邵阳市区虽在成刚部手中，汤部已与姜亚勋部取得联络，再度出击邵阳，邵阳城内异常混乱，人民对成刚之反复无常尤感痛恨。

程潜痛斥蒋介石 通电粤桂川康黔滇甘宁各省 迅速幡然醒悟以期立致祥和

《文汇报》长沙8月14日电 程潜八月一日通电，原文如下：（衔略）潜参加革命，已历四十五年，早岁，追随总理，人参机密，出掌兵戎，亲承明教，征闻大道，深明革命目的在求人民解放，其对象则为打倒专制独裁封建势力，及帝国主义侵略，以此揭櫫三民主义挽救中华。不意北伐成功之后，蒋介石当国廿余年，背弃总理遗教，惟务独揽大权，专制自利，姻亲利敌，贪议成风，罗织飞箝，遍行全国，以致正人结舌，宵小盈庭，政治经济，日继穷败，不惜偕亡之怨，分无罪已之辞，迹其所为，盖无一事不与三民主义背道而驰，全国人民处于长期压垄之下，复经八年抗战，国家元气渐削无遗，中共应民众之要求，起而抗战。彼犹不起自为检讨，共图挽救，复凭恃武力假借外援，饰非作为，徇私情恶，數百万精锐之师，一旦崩溃，苟非见弃于民，何至败亡如此之速，李德磷先生代总国政，起而倡导和平，全国同声相应。潜依据民意，竭力赞同，行政院以中共和平条件征询各省意见，潜即复电主张全部接受，乃经代表蹉谈之后，不征各省同意，迅予反对，任逞私人意气，置全国人民厉害于不顾，旬日之内，首都倾覆，师徒挫败，措置无能，古所未有，尚拟困守一隅，残民以逞，此而苟忍，孰不可忍？湘省在抗战期间，负担最重，破坏最剧，连年水灾惨重，救死不遑，潜呼吁罔闻，维持无术，数月以来，神形交瘁，近顷共军南下，桂系军队复不战而退，临集全湘，民众困于诛求，咸思自救，潜录商余生，忝持省政，岂忍坐视地方窃祸，久安缄默，用是询于父老，絜我袍泽，举人人心中之所欲言以陈于当世爱国者之前，尚举当道仁贤，共念凶危，立即化除此成见，继续和谈，则全国治安，固可立时恢复，国家命脉，不至中绝，人民生活，得以苟全，以今之秉政者，苟犹有丝毫之天良未灭，当能幡然醒悟，立致祥和，粤桂川康滇黔甘肃青新各省人民求安厌乱，同此心理，务望一致奋呼，消此浩劫，慎毋再为反动资料所误，甘自绝于和亲康乐之途。潜毕生尽萃革命，誓守总理遗教，为实行革命之三民主义奋斗，谨掬至诚，告我同志。程潜八月一日。

新华社社评：湖南起义的意义

新华社北平8月25日电 时评《湖南起义的意义》，文如下：程潜将军及陈明仁将军在本月一日、四日、五日连续发出通电两件，告湖南民众书、告湖南将士书各一件，已由本社先后发表。程潜将军及陈明仁将军等人的起义和他们的这些文电，不但为湖南和全国的人民所欢迎，而且不能不在国民党残余力量中引起重大的反响。

程陈两将军的起义，又一次证明了残存的国民党营垒中，有不少有爱国心的军政人员，正在等待和寻找脱离反革命集团而投入人民方面的机会。

反革命集团愈是山穷水尽，就愈加要倒行逆施，因此它的军政人员中判明了利害是非，决心立功自赎的事情就愈加多起来。在今年的八个月中，只拿最大的几件来说，就有一月间傅作义将军和平解决北平问题，二月间邓兆祥舰长率领巡洋舰重庆号起义，四月间国民党政府和平代表团全体代表张治中、邵力子、黄绍竑、章士钊、刘斐、李蒸及其随员们接受中国共产党所提的合理的公平的国内和平协定（仅因蒋李白等匪首反对而没有签字），同月林遵将军率领国民党海军第三舰队舰艇二十五艘在南京江面起义，刘农畯团长率领国民党伞兵第三团在海上起义，五月间张轸将军率领四个师在汉口前线起义，吴奇伟将军等发动了闽粤边的起义。此外，国民党内要求接受中共和平条件，发为言论和行动的人们还有很多。这种情况，已使蒋介石李宗仁白崇禧阎锡山匪帮感到极大的恐慌。这次程潜陈明仁两将军起义前，蒋介石匪帮曾经想种种方法来破坏，但是程陈两将军仍然胜利地实现了原定计划，长沙省会及其附近各县得以和平解放，而湖南程陈属下的多数国民党军政人员，也能在程陈两将军领导之下，接受中国共产党和中国人民解放军的主张，为改造自己、服务人民而努力。湖南的起义，严重地震撼了华南、东南、西南、西北的国民党残部。湖南的起义告诉他们，对于人民解放军的抵抗是没有前途的，唯一的光明前途，就是脱离蒋李白匪帮，接受中国共产党的领导，而无论什么人，只要真正做到这一步，就有受到人民谅解的希望。

祝程陈两将军努力的成功！祝新湖南的诞生和发展！

三、云南暗战

在释放大量“烟雾弹”之后，偏居一隅、原本被蒋介石寄望为反攻阵地的云南，也被共产党成功策反。于右任元老老泪纵横，称国民党不醒悟将自取灭亡。

谣传昆明政变

路透社曼谷8月20日电 据攻人类学之美籍学生李曼称：解放军游击队已在云南省夺取政权。李曼曾旅行此间，今方返此。他曾沿位于缅甸两侧之中国边界，旅行四月。他今日说：以昆明为基本地之某亲共之军事团体三星期前举行流血政变，囚禁若干亲国民党政府之官员。该团体自称为人民进步党，曾宣誓忠于中共之政府。

对白皮书看法中美各有不同 美国鼓励在华做反共之发展

美联社旧金山8月21日电 美国国务院最近之对华白皮书，有一种看法，但在中国又有另一种看法。在美国人方面，认为白皮书之最重要者，为指出蒋介石政府之无希望；在许多中国人而言，这不是新闻，彼等之脑海中认为白皮书的另一部分，更为重要，此为美国务卿艾奇逊之提议，奖励在华做反共之发展，单独此点，中国之两方而均以重视。蒋介石政府及共党为此系美政策之坚决态度。蒋介石以一新尝试响应，表示其若获得援助，则可为彼等之目的而工作，他在中共军队迫近临时首都时，进行与中共军队作战，由广州及香港所得之消息，明确指出其基本策略，仍然相同，为延长其政府之合法地位，以待世界第三次世界大战爆发。他一再成为美国之需要盟邦。现在国防部长白崇禧在衡阳防守，但可能调动其部队回返家乡之广西。云南省因内部之军阀及游击队紧张而摇动。“蒋总裁”本人最近任非常委员会主席，而重操军政之全盘权力，假如其五个区域在大陆沦陷，他可退返台湾等待；他应该考虑继续以更有效之海空力量，对付中共军队各海港，此种封锁能打击共党之希望恢复有利之对外贸易，并能驱使共党陷于苏联之范围内，但征服之实际问题，为逐渐之更大之经济力量。

传滇主席卢汉脱离蒋介石集团

《文汇报》综合报道 蒋介石李宗仁反动集团之分崩离析，由于滇省主席卢汉之通电起义，更是一明证。在四月下旬解放大军渡江之前，蒋介石派其死党张群入川，搞所谓“西南集团”，企图利用川滇黔各省，做其最后之反共根据地，特别是对于云南的阴谋，更加毒辣，上次蒋介石抵穗之时，即将现在云南境内之二十六军“军长”余程万召抵广州，耳提面命，嘱其进一步控制云南。

《文汇报》特讯 前滇主席龙云，于8月17日，曾就革命战争形势号召全滇人民与蒋介石反动集团断绝关系，即日起义为全国解放而斗争，致函云南省参会及云南省府。

传昆明政变
卢汉集中保安队十团对当地驻军有所行动

《工商日报》广州专讯 据自昆明飞抵穗之人士称：卢汉所率领之云南省保安团，突于三日在昆明市正式宣布反对政府，并对“中央军”之第二十六军有军事行动。该军已于三日凌晨撤离昆明市区，惟在周围近郊作包围保安团之态势，战争一触激发。云南省境内中共游击队纷纷行动，第二十六军亦有遭受腹背受敌之虞；市内商店一律停业，粮价飞涨，人心惶惶，不可终日。驻在昆明之国民政府中央各机关人员及器材，已于三日下午起开始向外撤退，预算在四十八小时内，可能撤毕。在过去二十小时中，掠过广州上空之巨型运输机很多，截至目前为止，撤抵广州之驻昆明机关仅有中央航空公司昆明办事处，中国航空公司昆明办事处及民用航空运输大队昆明办事处之人员与器材。该三机关刻仍在持续撤退中。至其他机关因无法获得飞机，只有用汽车向贵阳方向撤退。

据熟悉昆明情形之人士谓：酝酿已久之昆明事变，现已摊牌，最近卢汉派出代表赴渝拜见蒋总裁，有所表示，未获接纳，该两代表近抵昆明后，该省保安团即时发难，但卢汉所有之保安团仅十团而已，其武装与人数远不若"中央军"之第二十六军，二十六军人数训练及装备远非滇保安团可比，余信昆明突袭，当不致影响大局。另一方面观察则谓：昆明事变可能加重川贵两省防卫之负担，政府谓此一突发问题，刻正加以密切注意。

卢汉保安队驻守昆明机场

昆明与香港航空交通如旧

《工商日报》9月4日下午电 昆明事件，此间接获半官方消息：三日民航大队有机七架飞昆明，因环境关系，当夜折回。传昆明警告民航大队之抵昆飞机，不得擅离，否则恐有不利，又传二十六军军长在昆明遭扣留，此间已予否认，并谓军长事前已离昆。

昆明与香港航空交通，四日仍如常维持，但今日将有飞机往返否未定，因今日并无班期也。根据飞机中人带来消息：截至离昆明时止，仍未闻有枪声，亦不见有任何动乱，惟日来传闻已多。卢汉之保安队，向来守机场，闻政府军队，曾请求保安队撤退，由军队守备，但未获接纳，政府军队开入城内亦不行，保安队在城区加紧建筑防御工事，并加派巡逻队防守机场，不过所有机场，均可如常升降，但陈纳德之空运大队，为当地所最不满。

《工商日报》广州9月4日讯 据有关方面透露，昆明事件并不如外传之甚，其主要目的，在拒绝陈纳德主持之民航空运大队驻昆，并限其于二十四小时内撤退。有可靠消息：政府空军总部，曾派机五架飞昆，接载若干"中央"人员。

阎锡山称未得到昆明『叛变』

情报传卢汉仅是宣布『独立』

《文汇报》广州9月6日电 卢汉四日起义后，昆明秩序，安定如恒。所有昆市与各地电报、电话、航空通讯关系，实际照常畅通，但在广州方面已采取几近封锁措施，记者顷获悉若干直接来自昆明之电讯：1.卢汉今（五日）宣布自五日晚间十二时起，城区戒严，此后每日下午十二时至上午六时间，实施宵禁；2.机场由保安部队控制，除蒋军军机外，一切海内外民航机仍能准许降落。

《文汇报》综合报道 据广州消息：滇主席卢汉通电起义之消息传出后，穗方恐慌万状，市上流言四起，甚至传说蒋介石在重庆，已为地方力量所扣留。伪府官员，对于昆明之消息，均拒不做答。记者顷自消息灵通方面人士获悉：驻昆明之国民党军二十六军一部，五日为起义之地方武装所包围。发展情形，尚无所知。又据伪总统府传出之消息：李宗仁等连日会商之结果，尚企图以“有限度之自治”以引诱卢汉，以实施分化阴谋。伪府宣传机构一再强调“局势发展并不如外传之甚”，亦即此阴谋之一部分。

《星岛日报》 “行政院长”阎锡山今日对路透社记者称：渠关于所传昆明叛变之消息，并未获得该处发来之情报。但料昆明叛变之详细消息，今晚可以收到。据军事发言人称：广州国防部与昆明市郊国军第二十六军之情报，照常可通。昆明事件之新闻，并未引起广州中外人士之惊异。云南一向倾向于成立独立省份，目前情形，数日来已腾沸至今。自今年六月以来，滇省府已经将海关赋税及直接税扣留，此乃一向属于中央之税收。昆明消息，今日在广州在普通人谈话中，已代替战讯。直到目前为止，滇主席卢汉，只宣布云南“独立”。广州当局在未接到昆明英领署报告之前，不愿批评。

蒋介石重庆慰灾讲话称要与市民『共患难』要求工商各界出钱出力协助救灾

中央社重庆9月5日电 蒋总裁五日下午在招待重庆各界茶会席上对来宾有一篇极简单之致辞，其全文说：“中正与我重庆的朋友同志一别四年，今天再得相见，衷心十分快慰，原拟请各位餐叙，但不幸重庆市遭遇严重的火灾，市民同胞生命财产蒙受莫大损失，中正觉得目前最迫切的一件事，就是如何救济受灾的同胞，使不致流离失所。今天在座的各位，不是党政军各部门负责的同志，就是本市工商各界的领导人物，希望大家对于这一次严重的灾害，发挥充分的同情心，有钱出钱，有力出力，协助政府救死扶伤，来造福一般灾胞，使他们能受到实际的安慰。其次我们重庆和四川这几年在张长官领导之下，一切政治和社会的情形，较之抗战时期尤为进步。中正这次回到重庆，真正感觉回到自己的故乡，不仅同志之间情感，十分真挚，就是一般社会同胞，对中正也处处流露出亲爱的情感。这次我回想在那八年抗战的中间，几夜不断地遭受敌人疯狂的大轰炸，我们重庆百万同胞始终一致地和中正站在一起，同生死，共患难的时候，因此使我觉得只有患难艰苦中的情感，才是真正的情感，只有长期奋斗中的团结，才是精诚的团结。……我一息尚存，决不放弃我革命的责任，一定以抗战时期同样的精神，在中央政府领导下，重庆及西南大后方爱国同胞之共同一致“剿共”到底。而我确信在不久的将来我一定要在重庆和大家重新庆祝‘剿共’的胜利，建国大业的完成。”

国民党扩大纪念周上于右任老泪纵横
称国民党不醒悟将自取灭亡

《星岛日报》9月5日广州特讯　党国元老监察院长于右任氏，今日上午出席此间中央党部暨粤穗省市党部联合扩大纪念周，发表渠沉痛之呼吁。于氏致词时，声泪俱下者再。会场空气肃穆。于氏首称：“南京现已沦于共方，何时光复，此乃后死者之责任。须知无中国国民党即无中华民国，吾人惟一责任即勿使中华民国断送于吾人手中。国民党自同盟会数十年来，不少可歌可泣之史迹，先烈创业之艰难，远非吾人所能想象。就右任本人来说，四十余年之革命生活，抚今追昔，右任亦深感良心愧疚，右任亦深感无以对总理，无以对先烈，（于氏声泪俱下，全场感动）。想一想，如果中华民国在吾人手中断送，是如何悲惨之事实，吾人不愿怨恨共方如何如何，总是吾人不对。不能爱民如子，不能善待士兵。这怪谁？这怪谁？吾人仍不能彻底觉悟剔除私见，则吾人自取灭亡。”

滇局扑朔迷离　传卢汉今日专机飞渝
处理昆明事件重心在重庆而非广州

《星岛日报》广州9月6日电　对于昆明事件，官方打破三日来沉默态度，尽首次发表消息。据张彝鼎称：昆明三日言有少数学生唱扭秧歌，呼口号游行，此项行动，该当地政府制止后，五六两日，平静无事，昆明目前并无军事冲突。

《星岛日报》重庆9月6日电　滇主席卢汉，今日与云南省官员一批乘民航抵重庆，卢汉在白市驿机场降落后，随即赴林园与蒋总裁会晤。卢汉于今晨离昆明，下午四时四十五分抵重庆。在机场上欢迎者有张群及蒋介石之私人代表黄少谷及蒋经国等。

《星岛日报》广州9月6日电　据军事发言人张彝鼎称：国防部六日午接获云南绥署报告，谓昆明市一切甚安定，航空交通邮政电报电话均恢复如常。至绥署主任兼省主席卢汉，赴渝是否将拜见蒋总裁，尚未获悉。至日前发现学生标语反对政府事，此是抗战胜利四周年前夕之事，据称当时有人巡行，恐是共方间谍所为。

路透社广州9月6日电　国民党行政院政务会议将于明日开会讨论昆明局势，官方人士承认昆明已发生“变化”，但不作更多的评语。由昆来的报告说，云南尚无战事发生，但昆明已开始宵禁。

驻滇国军实力充足 保安队传仅万余

路透社广州9月6日电　今日中国一军事发言人称：倘昆明陷落，自可发生若干问题，但其性质并非严重足以威胁到国共战事也。渠称：此种形势，实为近时同情共党之学生工人，煽动造成之结果。渠估计驻滇国军正规部队已在四万以上，而卢汉所统辖之保安队则为十至十五个团。

法新社广州9月6日电　军事发言人张彝鼎首次发表官方对昆明政变之评论，渠引用驻滇国军第二十六军军长余程万之报告，谓外传昆明反对国民党者，仅是学生煽动，张贴口号，高唱亲共之秧歌而已。该发言人复称：云南保安队全部实力为一万五千名左右，对西南大局，似不发生影响。因只就云南一省而论，国军兵员已准备妥当。

滇省将成立军政长官公署 长官人选传内定卢汉 阎锡山飞渝会商滇局

《星岛日报》广州9月7日电　据重庆电讯，阎锡山今日下午抵渝，下机后即往见蒋总裁，商处理昆明事件问题。湘省主席黄杰今亦由芷江专机飞渝见蒋。

《星岛日报》广州9月7日专电　“行政院长”阎锡山，突于今午十二时十五分乘“追云号”专机飞渝，“政院”卢参事等随行，到机场送行者仅有秘书长贾景德一人。据悉:“阎院长”此次突然赴渝任务，是与蒋总裁商议处理昆明各界问题，并视察迁渝中央机构，阎起行前，并在官邸接见徐堪，垂询“中央”与云南有关财政问题甚详。“阎院长”在渝约逗留两三天即返穗。

《星岛日报》广州9月7日电　“阎院长”七日受蒋总裁之急电邀请，偕随员刘昭庭等乘“追云号”专机飞重庆，“阎院长”此行准备与蒋总裁、卢汉等，商洽处理昆明事件之若干技术问题。

据悉昆明省府，将有局部之改组，等“阎院长”抵达后，即可具体决定。

《星岛日报》广州9月7日专电 据权威方面消息称：云南省将成立一军政长官公署，其辖区为云南省原有辖区，军政长官人选，内定卢汉充任，卢氏并兼云南省主席职。目前云南省是隶属于张群主持之西南军政长官公署，行将设立之云南军政长官公署，其名称尚在商讨中。“阎院长”抵渝后，将以此征询滇省主席卢汉意见。

《星岛日报》广州9月7日专讯 扑朔迷离的云南政局，又渐趋明朗化，滇省环境复杂亦为不可否认的事实，卢汉的要求是“根据云南要求滇人治滇”，过去一百小时的政局汹涌，是由于云南人排除陈纳德势力的事实行动，云南报纸对陈纳德航空机队在云南过去一切不满人意所作所为，已公开抨击，认为陈纳德将昆明作为最大的走私基地，直接间接影响云南人之生活，惟法令上与“中央政府”有所抵触，因陈纳德名义上隶属于“中央”民航局，打击陈纳德无异打击民航局，但卢汉绝不愿意，致使云南局面一时混乱。

路透社广州9月7日电 接近“代总统”李宗仁之官员今日于广州称：渠等相信云南省主席卢汉不至于目前急谋滇省之独立。蒋介石或能与卢汉成立一劳永逸之处置办法，故渠等推测蒋氏当可使此项危机缓和。而卢汉于一九四五年升任主席，实亦出于蒋氏之赐。一自昆明于今日抵穗之英商称，当地情势安可无事。若干驻滇外籍公司办事人员以及海关暨其他组织之洋员均不知云南局势如何，渠等首次由无线电广播中获得此种情势，则认为是出于夸大报道。云南数月以来，反国民党情绪趋于高潮，大部分实由共产党教授与学生所策动，此等外侨，认为卢汉颇能以其各方人缘，调处国共冲突。故渠决定通知民航大队自昆明撤退，以免发生流血惨剧。

阎令返穗主持政务会议 商讨西南问题
张群辞西南军政长官职 昆明事件传获协议

《星岛日报》广州9月9日电 今日政院政务会议由晚九时起直至十一时四十分始告休会，由“阎院长”亲自主持。张群出席报告西南局势，闻此次会议，亦以西南问题为重心，传有重要决定。又西南军政长官张群已正式提出辞呈，政府内定蒋鼎文接任，最短期间可决定。

路透社广州9月9日电 一中立派私人顷自云南抵此称，蒋总裁与卢汉关于处理所谓昆明事变，现已获协商，其内容将包括：第一，滇省政府中所有亲共长官均应罢职，并须由中央政府实行改组。第二，增援国军部队入滇，以防患未然。第三，中央政府大洋券应于滇省通用。第四，云南总部应由中央直辖，而不隶属张群，并以卢汉主席兼任总司令。

云南参议会解散，增调军队入滇“震慑”叛乱滇省府民财两“姓共”的厅长被免职。

合众社广州9月10日电 张群今日于行政院报告，云南省政府中之两名共产党员，即民政厅与财政厅厅长，均已免职。

《星岛日报》广州9月10日专电 李“代总统”于十日颁布命令，解散云南省参议会，原令如下：行政院呈：为据报云南省参议会数月来言论，逾越常轨，违背国策，经提出该院第八十八次会议决议，依照省参议会组织条例第二十一条之规定，呈请予以解散，依法重选等情，应准照办，该云南省参议会应自本年九月十日起予以解散，依法另行重选。此令。

《星岛日报》广州9月9日电 九日晚政务会议时，已正式同意张群所提处理云南事件之办法，并予以追认。此项办法为：一、速由西南长官公署就近抽调国军至云南境内，协助剿灭各地“土共”以安定西南重镇。二、由卢汉主席指调保安团八个团前往昆明城内，专事负责城内治安事宜。三、解散云南省参议会，可能第二步调整云南大学人选。四、中央迅派大员协助澄清昆明之游离分子。

路透社广州9月10日电 西南军政长官张群顷于行政院披露，庞大国军业经开入云南，以震慑任何叛乱。此等部队昨日已由黔南抵滇。渠估计云南中共方面游击队将近六万，其种类可区别为四，即第一种为“土共”，第二为民主同盟军，第三为李济深部队，第四为各地“土匪”。国军抵达滇省，当即开始进攻此等亲共分子。阎锡山于昨晚半夜，开一行政临时会议，议决三项重要提案，即第一，由内政部命令改组云南省参议会，肃清所有亲共议员，并当从新改选。第二，由教育部命令停办公立云南大学。第三，禁止六家亲共报纸于昆明发行。该项命令将于数小时以内，由行政院颁发。

非常委员席上张群报告西南局势 滇黔将另设军政长官公署

《星岛日报》广州9月10日专电 递致辞呈，行将离职之西南军政长官张群，十日于国民党非常委员会会议席上，作详细而又警惕之西南局势报告，该项报告内容，包括昆明事件在内，非常委员会对当前军事政治方面，均有若干决议。

政院阎院长由穗赴渝，曾以党员姿态，晋谒蒋总裁，请示当前局势之大策，阎氏亦有将其所得，提出报告。会议由副主席李宗仁主持，委员阎锡山、于右任、张群、朱家骅、吴忠信、吴铁城、陈立夫等出席，国防部参谋总长顾祝同、财政部长徐堪、中央党部秘书长等列席参加，会议由上午九时开始，迄至下午一时许方毕，会场附近警戒森严，新闻记者亦不得通过。

《星岛日报》广州9月10日专电 据有关方面透露称：非常委员会决定于重庆设立分会，分会主任委员则由蒋鼎文充任。蒋氏将继张群出任西南军政长官职，正式任命即可发表。

《星岛日报》广州9月10日专电 昆明事件导火线之陈纳德空运队，政府正积极研究处理该队之办法，惟政府官员研讨应付办法时，甚为焦急而又烦恼者，盖于目前政府亦须运用该空运队，运输弹药，惟不对该队作若干处置，则难平民怨。据悉：政府将采用“中庸之道”，处理空运队除云南一省外，陈纳德空运队仍照旧飞行原有航线，惟须由民航局切实监督。

《星岛日报》广州9月10日专电 据熟悉政情之人士表示：国民政府成立之军政长官辖区，即将全面调整，以适应当前情势。政府现已设立之军政长官公署，共有东南、华南、华中、西南、西北五个，惟其管辖地区，时有矛盾之处，故有全盘调整必要。政府计划调整军政长官辖区，东南军政公署管辖台湾、福建。华南公署管辖广东、江西、琼崖特区。华中公署管辖湖南，广西、湖北。西北公署管辖青海、宁夏、甘肃。西南公署管辖地区，将予缩小，以四川、陕西为限。该公署名称，将改为华西军政公署。云南、贵州两省，可能脱离现有之西南公署，另外组成一军政长官公署，名称沿用西南公署，长官人选，何应钦、卢汉呼声均高。

广州解放后蒋府或迁昆明 恐怕搬往重庆无路可逃

美联社广州9月16日电 据有资格人士称：广州解放后，昆明可能代替重庆而成为国民党政府的“首都”。按昆明系云南省省府，而云南省与越南及缅甸接壤。四川的军阀们反对“首都”迁到重庆，他们认为国民党政府将四川作为其主要基地，即其供应问题颇大，一旦四川解放，国民党就只有死路一条。反之，云南毗邻缅、越，供应比较容易。另外一个因素是：如果华中的白崇禧要撤退，则只有逃回他的老巢广西，该省正与云南交界。

杨杰将军遇害事件 谁是卑鄙的凶手 媒体提供蒋介石及其同党迫害杨氏事实

《文汇报》讯 蒋介石所控制的特务组织了昆明事变之后，九月六日，特务从重庆带了蒋介石的手令到昆明，手令是要将杨杰拘捕，就地枪决。同时在捕人的黑名单上，第一个名字是杨杰。

云南起义没有完成之后，杨杰觉得昆明已经不能再住下去了，他决定到北平去。九日那天，他搭中航的昆港飞机来了香港，飞机票是由他的女婿朱某代买，在飞机起飞前两小时，他直接坐汽车到机场，汽车停在飞机旁边，一个人先上了飞机，他终于脱离了特务要搜索他的昆明城飞到香港来了。九日上午，昆明风声很紧。云大教授陈复光，也是他做驻苏大使时期的大使馆职员，跑到他家里通知他离开昆明，那时候特务已经来拘捕杨杰，陈复光正好落在监视杨宅的特务手中。陈复光的儿子见他父亲去了很久，没有回来，跑去杨宅，也被特务拘捕了。

但是杨杰将军终于在九日下午安全到了香港，他住进了轩尼诗道三零二号A四楼的朋友家里。

轩尼诗道三零二号A四楼是瑞成国际贸易大厦的产业，瑞成国际贸易公司的东主是伍某，云南人，在三零二号A四楼是这公司职员李焜住的，这是一层并不很大的楼，一开门就是小客厅，可是该客厅做了杨杰的卧室，对着门口摆着一张独睡床，旁边摆了一张桌子几张藤椅。前天晚上，杨杰搬了一张藤椅坐在面对着轩尼诗道的骑楼。

当刺客行凶的时候，杨杰是坐在面对着马路的藤椅上，头部和肩部连中两枪之后，立刻身死，但他还坐在椅子上。藤椅的左边扶手染有一点血迹，但在藤椅左边的地下却留下了面积大约直径两英尺的血液。昨天上午还没有洗去，凝结成很厚的血块。楼梯上也有很多血迹。

从四楼走到地下要走转折六次的六十级楼梯，用最快的速度也要二十秒钟才能走完。三楼和地下附近的商店都不知道在当时发生了如此严重的谋杀案，三楼听到枪声，但不知道是发生在四楼，地下的商店因为开了门，听不到枪声，也不知道出了事情。

是谁派去的信使？

据称以送信交给杨杰而骗开门的，并且将信交给他看了收回之后再开枪行凶。根据《星岛日报》昨天的记载：

当时仅有杨杰和女佣在家，接着记载杨杰看信的情形，而这时候女佣显然是没有看见的，因为后面有这样的记载："枪声发生后，该寓所李焜女佣闻声出房内看究竟，见满地鲜血斑然，即惊呼狂叫。"照这样说来，杨杰从看信到被刺这过程中，只有凶手和杨杰在场，谁看见杨杰态度从容，谁看见一面读信一面持葵扇，这些情形显然不是闻声才经房内出来的女佣所看见的，这是一个可以怀疑的地方。

信可能是有的，但有资格的云南人是认为，即使真的拿了一封虞某从昆明带来的信，那信也必定是伪造的，蒋介石特务可能用这手段将杀死杨杰事件的责任，把侨港人民和办案当局的视线，移转到这个所谓虞某身上去。

蒋目的为杀杨杰

今天是九月二十日，如果杨杰将军还活着，他今天就要离开香港了，但是，他已经被蒋介石的特务谋杀了，尸体还摆在殓房里。在昆明的期间，他致力于民主事业，虽然这次云南的起义被蒋介石的特务用最残酷卑劣的手段暂时破坏了，但他所致力的工作将来会有辉煌成绩。他在特务追踪拘捕的危急情势中，离开了昆明，在香港过了十天就遇害，这十天内，他看了几个朋友：十日那天，他去拜访龙云将军，他们阔别了几年，但时间仓促，谈了不久就告辞了。十八日那天上午，他去拜访贺耀祖，他们也有四年没有见面，又是非常愉快的聚会。除此之外，还没有能追证他接触过其他的人士，他可能接触到的一些朋友，对死者来说，都是诚实可靠的，特务怎么发现他在轩尼诗道三零二号A四楼的呢？据一位有地位的云南人说，昆明特务已经知道他在香港的住址。而据另一个传说，十日那天昆明就谣传杨杰乘坐的飞机在广州降落，他在广州被枪决了。

这些不是多余的传说，因为蒋介石的目的就是要杀死杨杰！

龙云、贺耀祖悲愤指出　这是蒋党卑鄙行为
咸盼严缉凶手以维香港治安

《文汇报》讯　中国著名的军事学家，即将北上参加人民政协的代表杨杰将军前天晚上十点半钟在他寄住的寓所，轩尼诗道三零二号A四楼遇刺的消息传出以后，他生前的友好都感到非常的震惊。留居香港的龙云将军昨天以杨杰将军同乡的关系对这不幸事件郑重发表意见，接见记者时说，杨杰将军之死是中国人民的损失，表示十分痛心。

他很肯定地说：“这是蒋介石一贯使用的卑鄙、恶毒的手段。”他判断刺客是由昆明蒋党特务派来的，据说杨将军在昆明的时候，蒋介石就密令驻昆特务拘捕他就地枪决，在黑名单中，他是第一名。本月九日，藉亲戚的资助买了飞机票，在飞机开走之前赶上飞机来到香港。想不到在香港他遇到蒋介石如此卑鄙的谋杀，这是中国人民的损失！

1

指点旧闻

长沙和平解放内幕

1949年3月5日，毛泽东《在中国共产党第七届中央委员会第二次全体会议上的报告》中指出：三大战役以后，国民党军队的主力已被消灭，作战部队仅剩下一百多万人，“今后解决这一百多万国民党军队的方式，不外北平、天津、绥远三种”，并强调“按照北平方式解决问题的可能性增加了”。

所谓“北平方式“，就是“迫使敌军用和平方法，迅速彻底地按照人民解放军的制度改编为人民解放军”。这一报告内容传开后，在国民党军队中间引起了不小震动，特别是一些和蒋介石宿怨极深的国民党高级将领在整个政权即将覆灭之际，纷纷从傅作义北平起义和中共新政中看到一丝希望。

5月15日，第四野战军先遣部队在湖北黄石港突破国民党军防线强渡长江，并于6月17日解放武汉三镇。在强大的军事压力和政治攻心下，国民党华中“剿共”副总司令张轸将军率国民党第19兵团在鄂南、贺胜桥、金口一带起义。张轸除任华中“剿共”副总司令外，还兼任第五绥靖区司令官、第19兵团总司令和河南省政府主席。这样一位高级将领率大部队起义，无疑是桂系部队的一次严重分裂，同时震撼了在湖南前线作战的国民党军队。白崇禧军团在遭此重大打击后，被迫率余部20万余人败退湖南。解放军乘胜于7月间发动强大的夏季攻势追击白崇禧部，解放军势如破竹先后解放了临湘、平江、浏阳、岳阳、湘阴、醴陵、常德、安乡等10余个县，让省会长沙处于解放军三面包围之中。是否和平起义，亟待国民党守军作出抉择。

湖南省政府主席程潜在1948年竞选副总统失败回湖南后，就有自谋出路的打算。北平的和平解放对他触动很大，特别是经过中共湖南省工委深入细致的统战工作后，程潜逐渐向中共靠拢。1949年4月，他亲自会见湖南地下党代表，正式表明了起义的要求和保证，并于同月在向中共中央表明起义态度的备忘录上签了字，随后又和中共一道为湖南和平起义做了大量准备工作。代理主席陈明仁本来出身黄埔，极力反共，深得蒋介石赏识，只因四平街战后被借故撤职，才对蒋产生不满。经过中共湖南省工委的耐心说服，陈逐渐消除了对中共的疑虑。他私下同意和程潜一起与中共合作，走和平起义的道路，而在公开场合仍以反共的面貌出现，以骗取白崇禧的信任。为了给自己留有后路，陈没有在向中共表明起义态度的备忘录上签字。

7月下旬，湖南各界代表一致表示拥护中共提出的和平解放八项条件，并向处境孤立的陈明仁转告中共对他的意见。在军事和民意逼迫下，陈明仁不得不下定决心和平起义。7月21日的《港闻中国》曾报道，陈明仁在省会各团体的欢迎会上表示，“决不在长沙市区作战，不使长沙人民受到牺牲”——既表达了亲民爱民之心，又传达了将走和平起义之路的意图。后陈明仁暗中通知被逼出巡邵阳的程潜秘密回长沙，并派人迎接解放军代表李明灏来长沙商谈和平解放事宜。至此，长沙和平解放大势已定。

廖方舟（暨南大学历史学系硕士生）

2

指点旧闻

长沙和平解放 中国人才匮乏

7月行将结束，国共湖南战事胜负已定。似乎已对程潜及其部队“叛变”有所耳闻的广州国民党政府30日突然宣布免除湖南省主席程潜身兼的各职，任命其担任国民党政府考试院院长——虽说国民党政府标榜“五权分立”，但考试院从来就是一个点缀性机构。

国民党把最后一线希望放在了代理主席陈明仁身上——任命陈担任湖南省主席，成立湖南“绥靖司令部”，并由陈兼任总司令。白崇禧还密电陈明仁：“程潜率武装人员潜返长沙，图谋不轨，着即解除护卫武装，实行兵谏，迫使程去广州任考试院长。”

然而，让白崇禧与广州国民党政府始料未及的是，陈明仁与人民解放军的和平谈判也进入了最后阶段。陈明仁提出的一些条件，比如要求“和平解放”后仍担任湖南省临时主席之职，中共方面都表示同意，只是在由谁来维持长沙城秩序方面，双方产生了意见分歧：陈明仁要求解放军不进长沙，由陈的部队继续维持秩序；中共认为“解放军已兵临城下，是要进长沙的，否则无法维持好长沙的秩序”。

其实，长沙和平解放对中共的考验最大的问题还不是军队是否进城，而是熟悉城市管理的干部和技术人才严重缺乏。

早在1949年3月中共七届二中全会闭幕后，东北局根据中央决定已抽调53000名干部随军南下，同时吸收和抽调了城市中可靠的积极分子、工人、职员、知识分子和青年学生各500人、长春学生300名，经整训后支援新解放区。但解放战争的神速推进，让新解放区城市管理干部和技术人才仍不敷使用。举个例子，解放军先头部队在程陈和平起义前最后一次与长沙地下党联络，派的是王首道时任秘书李荣春去湘雅医院送一封林彪的亲笔信，用了余秋里的美国吉普车，开车的还是个日本人。兵荒马乱，来回一路上都饿着肚子不说，车子也碰坏了好几处，甚至在归途上日本司机累昏了过去。李荣春走投无路，只好自己摸索着开车，居然把车开回了武汉。

主持湖南省政府工作的王首道从武汉去长沙，坐的车是在沈阳缴获的一辆闷罐车，而司机是朝鲜人。湖南下雨路滑，朝鲜司机不熟悉路况，居然翻倒在路旁，好在只有个别人受了轻伤。由于自己培养的少数司机技术不熟，军管会对如何进行交通管理也不太清楚，当时的汽车司机大多从俘虏中选拔。

王首道后来回忆说，接手湖南工作，最手忙脚乱的是“北方同志”纷纷要求回去，“主要原因是湖南多是新解放区，老百姓说话听不大懂，好多事不好处理；不服水土，潮湿，蚊子咬，闹肚子，个别的未打招呼自己就跑回去了。一位原山西省计委的副处长私自回去，把党籍也丢了。”

香港旧闻报道，中共南京市委宣传部的理论水平检测也印证了长沙和平解放面临的干部和技术人才问题，“要培养出足够的、符合新区管理要求的干部，中共还有很长的路要走。”

杨　早（中国社会科学院文学研究所助理研究员）

3

指点旧闻

借『反共基地』地方军阀自抬身价

旧闻报道，国民党云南省主席兼云南绥靖公署主任卢汉奉广州政府之令，解散云南省参议会，逮捕参议员、各大报馆、各大院校成员200多人，查封多家报馆，解散云南大学、昆明师范学院及各中学，并在昆明实行宵禁。这不妨看作国民党经营西南反共基地的重大举措。

于是，自认为举足轻重的卢汉，向国民党政府提出了要求：如果要云南作为反共基地，则中央需立即拨付云南可武装十个师的装备、弹药，这十个师的师长均由云南人担任；云南三年内不向中央缴纳任何赋税；中央军全体撤离云南；云南实行高度自治。不难看出，在国民党政权的危急存亡之秋，地方军阀开始蠢蠢欲动，大有“彼可取而代之”的意味。

蒋介石将湖南战局完全交给了白崇禧。他的全部希望都寄托在台湾，但台湾能否坚持到底，港报上有观察家表示怀疑，他们认为广州尚可支持三个月，厦门将在一个月内落入共产党军之手，厦门一旦陷落，台湾将非常吃紧。因此蒋专门派心腹陈诚到厦门督战，务必要保住台湾在大陆上的最后屏障——他应该不会忘记明清之际，郑氏王朝失掉厦门后，反攻大陆成为泡影，也在20年内失掉了台湾。

然而解放军的南下步伐看起来并不紧急，港报评为“似有沉机待命之势”，其紧锣密鼓的所在，还是在华北。9月10日，国民党绥远省政府主席兼保安司令董其武陪着傅作义到达包头，召集旅以上高级军官，商讨绥远起义事宜。11日，傅作义就绥远问题致电薄一波、聂荣臻，提出“四项原则，三个步骤”，大意是尽量保持绥远秩序，不做大的变动，军队就地教育整编，恢复交通，转入工农业生产，傅承诺“董其武等通电发出后，即彻底成为解放区、解放军，与反动政权完全断绝关系并站在敌对立场”。

毛泽东在修改聂、薄的复电时指出，同意傅作义提出的四原则与三步骤，特别注明“不论什么步骤和方法，只要能使绥远及其军队成为全国一样的解放区和解放军便都是好的，可以照办的”。

就在12日这天，中国人民银行发行了500元与1000元面额的人民币，并且宣布，如市场因发行新票而有波动，将抛售政府准备的物资来平衡市场。《大公报》对此特别指出，大额币发行后，棉纱、食米、面粉的市价反而稍微下跌，"这与国民党反动派过去滥发钞票情况完全不同，所以这次并无像反动派时期那样抱着对发行新钞的恐慌心理"，不法商人也不敢像过去那样兴风作浪，抬高物价。有意思的是，大额新钞票先投放上海市场"试水"，至于河北等地，要到9月17日，这些新钱币才正式出现。广州、香港报纸上总认为共产党重视东北、华北，上海的地位不受重视。以发行钞票的情形观之，这种说法未必站得住脚。

杨　早（中国社会科学院文学研究所助理研究员）

4

指点旧闻

绥远解放的标本意义

旧闻报道，“(国民党将军) 董其武率部起义，绥远省和平解放”。与北平、长沙等城市不同，绥远的和平解放是“绥远方式”的胜利，有着不一样的标本意义。

按照毛泽东的说法，三大战役以后，国民党军队的主力已被消灭，能用于作战的部队仅仅剩下100多万人，今后解决这100多万国民党军队的方式，不外天津、北平、绥远三种，“用战斗去解决敌人，例如像解决天津的敌人那样，仍然是我们首先必须注意和必须准备的。按照北平方式解决问题的可能性是增加了，这就是迫使敌军用和平方法，迅速地彻底地按照人民解放军的制度 (把国民党起义部队) 改编为人民解放军。”

毛泽东进一步解释绥远方式，“是有意地保存一部分国民党军队，让它原封不动，或者大体上不动，就是说向这一部分军队作暂时的让步，以利于争取这部分军队在政治上站在我们方面，或者保持中立，以便我们集中力量首先解决国民党残余力量中的主要部分，在一个相当的时间之后(例如在几个月、半年或者一年之后)，再去按照人民解放军制度将这部分军队改编为人民解放军。”

可以说，“绥远方式”保证了解放军集中兵力对付主要敌人。“天津方式”和“北平方式”都需要以强大的兵力为后盾，而“绥远方式”则着眼于与国民党上层军官进行谈判，促使其逐渐转变思想，并促动其部下一起走上和平之路，在必要的时候不惜在政治上作出重大让步，以满足对方的利益，消除其思想上的种种顾虑，故此种方式并不借助于强大的兵力。在绥远和平解放的过程中，中共与绥远董其武方面进行了断断续续前后达半年之久的谈判，在最后双方达成的协议中，成立了一个以董部原班人马为主而以中共代表为副的过渡性机构。但该方式却换来了中共将原本拟用于绥远的第18、19两兵团投入到陕甘青战场，大大加速了解放大西北的进程。

“绥远方式”的实质是以外部大形势的变化促动绥远地方势力思想的逐步转变。绥远守军成分极为复杂，番号多变，他们对待绥远和平解放的态度并不尽一致，再加上特务横行，其内部充满了矛盾和斗争，虽然董其武本人倾向于和平解决，但他必须充分考虑部下各方势力的利益，否则他将无法控驭局势。因此，绥远和平解放的进程视乎绥远内部大部分势力思想转变并趋于一致。但对于当时人来说，大部分人对局势的认识并不清晰，大多还对国民党政权抱有希望，且对中共充满疑惧，故解决绥远不可能一蹴而就。毛泽东曾一再强调，解决绥远不能急，要静待局势的变化，静待瓜熟蒂落。到9月份，国民党在全国的败局已再明显不过，西北战场上，随着晋、陕、甘、宁等省的解放，绥远已成为孤立的据点；加之董其武、傅作义的努力及中共从旁协助，绥远内部各方在和平解决问题上已基本达成一致，绥远的和平解放也终于水到渠成。

朱怀远（中山大学历史系博士生）

5

指点旧闻

1949年的一场『台独』阴谋

1949年10月22日，距离广州解放已过去了8天。在这短短的八天内，国内局势又发生了新的变化。在北京，新中国首届政府宣告诞生；西北，王震率军进入迪化，新疆全境纳入新中国版图；南粤，解放军已解放大半个广东，国民党军队被压缩到汕头、海南等边缘区域。放眼全国，只有残存的桂系军阀还在湘西、桂北一带负隅顽抗。而那个无法控制局面的国民党政府，早在一周以前就仓促逃往重庆，依然不忘记履行自己的“职责”。它宣布“永久开除”宋庆龄、傅作义等人的国民党党籍，并下令通缉新中国首届政府全体成员。

随着新中国的成立并迅速获得多国承认，让美国的亲蒋势力表现出极大的不安情绪。10月20日，美共和党6名亲蒋议员联名鼓吹，“遏止共产主义在中国之蔓延为时并非太晚”，美国应拒绝承认新中国，“进一步援助国民党政府”。甚至有议员批评杜鲁门在中国问题立场上摇摆不定，导致了当下中国的局面。

在这一帮职业政客的压力下，杜鲁门政府无限期搁置承认新中国，并在10月6日答应批给国民党7500万美元的武器援助经费。当然，这笔经费的真正到位也是需要条件的——参议员诺兰提醒：国民党军“必须坚强抵抗共产党”，千万不能再崩溃了。

旧闻提到《文汇报》报道，台北也传来“台湾防务由美军协助布防”、“台湾将由美国托管”等声音，“美国间谍廖文毅加紧叫喊所谓的‘台湾独立’”。事实上，早期的“台独”与“台湾托管论”的确有着莫大的关联。新闻中的“美谍”廖文毅，就是鼓吹这种论调的第一人，可谓“台独”鼻祖。

廖文毅出生于日据时代的台湾，曾获得美国俄亥俄大学博士学位。1947年，廖文毅因在选举中受挫而萌发“台湾独立”的思想，提出了“台湾人不是中国人”和“台湾民族论”，认为台湾人是中国、西班牙、荷兰、高山族和日本人的混血杂种，是一个不同于中华民族的台湾民族，它实际上成了后来“台独”的理论基础。后廖被国民党当局通缉，逃到香港后成立“台湾再解放联盟”，又向联合国递交“请愿书”，要求“托管”台湾。

从理论上来说，借扶植廖文毅等“台独”势力上位，可同时达到驱赶蒋介石和“托管台湾”的双重目的，无疑是一着好棋。但蒋介石绝对不会答应这样的安排，毕竟台湾还是他最后的栖身之地。

由于蒋介石的强烈反对，美国人不得不改弦易辙，“台湾托管”在1949年底宣告破产。次年一月，杜鲁门宣布“美国承认中国对台湾行使主权，目前无意在台湾获得特别权利或建立军事基地，亦不拟用武装部队干预其现在局势”。

但是在美国人的包庇下，廖文毅后来在海外大搞“台独”活动，甚至成立了“台湾共和国临时议会”、“台湾共和国临时政府”，直到1965年才被蒋介石招降。

孔　娜（中山大学历史系研究生）

6

指点旧闻

从昆明事变看国共争夺卢汉

9月4日云南局势的发展极受外界关注，有消息称卢汉已经在云南宣布反蒋投共，又有消息称其只是宣布独立而并未投共，昆明已经实施宵禁，卢汉手下的云南省保安团可能会对驻扎在云南余程万所部26军采取行动，很多大型运输机从广州向昆明方向飞去，驻扎在广西、贵州、四川的部分国民党军已经开始向昆明开进……各种消息纷至沓来，近来人们议论纷纷的“昆明事变”可能真到了摊牌的时候。

在西南诸省之中，云南地处边陲，与越南、缅甸交界，如果国民党军在云南起义或者被解放军占领，那么现在驻扎在大西南地区的国民党军队在战略上就被包围，国民党军可能通过东南亚撤离的计划也就成为泡影，战略位置如斯，不过云南受到格外关注还要从半个多月前讲起。

8月15日黄绍竑、龙云、刘建绪、刘斐、李默庵等国民党中央委员和立法委员在香港召开记者招待会，发表了《我们对现阶段中国革命的认识与主张》的声明，声明中宣称蒋介石背离三民主义，他们将拥护共产党，会上还宣布了“云南起义”。同一期间龙云致函时任云南省主席卢汉，劝其起义，这一变故使国民党朝野震动，卢汉也被推到了风口浪尖，他的一举一动都会对时局产生重大影响，自然也就成了各方关注的焦点。

卢汉早年是云南王龙云麾下的得力干将，两人名为“主仆”，却情同手足，二人在抗日战争期间率领滇军赴前线，先后参加了台儿庄战役、武汉会战等，战功卓著。抗战结束后长期盘踞云南的龙云被解除武装，被蒋介石“请”到南京，成了一只“纸老虎”，卢汉成了龙云的继任者，卢汉和共产党素有渊源，是解放军统战工作的重点对象之一。国民党云南党部负责人报告说“西南地区的根本问题就是卢汉问题”，蒋介石也深以为然，党内部分军政要人建议用武力解除卢汉的武装，从而除掉这一心头之患。蒋介石一方面希望卢汉能够为建设大西南“反共基地”出力；另一方面也不愿看到李宗仁在西南坐大。如果用武力解决云南问题，有着地缘优势的桂军定会渗透到云南，这是蒋介石万万不愿看到的。经过慎重考虑后蒋还是决定拉拢卢汉，虽很倚重也怀着极强的戒心。

蒋介石8月下旬抵达重庆邀卢汉前往会晤，被其婉拒，数日后派出自己的亲信俞济时前往再邀请赴渝，卢汉只派了两位代表去。9月3日俞济时再度前往昆明催促卢汉，当晚余程万也邀请云南军政大员赴宴，卢汉又请辞。4日俞济时返回重庆，蒋介石可能真的已经失去了耐心，武力解决的想法也渐占上风，而解放军也没有放松对卢汉的争取，到底会倒向何方，时局又如何进展，则仍需要进一步观察与等待。

林　柯（中山大学历史系研究生）

第四章
铁路命脉

粤汉铁路从广东广州到湖北武昌，1898年动工，1936年才全线通车，全长1096公里，前后经历36年。现为京广铁路南段。

很少有人知道，1949年的许多战争，与一条铁路密切相关。粤汉铁路，这条连接中国粮仓与国民党政府的铁路，成为国共两军争夺的重点。在阻止解放军南下的战斗中，国民党军更多的是依靠粤汉铁路运送兵力和武器，这条事关战局的铁路，因此引发多次激烈的战斗。

一、解放军采取种种措施开始夺取粤汉铁路

横贯南北的粤汉铁路，成为国共两军争夺的焦点。得此铁路，解放军将等于得到力量倍增器，通过铁路运输，解放军可很快将力量投送至国民党在大陆的最后堡垒——广州。

路透社上海6月18日 非官方报道称：中共军队某一纵队自宜昌渡江之后，刻已南下。军事专家咸信，该纵队图谋将白崇禧总司令部所在之衡阳，一鼓而下，于是深入湖南，将防务坚固之长江与其在粤汉铁路沿线之供应基地割断。目前据闻国军已于衡阳北面九十五英里之长沙地区集中，藉以监视由粤汉及株洲铁路缓缓移动，向渠等进攻之两路中共军队纵队。西路中共军队据闻因湘境国军部队叛变，起与国军交绥，于是遂未遭逢大战，即有抵达其目的地点衡阳之一优越机会。中共军队之第四纵队现时已于赣南向著名钨矿中心地区赣州发动攻势，其先锋据闻已向广东边境追击，该路直通粤北韶州，（亦名曲江），位于粤汉铁路，国军已于当地构筑坚固工事，以阻遏中共军队进攻广州。至中共之第五纵队，即消息殊少，唯一般咸信，目前当在福州东北五十英里之古田及八十英里之南屏，从事整理。陈毅部之若干部队，据闻已自上海开拔前来，与该纵队联络，直扑福州，并于滨海之处，设一基地，俾得进居台湾。福州防军据闻近时已获台湾美国训练之部队增援补充。消息灵通方面今日称：华南所有反国民党之部队目前均已齐集中共旗帜下，以图实现其新目标。该方面复称：刘永生所统帅之闽粤赣边区纵队，兵不血刃即将粤东要地梅县及其他城市解放。而粤东多数地方，除临近

闽省潮州汕头区域而外，现时均入中共军队之手。又披露，广州东西两面仅为二英里之地面，即有中共军队武装部队出没其间。

粤路及广九路已成霸王世界

《星岛日报》6月20日广州专讯 粤汉铁路正陷干线铁路及车站间秩序，刻已成为无可收拾之紊乱状态。每日往北开行之各次广长、广韶间班车，固为“黄衣大汉”填满车厢。二等座位以下，搭客虽购有车票，不特无位置可坐，且连车厢亦不能进入，以致纠纷时生。广九快车亦如是，每日上午七时三十五分开九龙之第七次快车，及三十五分由九龙开返广州之十八次特别快车，均为沿广九线“黄衣”人物利用作为“走货”之车辆。一千名以上之“黄衣大汉”于每晨在石龙站屯满走私米槽，快车一来，则毫无秩序，将袋米自车窗内抛进，然后破窗而入。旅客常遭暗伤，或于混乱中，被拿走行李。

十八次快车自九龙开至深圳停车时，亦有一千名以上之“黄衣大汉”将满载于袋内之屈臣氏汽水、罐头、饼干、牛奶、香口糖等物，自窗口抛进，随即跳窗而入或爬上车顶，秩序紊乱，足使正常旅客望而却步，不敢在此乘坐。但路局以限于力量，无法纠正，亦任意由现状维持下去，故旅客情愿集中乘坐直通快车，因之收入大受影响。

林彪调集部队沿粤汉铁路进攻 投诚蒋军士气高昂

解放军沿粤汉路向广州疾进

路透社上海6月28日电 中共军队将领林彪，据闻正调集所部，将沿粤汉铁路进攻。此举足以表示因多年停顿之诸有关事项，至今始因铁路交通，首次自东北哈尔滨，经过北平、天津、南京，直驶上海而回复战前原状。例如旅客可于上海搭车，经由中国各铁路干线以及苏联西伯利亚大铁道，抵达欧洲。中国报纸所揭载之一报导称，开始之时，仅每隔五日有一列平沪通车开行。

二、粤汉铁路成了国民党的逃命路

败退的军队，大量滞留的物资，国民党也在利用粤汉铁路，将最后的军事力量集中，期望借此做反戈一击。

机关职员疏散万余人赴渝 粤路加开专车运公物

《星岛日报》6月26日专讯 于保卫华南声中“中央”各部会现正积极准备向大后方迁移。据“中央”各机关分地办公疏运委员会消息，预定于短期内疏运各机关公务员及眷属一万五千人，其中疏运赴渝者一万三千人。陆续分批疏运中。

《星岛日报》6月26日广州专讯 国防部已决定全部迁往重庆，所有公物，由穗运送衡阳转湘桂赣铁路往重庆。交通部已奉命为疏运国防部公物而令粤汉铁路局特自衡阳广州间加开十九、二十次快车一班，以三十五天为限。

1949年，在解放军铁道兵团二支队、广州铁路桥梁三分队共同组织抢修下的粤汉线铁路新岩下桥（广东境内）

粤汉路收入锐减 将裁员一万人

美联社广州7月8日电 粤汉铁路亦如（国民党）政府其他一切之机构，即将裁员万人，并需以二十八万枚银币，充遣散费。此因该路收入锐减，故有裁员之必要。该路目前军情最紧，客货运输稀疏，达于最低限度，而公务人员等拒绝购票乘车，尤使其赔本经营。

粤省拨五百万银元续建狗牙洞支线 月底可望完工

《星岛日报》7月14日广州专讯 粤汉铁路狗牙洞支线工程自因日前天雨，将沿线各处山泥坍卸，以致有万余土方、二万余石方堆于路段影响工作全部停顿以后，经由路局专家呈请经济部追加预算，以便完工。今晨据该支线工程处处长吴廷玮对记者称：关于狗牙洞支线，追加预算工款，已奉经济部拨补银元五百万元，刻已复工多日。全部工程，计共有轨道三十七公里，已完成铺轨二十九公里，仅坍泥挖通后，全线即可通车。至于日前曾借粤省府之工款一百万元港币，决于开车后，在运费内，逐步归缴。通车日期，如无大雨所阻，可能在本月底实现云。

大量难民自湖南南下 南下车拥挤不堪

《工商日报》广州7月21日消息 粤路局自衡阳迁穗，员工早前启程，动员来穗，粤路北行车廿一日起缩短通至长沙，因汨罗以上岳阳已失联络，长沙廿日晚秩序尚宁静。

粤汉铁路北段衡阳长沙间，市民连日惶惶不安，上下行快车，仍通至长沙，但沿路南下之搭客，已拥挤不堪，沿粤路各站昨日整日与衡阳总局通电频频，致影响广州调派所与衡阳通话时，模糊不清。

交通界消息　粤路廿一日晨接衡阳来电，衡阳迄长沙交通并无故障，长沙市商号廿一日晨仍开门营业，情况似较廿日为稳定，北上车次通至汨罗，岳阳尚在国军手中，但物资人口疏散已达到理想阶段。衡阳以南各次车均如常，南下之广武、广韶车均能如时开抵南站，传廿日午乐昌站附近有爆炸，于南下某卡军品车及路轨均无碍。

战场刺激商场，湘省南下广州载货火车日日爆满

『迷魂盗』让厦门警员手忙脚乱

《工商日报》7月22日广州讯 湘赣战局之紧张，刺激此间商场巨大，金融市场与货物市场均充分表现波动走势。最令人注目者为湘省物资突涌南下之现象。据粤汉铁路方面消息：自廿一日以来，南下火车几告满载，到货较一周内每日平均到货数量之五倍以上，到货种类繁多，以植物油类：生仁、豆子，焦煤、棉花为大宗。廿二日到货继续增加。路局方面为适应物资疏散南下需求，已决定加开班车与加挂货卡。在战局影响之下，北上货物已在意料中的锐减之势。廿一日只有十五罐汽油运赴坪石，廿二日除有零星日用品运往坪石外，坪石以北地区已绝无货物北运。商场中人相信，在未来一个月间如战事紧张，将使广州物资复过去外逃状态。日来自湖南运到之棉纱、铁矿，于抵达后多即行转运赴港。

时局影响于货物价格亦甚明显，最近出口油类价格频繁上升(桐油昨已升至一百二十元)，主因乃在国家恐未来战事足阻塞来源之故。

三、解放军一路挺进，铁路命脉南北割断

长沙和平易手，使得国民党政权掌控的粤汉铁路一再缩水。解放军分兵多路，对广东形成合围之势。

解放大军进入岳阳城 市民人山人海夹道欢呼

《文汇报》华中前线7月23日报道 沿粤汉铁路西南挺进的人民解放军第四野战军一部，廿日占领湖南北部的门户岳阳城，全城人民兴奋若狂，到处人山人海，热烈欢迎强大的人民解放军。岳阳解放以后，城内秩序良好，饭店照常营业。岳阳在洞庭湖东北，湖水经此和长江相通，为洞庭湖一带茶米的出产地，该城面水对山，形势险要，居湘北枢纽，为历代战争必争之地。

美联社广州7月23日电 传至此间的报纸消息指出，战局又有新的实质上的进展。今日共军部队仍然向西进攻，很显然的至少想在两个地方切断粤汉铁路。据传林彪部队与刘伯承部队正由不同方向继续向株洲进攻。另外，林彪部一万人正自浏阳向东前进，越过长沙，直扑株洲。

法新社上海7月23日电 据今晨前线消息称：中共两纵队正向长沙集结，并未遭遇到大的抵抗。又另部共军正向洞庭湖西面的常德推进。粤汉铁路北上长沙之第二次快车，昨日起停止开出，又广州与长沙间的电话，亦于昨日起中断。穗市各中央直属机关，纷纷做离穗打算，各银行亦已开始离穗，金钞则决定迁至海南之海口“办公”，发行未几之大洋票，价值一落千丈，几如废纸。金钞则随之暴涨。

湘省之战进入白热化　刘安琪兵团准备自琼调穗
解放军兵分三路进攻株洲

《星岛日报》广州7月24日电　湘省之战展开已有数天，中共部队刻源源自赣境涌至湘东，逼近长沙、株洲、衡阳，遂使湘东各地漫天烽火，长沙外围截至廿一日，国共两军正进行决定性之争夺，虽有国军空军自晨至晚，飞到长沙助战，惟共军仍继续向长沙增援进逼。该处市民听闻截至廿三日已疏散就绪，所有行政机关亦迁往湘西。白崇禧亦已下令指挥部南撤，陈明仁将军将负指挥长沙最后责任。至广州北上粤汉铁路客车，于廿三日下午起，已停止售至长沙客车，以衡阳为终点。

《星岛日报》7月25日广州专讯　粤汉铁路交通，路局顷为适应株洲情势，已将所有广长间快车，统开至衡阳为止，慢车则只开至郴州。衡阳以北路段，目前只有军运车辆及军用之交通车行走，而此项车辆，又为无定期者，衡长间交通，随时可均宣布断绝。今晨粤路南段，已接获商人要求将已装车运衡阳之货物卸下。但据路局所得消息，则衡阳以下路段，并未有任何意外之情况变化。

刘伯承部队正攻击攸县

路透社广州7月29日电　今日中国报纸揭载，白崇禧已抽调桂军夏威部队，于渌口抵御中共军队。刘伯承中共军队现正攻击攸县，据闻刘部第十四军重占莲花，并进袭昭陵。预料衡山不久将有一场大战。衡山为一峻岭险要，除非被刘部隔断，当可扼守若干时间，粤汉铁路西面，自长江开来之林彪第三十九军，刻闻正于长沙西北一百英里常德北郊，与国军交战。又闻中共军队突然占领株洲车站，致国军损失大批车辆。复据报载，白崇禧业经命令代理湖南主席陈明仁放弃长沙，向东挺进，以袭击中共军队后路，因长沙现被孤离，已无若何战略上之价值。

路透社广州7月29日电　广州收听长沙所打来之一无线电话，知截至今日午后四时，长沙仍在国军之手。长沙城内，一切平静。战事正在城东五英里之处进行。长沙南面刘伯承所部第十四军猛攻昭陵，欲将长沙以南一百二十英里粤汉铁路之耒阳，予以占领。

沪海员围美领署警察局拒干涉

传汤恩伯率七万军队增援衡阳

国民党考虑另开战线之可能性，若获九千万美援则可维持一百万兵六至八个月之军费。

1937年10月，粤汉铁路英德铁桥曾被日军轰炸。如今，粤汉铁路仅得由广州至衡阳间六百五十一公里能正常维持客运。长沙至易家湾三十一公里及衡阳至衡山五十一公里，能维持军运。岳阳北面中共军队占领地段，由咸宁至岳阳间一百三十九公里，中共军队已派工程队抢修通车，供给军运。白崇禧是否想防守衡阳，仍待事实证明。如白打算不战而走，他便会炸毁粤汉路的衡阳大桥。

粤汉铁路无车抵穗

陕甘边解放六县，解放军已进入常德

新华社华中前线7月31日电　华中前线人民解放军已解放湘、赣、鄂三省的醴陵、永新、石门、桃源等地。由赣西向西南挺进的解放军一部，二十五日及二十九日进占湘赣路上湘东工业城市的醴陵城及赣西吉安以西的永新城。由长沙渡江向湘西前进的解放军，则于二十五及二十八两日解放常德以北及以西的石门、桃源两城，残匪闻风逃窜。驻某地之湘鄂地区第一旅第一团全部八百一十六人慑于解放军声威，二十五日在团长率领下，向解放军投降。另路向鄂西追击的解放军，三十六日歼灭逃向五峰山之军队及湖北保安第五旅第十四团各一部，生俘副团长何岳等多名。

美联社广州8月1日电　国军于赣省反击，欲截断中共军队给养。线者今日称：渠等业经进抵衡阳以东一百五十英里之安福近郊。其一支队开向安福西南二十五英里之永新者称：永新附近正发动剧战。中共军队顷自永新东面获得补充增援。同时粤汉铁路管理局一发言人称：陈明仁将军要求立即恢复长沙铁路交通，并当通车至罗江北岸。

合众社广州1日电　国军虽于数处地方遭逢剧战，但现仍源源增援赣州衡阳，中共军队目前仍未曾与白崇禧部主力接触，一般相信，白部现已配备于衡阳东北两面山区中。

《星岛日报》广州1日电　长沙战况，周来均极沉静，中共军队主力攻势，箭头似非指向长沙，而长沙在陈明仁决心保卫下，中共军队似亦不愿攻坚。故周来此线战事沉静。现铁路正面，自汨罗江以南，均无战事，粤汉铁路局昨日已奉长沙绥靖总司令部命令，尅日动工抢修由长沙以北，至汨罗车站间七十四公里间之路轨，以便畅通军运。此项铁路抢修工程，如无军事情况所阻，三日内当通车，如此段通车，长沙北至汨罗，南迄易家湾，共长一百零五公里路段，均可畅通军运。

四、破坏与反破坏，解放军抢修铁路

粤汉铁路由共产党接管后，很快被再度连通，大量兵力和军用物资，由此开始快速南下。

传蒋介石明日访韩国会李承晚
解放军截断广州北面粤汉铁路

路透社广州8月2日电 广州中国方面报道称：粤汉铁路换车站株洲今日由中共控制，中共军队正规部队则已撤退至铁路东面一据点。又称：长沙衡阳铁路间地段，现仅有少数中共军队正规部队。其自衡阳以东莲花等撤退中共军队，现正沿公路开往更在东面之永新。永新以南至遂川，刻正发生战事。长沙西北洞庭湖前线国军，等自桃源撤退。今日仍获听长沙之无线电话，因联结欠佳，致无法跟长沙谈话。该线预料于最近将来，即被截断。广州一政府发言人顷称：第二战场将于随时随地皆可开辟。惟渠不愿多所宣泄。

美联社广州2日电 向南面进攻之中共军队今日愈深入华中境内，国军等经承认中共军队作战顺利。湘省中共军队现复将广州北面三百十三英里之粤汉铁路截断。中共军队现在大局袭来，以实行包围负责“捍卫”湘省国军之主力部队。赣省中共军队先锋部队现已往南挺进，对自湖南开来欲割断中共军队给养路线之国军，予以威胁。中共军队现复远离主要站地，对由回教徒司令所控制之西北广大地区，亦发动一新攻势，现已猛冲入甘肃省境。平凉系自动撤退桃源作战略放弃。

合众社广州8月3日电 解放军由常德向西南方面推进，今天继续威胁粤汉铁路左翼，半“官方”方面证实解放军不是已经占领益阳，便是经过该处前进。中国报纸电讯指出国民党现在益阳与长沙之间，进行后卫战。其他电讯则报道解放军重新占领株洲。该项消息如果确实，国民党军便无法及时增援长沙了。常德西南方面，沅陵情形仍然混乱。有些报告说该城已被解放军攻下，有些则说国民党军仍在那里苦战。赣县西北的遂川，东面北面被攻，命运如何，也没有分晓。“军闻社”赣县来电说，林彪将军第十四军的第四十、四十二两师，自泰和南下，钳攻赣县。衡阳以东以北地区战事无重大发展。有些电讯说，解放军沿醴陵–攸县公路推进，现在进击攸县中。“中央社”报告证实解放军距攸县只有几里。该社又说，从醴陵出发的解放军，图与刘伯承将军的第十六、十七两军会师，协攻耒阳或衡山。此间军事人士仍认为在常德，在衡阳周围，和在江西省各处活跃的解放军目的在攻取广州，由目前战局看来，并无立刻威胁重庆之势。

赣中共军队攻遂川国军狙击中 程潜返抵长沙否认被俘虏

路透社广州8月3日电 中国所有战地情势，大部分均平静无事。广州一接近中国军界、经常消息灵通者指示此事与中共军队在上海汉口作战时之策略相同，盖中共军队可能随时再发动攻势。中共军队于江西、湖南两省此刻行动，足以表示其欲以一广泛之钳形阵容，将粤汉、湘桂铁路，自衡阳正南及西南诸据点，予以截断。其自长江而来，占领洞庭湖畔常德之林彪中共军队，现似沿公路向西南推进以袭击湘西之沅陵芷江，而非向东南之长沙。倘若芷江被占，则不仅使湘省政府现时所在之邵阳陷于孤立，且可威胁自衡阳而至广西桂林之西南走廊。同时，经由江西直趋衡阳一百七十英里赣州之刘伯承中共军队可能发展成为广州北面一百廿五英里粤汉铁路曲江之一种威胁。粤汉铁路东西两面战场均有工程优良之多数公路，惟若干桥梁已被近时广大之洪水冲毁。今日自福州抵穗之一外侨称，闽省前线情势，甚称平静，当地国军士气亦较前振奋。

合众社广州8月4日电 今日所获战区报道称：共军第十四、十九两军刻正于江西万安遂川地区间，拼死力战，余万那一股冲入赣州，预料赣州将有一场关系捍卫粤省及广州决定胜负之大战。官方各项报道咸表示，遂川虽遭共军加紧压迫，但现仍在国军之手。一军事发言人对巴东，秭归发生战事之设，予以否认，并谓鄂西国军发动反攻之后，已将三斗坪收复，惟中央社一项报道，则证实三斗坪已再度沦陷于林彪部队。并谓渠等正欲与秭归共军会师，据闻湖南攸县安仁附近，剧战方在进行中。又闻自常德桃源开来之共军，继续分为两路大举到下，一路自益阳直趋宁乡，湘潭：另一路自沅陵直趋邵阳，其前锋已抵达安化及涂浦。广州军事观察家相信，自粤汉铁路北段而来之共军，将与自益阳，昭陵而来之刘伯承第十三、十六、十七、十八诸军会师，由两面夹击衡阳。

路透社广州8月12日电 国军发言人今日称，赣州以北三十英里地区战事正烈。林彪现又增派其第四十三、四十五军至湘省东部战地。渠等现沿醴陵至衡阳东面四十英里之攸县公路进击。中国军事观察家认为，此举足以表示林彪甚欲越过衡阳，直扑广州北面二百四十英里粤汉铁路上。又称，林彪部现已抵达衡阳以外廿六英里之昭陵。

《文汇报》广州8月13日上午9时电话 据粤汉铁路负责方面传出：该路局奉令将规模甚大之"衡阳站修车站"全部设备机器从速撤出，连日在陆续南运中，员工六百人已全疏散。

合众社广州8月14日电 刘伯承两个军团向赣县所发动的攻势已达最高潮。解放军分兵两路，一由兴国，一由遂川，沿公路猛扑赣县，且已进抵距离赣县仅五里的一个地方。"官方"报告说，解放军被阻于五云桥，而距赣县几里的黄涛桥恶战正在进行。赣县城中，炮声清晰可闻。沿粤汉铁路南下的解放军，源源开到，投入衡山前面的战场。林彪的第四十军已拿下朱亭（衡阳以北八十五公里），朱亭铁桥也为国民党军在溃退时炸毁。据悉：铁路当局已奉军方训令下令破坏衡山北面十公里的石涛铁桥。"中央社"称：陈毅部下的解放军现在永泰郊外作战，企图孤立福州。甘肃方面，兰州的命运，似已注定。尽管"官方报道说彭德怀和聂荣臻的部队已被阻，解放军先头部队相信已抵达距兰州二十里之内。"

衡阳耒阳市民疏散

粤汉路武昌长沙段通车

《星岛日报》广州8月18日专电　据交通界今晨接获衡阳长途电话报告：衡阳军政机关刻已大部输运完毕，现留衡市者，实为无法撤退及决定留守之市民。耒阳方面居民，亦已于昨日大部分输运归乡，粤汉铁路留于衡阳附近之车辆，已全部满载物资，向衡阳西站开粤省。耒阳车载大部分器材，亦已向郴县方面输运。衡阳粤汉铁路局员工，亦已负责输运物资完毕，已奉华中军政长官公署明令，定本月二十日以前，疏散完毕。

新华社汉口8月25日消息　粤汉铁路武昌到长沙段，经人民解放军、该路职工和当地人民的抢修，最近已经全部恢复通车。

五、解放军从粤汉铁路下手，展开夺取广州战役

国民党在广州的局势，正急速恶化。

粤汉铁路意外频生
护路队力量单薄

《星岛日报》广州8月28日专讯 粤汉铁路局以近月来粤北劫车翻车案件，均系由沿线“土共”所为，护路司令部之护路队，则偏处一隅，显见未能发起护路力量，昨特向有关治安当局，请求启动护路队伍，切实注意沿线“土共”之清剿，并分段负责。如有失事，应由各负责段内护路队负责。

路透社广州8月29日电 可靠方面消息：刘伯承部队忽然从江西向西进入湖南、广东边境，企图切断粤汉铁路，孤立衡阳直接进军广州，国民党军方发言人已证实此消息，并称陈赓已在江西、湖南边境之桂东集结所属广东及江西之游击队。林彪部队正从粤汉路军略要塞耒阳以东向前推进。国民党军方相信，中共军队向粤汉路两路进攻，可引起对广东新的威胁。福建方面，陈毅之三十一军已入沿海之高山。传中共军队在福建沿海征调七百艘船只，准备渡海进攻到台湾。

路透社广州8月30日电 在湖南方面，战事中心移至粤汉铁路以东。在该地区中共军队两部队企图攻入国民党沿广东边境三地最弱的防线。中共军队从湖南东部发动另一攻势，其目的在于切断曲江以北某些地区之铁路。林彪一部分军队由湖南中部调往铁路以东，企图配合刘伯承向广州展开的攻势。福建方面，陈毅的部队停留于厦门以北四十五里之地点。中共军队如果占领了厦门，对向广州的攻势在军略上是很重要的。假使陈毅部队配合林彪及刘伯承部队进

攻广州，那么，这局势就很严重了。某些人士相信，中共军队进攻兰州的目的是消除中共军队右翼所受的威胁，而使沿公路南下重庆及成都的攻势能展开。

美联社广州8月31日电 粤省东北游击队今日作一大规模出击，据报广州东北一百廿五英里之兴宁，已被来自赣省之共军攻陷。梅县亦已自动放弃。汕头复遭受威胁。其地为现被“土共”占领之普宁三十英里之粤省海港。湖南中共军队目前似正在整理，作猛攻广州之计。渠等现在粤汉铁路东面，而人数集中最多之处，据闻为衡阳东北。

六、粤汉铁路成夺取广州重要战场

广州城内，国民党政府为做最后的抵抗，横征暴敛，但由于解放军的合围，以及粤汉铁路的截断，这座城市已日渐沦为孤城。

湘南中共军队向铁路线推进

《星岛日报》广州9月5日专电 据军事当局消息：集结汝城之中共部队，现仍以力量有限，仅逶迤西移，未有特殊动态。国军正致力围剿粤汉铁路两侧郴县至宜章之中共游击队。但仁化情势甚为吃紧。

路透社广州5日电 军事发言人今晚称，共军游击队现正自汝城，向粤湘边境粤汉铁路之白石渡移动。国军于沿铁路地区，已有坚强之防御工事。其他游击队则于粤省东北若干据点，积极活动。

湘南共军游击队截断粤汉铁路

《星岛日报》广州9月6日专电 粤汉铁路穗衡段首次遭受“土共”破坏，中断时间十二小时，六日已告全线修复。五日晨汝城“土共”黄业部窜太平里车站，将铁路一段破坏，白崇禧部驻军驰往救援，“土共”向东撤退，路局随即抢修。

路透社广州6日电 政府一军事发言人今日称：共军游击队昨于汝城西面太平里，将粤汉铁路截断，惟昨晚已修复通车。此实为集中汝城地区之游击队，首次阻碍交通之举。私人方面报道，福建共军现已到达最接近厦门公路之同安县。渠等现正向厦门进击，预料廿四小时以内，共军将与捍卫厦门之国军，发生一场战斗。

新中国铁路一万七千公里修复通车 主要线路仅余平汉粤汉未通

新华社北平9月6日电　中国人民铁路正在迅速修复中。现已通车的有一万七千三百十五公里，约占已解放铁路二万一千七百四十二公里（截至七月底的统计）的百分之八十；占全国铁路二万六千九百二十二公里的百分之六十四以上。

南方铁路包括台湾和海南岛在内的共有七千四百零一公里。截至七月底止已解放二千五百七十三公里。现已通车的有一千五百九十四公里。计：京沪线自上海经苏州、无锡、常州、丹阳、镇江等四十三站至南京，长三百十二公里，五月二十七日全线通车。沪杭线自上海经松江、嘉兴、杭州等二十四站至闸口，长一百九十六公里，八月一日全线通车。浙赣线自杭州中经义乌、金华、醴陵等九十六站至株洲长九百四十一公里，七月十一日已由杭州通至南昌，与南浔路运接，并向西通至潭树，共六百六十八公里。粤汉线现由武昌至蒲忻一百三十三公里已通车，不久可修至岳阳，南方铁路从今年四月起缘遂已回到人民手中，因为军事发展迅速，敌人仓皇逃走，铁路员工自发起来保卫铁路财产，大部分铁路未受严重破坏。目前主要工作重心是接管和抢修。

美联社广州9月7日电　国防部今日称，顷已收复自汝城进攻粤汉铁路之中共军队所占之若干村落，故现已进至距汝城西面廿英里之一据点，适当汝城至粤汉路之中途。中国方面一急讯称，国军民团由前任当地县长率领，进袭城内。据闻共军五师，刻正准备攻击衡阳东面五十英里之安仁。其余报道称中共军队现于粤赣边境山岭区构筑防御工事。梅岭现在设防。陕西方面，国共两军均在宝鸡西南凤县增援备战，陕南命运系于此战，倘国军败北，则四川门户大开，中共军队将大举进袭。

白石渡激战

《星岛日报》广州9月24日电　由汝城穿越逼近粤汉铁路白石渡站附近之中共游击队，与国军发生激战。据粤汉路铁局某负责人称，该处尚未接到有关消息，如果有战事，亦未接近铁路线。

路透社广州25日电 此间外籍人士之意见，均认为中共可能无期延迟占领广州。各方对于中共军队将不会在本年十一月底以前进抵广州事所作之打赌，均各占半数；某方外交家并愿以二对一之比做打赌，中共军队不会在该日期以前抵达广州。对广州之威胁，不会来自刘伯承所部之步兵团，无论他等如何深入广东边境，该项威胁，亦不会来自“土共”方面，而实系将来自集于湘东粤汉铁路一带之林彪所部军队。国民党领袖于两星期前曾预测湖南中共军队将在十日内发动攻势，现尚未开始进行，各项征象，均显示中共军队现有其他各项困难问题，需待克服，需等时机，方可向南出击。此间人士并不认为陈毅所部军队可能在东南海岸进攻，惟此事非无可能。设若中共军队占领汕头，则他等之正规部队，将可在粤东与“土共”会合。

《星岛日报》广州9月26日专电 今晨曲江军息：粤北国军，依战略缩短防线，昨晚已正式放弃始兴线路。今晨国军仍与中共军队在周田（曲江东约八十华里）对峙。南雄方面中共十五军四十三师一部，与“土共”邓文礼部会合，沿南韶公路南下，大部分已进抵始兴。军方判断，中共军队虽企图夺取韶关，切断粤汉铁路，惟目前集结始兴之“土共”与中共军队仅约二千人，除非中共军队后继部队赶到，当未敢进迫曲江。国军大部分援军业已源源北上。

美联社广州9月27日电 据今日此间《大公报》消息：华南粤汉铁路的中心曲江已闻炮声，由始兴南雄向曲江推进的解放军，据息系一部先头部队，陈赓将军的主力部队随后而来。湘东方面：解放军以三军以上的兵力加入战场，一部由安仁向耒阳，一部由桂东资兴宜章推进。已有两师由安仁攻抵安宾（译音），并有数团已越过耒阳附近的耒水。湘西方面，解放军与国民党军在邵阳以北、怀化附近对峙中。白崇禧已于今日由广州飞返前线。

国民党穗政府横征暴敛 粤汉铁路收入仅可应付员工薪俸

《华侨日报》广州10月3日息 据交通界消息：粤汉铁路因受战争影响，行车里程缩短。衡阳以北各部员工，均纷纷南下，请求救济，致路局成为人浮于事状态，当局虽屡欲打算裁减冗员以省开支，唯以重重困难无法实行，其最大原因乃遣散费无法筹措，并须顾全员工生活及行车秩序，故前路局每日收入虽可达三万元，亦仅足应付发放员工薪俸及各项公费开支而已。

是故添置材料，修理路轨，抽换枕木，及收整粮车等计划，实难已施行，致车辆肇事案件日有增加。

粤路北上车开至连江口 韶关最后一列车

《星岛日报》广州10月7日电 粤路东站七日晨十一时开到英德广州间第十一次区间快车，载来韶市难民约二零零人，据称彼等是于六日离者，当时市内秩序尚安定，惟店内十室九空，有如荒村市集，市面少见军队，秩序由警察维持，六日南下之火车，是属最后一班列车。

《星岛日报》广州7日电 据粤路局息：广州至英德段，七日整日无车开出，原定十一时北开之十二次广州至英德间快车，亦临时宣布停开，客票售出者退回。八日北开火车，预定只开至连江口（英德以南廿一公里）为止。

粤汉铁路韶关电话已宣告中断

《星岛日报》10月7日广州专讯 粤汉铁路局，接获在韶员工之报告，即谓韶市内可闻清晰之枪声。但在凌晨一时以后，即全市沉寂，守机生亦拆机离去，故韶关情况如何，路局已无法获悉。

《星岛日报》7日广州专讯 粤汉铁路交通列车，仍只能通至英德为止。今晨十一时正，自英德开来之十一次开车，载来约二百名之韶关难民，彼等均仅剩轻薄之被褥。记者曾向之询问韶关情况，据称：彼等是于六日下午五时离开韶关者，彼等在韶关等待甚久，惟苦于无火车南开，以前维持韶关以下各地交通之北江快艇，亦已全部为当局征用。且沿江土匪甚多，即船家亦多为匪，旅客无敢坐船南下。在六日左右三数日内，韶关市况，极尽萧条，商店十室九空，仅有土著，贩卖日用品如米、菜、肉鱼之类，十足荒村市集，军队已少见，仅剩少数警察维持秩序。六日下午五时，彼等获悉有最后一列火车南下，遂冒险强登火车。

路透社广州10月7日电 最后获悉，今晨曲江平静无事。当地住民亦甚冷静。国军移动时，并未发生大战。国军昨晚向英德方面撤退，英德位于曲江以南之铁路上。广州与曲江之无线电话，于今晨七时半中断。湘省中央，林彪所部十一个军正集中于衡阳北面。白崇禧总部幕僚及设备，现已开始自衡阳向其西南八十英里公路上之零陵疏散。零陵为中日战争时，有战略价值之美国空军基地。曲江失守虽使白崇禧与粤省国军割断联络，惟过去若干时间，白部已改由广西，补充给养，故白氏现已不复仰顿外传业被割断之粤汉铁路。倘白氏能于湘省与林彪相持，则粤北中共军队阵地殊难坚守。惟自湘西芷江正在扩大之一种威胁，颇有压迫白氏向西南方面湘桂铁路撤退之可能。广州中国“政府”方面相信，对广州重大之威胁，将非来自曲江，甚或亦非来自东南沿海地面，而实来自国军诸领袖之意见纷纷。

七、解放军攻下衡阳切断粤汉铁路，国民党军失守粤北，广州岌岌可危

衡阳，华南铁路网的枢纽，随着这座城市的易手，广州城之于解放军而言，已是唾手可得。

解放军攻下衡阳切断粤汉铁路　败军西溃白崇禧逃桂
粤北英德成真空　粤东部队抵潮安

《大公报》长沙10月8日电　湘境各线人民解放军，已于本月四日始展开强大攻势。衡阳、邵阳线已于四日至七日间，被解放军突破，连克邵阳及衡阳外围的永丰、清江等数十处据点，敌全线溃退。东线猛攻粤汉线的解放军，于五日占领耒阳东南的永兴城，并切断粤汉铁路，包围耒阳。邵阳解放军，早于九月下旬即沿常德至芷江间公路勇猛推进，残敌闻风而逃，截至目前为止，先后解放沅陵、溆浦、芷江、黔江、会同、安江、洪江、井口等重要城镇多处，直趋贵州边境。刻解放军各路大军正追击残敌中。

《大公报》综合报道　湘西大军攻占芷江，续攻邵阳，粤北大军解放曲江，腰斩了粤汉路，这钳形攻势把在湖南苟延残喘的白崇禧部队钳制得喘不过气来，眼看包围合拢，桂军白崇禧终于决定放弃了以衡阳为中心及其附近的湘中基地，向广西老巢落荒败走。白狐狸也于七日从衡阳飞回桂林，布置后事。解放军由于战略运用的巧妙，不但一举平定湖南，并且叩开了广东大门，即时可以长驱直下五羊城，目前战事重心似仍在湘西一路。解放军进抵湘桂铁路截断桂军逃路的消息大概日内就可传到了。

解放军兵不血刃便光复曲江之后，正沿铁路分向南北进军，北面侧击衡阳白崇禧桂军退路，南向续迫广州。粤北消息异常紊乱，英德进入真空状态，蒋军望风而逃。由英德到广州仅隔清远等地，

相距一百五十公里。蒋府高级官员认为广州的命运并不在如何抵抗，而要看林彪大军向西南直捣广西，抑或南下协助陈赓大军而定。广州市民都说，广州解放日期，屈指可数了，银元券对港币的价格已经下跌。粤东汕头的蒋军也在战栗中，因为解放军先头部队已抵潮安。

湖南方面，白崇禧离开衡阳后，也把指挥部搬到桂林。国民党军队是二元化的，所以伪国防部对湖南战局到底如何也知之不详，仅透露衡阳已于八日晨为解放军进占，衡阳南北、粤汉路沿线的各城镇也全部解放，桂军仓皇向湘桂路集中，希望能在被截断之前，赶回老家。然而兵败如山倒，以一个溃不成军的队伍从罅隙中撤退，绝难如愿以偿，从湘西南下的解放军距湘桂边境已不再远，一旦包围合拢，则白部只能俯首就擒。林彪部已经开始进攻邵阳县城，该城已入围城状态。

湖南之战斗任务完成后，广东仅余扫荡战，广州的解放，不过是时间问题了。

解放大军克英德现距广州仅七十英里
蒋党军方透露不欲守广州

《大公报》广东前线10月9日电 湘境各线人民解放军展开强大攻势的同时，粤北解放军亦发动进攻，粤北重镇曲江已于七日晨宣告解放。在此以前，前进人民解放军某部，六日连下曲江东北各据点。另部则于同时解放其南北的仁化县城。曲江古为韶州，又称韶关，位粤汉路南段，居北江上游，南制广州，北控衡阳，为粤北门户。自解放大军解放湘赣，南逼粤穗后，敌即吹嘘重移所谓“粤湘赣防线”，增派炮军至曲江，妄图与衡阳、广州形成三大防守重点。九月下旬，相继调来第三十九军、六十三军、九十七军及白匪四十六军全部及九十七军主力北调。残留曲江地区之敌，在解放军数路大军迅速进逼之下，军心动摇，闻风狼狈南窜。至此，湘粤残余匪军已为我控制。匪最后巢穴广州，亦立于解放军之前，刻解放军正勇猛南进追击中。又华中前线九日消息：华中前线中路人民解放军八日早晨解放湖南省南部重要战略基地和国民党空军基地衡阳城，白崇禧匪军总部狼狈逃窜。另部解放军先后解放了永兴、耒阳，截断了衡阳到广州段的粤汉铁路，歼灭白崇禧匪军三千多名。

法新社广州10月9日电 据确悉：沿粤汉铁路南下的解放大军已于今晚七时进入广州以北一百公里的英德，此间与英德的无线电话交通同时中断。

路透社广州9日电 据通常可靠方面人士今夜报道：解放军陈赓部沿粤汉铁路推进，现已抵广州以北七十哩的地方。广州以北九十哩的英德据说仍在国民党手中，但其解放已经迫于眉睫。国民党军事发言人今夜称：他没有军事消息。

《大公报》广东前线9日电 前线记者报道，粤北人民欢迎解放军的战况空前，翻过了五岭分脉的大庚岭，就到了广东地界，人民解放军沿着公路前进，歌声不绝。大庚岭南的人民曾和人民游击队一起，坚持了多年的革命斗争，他们具有光荣的革命传统。当他们看见想往多年的大军来了，都惊喜交集地迎接解放的军队。由大庚岭到县城一百二十里的进军道上，粤赣湘边纵队某支队和沿途人民，在一路上设立了许多茶水站，有的并搭了彩牌坊。各个茶水站上，男女村民亲自为解放军斟茶。

法新社广州9日电 “国防部作战处徐处长”今晨在“立法院”秘密会议中称：海南和台湾两岛是“国家的两只眼睛”，由此可以监视解放军的行动。他并强调厦门及舟山群岛战略上的重要性，他明白地表示，“从整个国民党的战略观点上看，广州仅居次要地位，为了保存人力，守住各岛，广州可能不致死守。”

陈毅大军克潮安粤汉南段迫清远
湘西下晃县靖县湘中拔武冈

法新社广州10月10日电据悉 人民解放军陈毅所部出福建沿岸已挺进至厦门汕头公路上的潮安，经汕头东北五十五公里福建广东交界的山岭进入广东境内，汕头系国民党手中在大陆上两个海港之一，是解放军进攻的目标。

路透社广州10日电 陈赓将军所统率的解放军沿粤汉铁路继续南进，已攻抵广州以北英德与清远之间的连江口，直迫清远。国民党军正在清远建立一新防线，国民党军事发言人今夜承认英德一带铁路所有军事地点均已被解放军占领。

路透社广州10日电 国民党政府为阻止解放军陈毅所部南下广州，作最后的挣扎。正从海南岛汕头抽调部队至广州以北五十五哩的粤汉铁路上的清远，企图在清远一带建立一“新防线”，粤汉铁路交通已缩短至由广州至清远一段五十五哩。清远以北车站铁路工作人员经已撤退。据中国报纸消息：解放军林彪将军所部继续迅速前进，衡阳西南零陵一带在作战中。白崇禧曾于昨日乘侦察机到零陵前后视察，国民党中央通讯社已承认衡阳的解放。

新华社华中前线10日电 华中前线西路解放军，于十日九点四十分解放湖南西南部的武冈县城，守敌一个团全部被歼，战果正清查中。

新华社华中前线10日电 华中前线人民解放军，经月余休整，士气十分高涨，分三路大军向西、向南挺进。在连克大小城镇百余处之后，现正乘胜猛烈扩张战果中。人民解放军西路大军系自九月中旬起沿常（德）芷（江）公路长驱直下，残匪兵团一触即溃，解放军先后攻占沅陵、溆浦、怀化、芷江、黔阳、会同等十一县城及安江、洪江、江口等市镇百余处，截断湘黔公路，歼残匪五千余人，匪投降者千余人，中路大军于本月四日至六日间，自邵阳一举突破残匪阵地，于八日晨解放重要铁路基地及空军基地衡阳城，并再度解放新化县城，攻克永丰、青树坪等镇十余处，残匪抱头鼠窜，解放军正猛烈追击中。另部解放军则相继解放粤汉铁路上的永兴、耒阳两城，截断粤汉铁路衡阳至广州段，并歼匪三千余人。东路大军于翻越五岭山脉后，在华南人民游击队配合下，亦先后解放桂东、始兴、汝城等四城，歼敌一千五百余，并于本月七日进占粤北门户曲江城，守敌闻风逃窜，另部解放军则自翁源、新丰之线推进，一部则已进抵龙川以东的老隆。各部大军相互呼应配合，正向国民党残匪追击中。

法新社广州10月11日电 国民党军事发言人张彝鼎正式承认粤汉铁路上衡山耒阳郴县三大城市的解放，对于衡阳的解放，他不承认也不否认，仅说十月九日衡阳城郊仍在作战中。

法新社广州11日电 林彪将军及陈赓将军所统率的解放军似急于追击白崇禧的广西部队而非急于进取广州，解放军于占领英德以北粤汉铁路全段以后，据报今日非如一般推测继续南下，而向广西分三路进取白崇禧退回广西的部队，迫其作战企图一举而将此残余势力扑灭。据可靠消息：林彪将军所部的先锋，于占领衡阳以后，即沿湘桂铁路推进零陵，零陵距桂林东北一百八十公里，白“总部”设于桂林，此第一路大军系以桂林为进攻的目标，第二路由郴县及宜章出击，并已占领距广西边界二十公里的江华，及卅公里的道县，进而威胁广西西北境内的灌阳。第三路大军包括陈赓将军所部，配合游击队，由曲江而来，于上星期一，占领曲江以东三十公里的乳源，继续向西推进，以距广西边界廿公里的连县为目标。

解放军压广州从化海丰同告解放 汕匪图逃西南西北大军南下

《文汇报》特讯 据由汕尾来穗的旅客说：海丰县伪县长张诚前几天已将整个伪政府机构搬至汕尾并强制封用电扒数艘，准备随时水运。同时人民解放军亦已于昨日由公平镇再度进入海丰县城。又惠州县城传于十一日解放。

路透社广州10月12日电 陈赓将军所统帅的解放军分三路南下广州，左翼由河源直下东江。河源距广九铁路最近的一点仅五十里，目标显然指向广九铁路樟木头，陈赓将军的主力由粤汉铁路东进，以攻抵广州东北三十里的从化，他的右翼的先锋部队在广州以北五十五里的源潭以北与国民党军作战中。据军息：解放军一万人以上参加此次南下的进攻。

广东解放

广州今日形势已确实进入解放之前夕，粤汉铁路正面南下之陈赓部人民解放军，其先头部队也已陆续攻抵广州市外白云机场，正大量集结中，记者以特殊关系亲往视察，从种种方面证实，此为解放军准备大规模入城之先声。

新华社广东前线10月13日电 沿粤汉铁路向南猛进的人民解放军某部，十一日下午三点钟，在英德以南的连江口车站，冒着敌人飞机和铁甲车的袭扰，歼灭守敌卅九军九十一师一个团，并且解放连江口车站；各部解放军，在同一天下午六点钟，解放英德东南的佛冈县城，歼灭守敌卅九军一百零三师的两个营，战果正在清查中。

解放军进驻南头
黄永光率部接管工作顺利

《大公报》讯 人民解放军昨天上午十时已进驻宝安县行政核心的南头。在宝深军事委员会副主任黄永光的领导之下，接管工作顺利进行。在广九铁路线上的樟木头，昨天亦由“粤湘赣边纵”进驻。这是深圳的军事管理委员会人员昨天告诉记者的。这等于说：宝安、惠阳间的铁路和公路的三角地带，深圳—南头—樟木头，到昨天已经全部在解放军控制之下了。军事管理委员会人员又说：自军事管理委员会布告贴出后，昨天已有反动党派及蒋党特务人员去南头公安局登记，但人数尚未知道。

起义的蒋府税警第二团及粤汉铁路大队的官长，原定昨天开往樟木头整训的，后因军事管理委员会方面接获上级暂缓开动的指示，所以叫他们暂缓前往。

新华社华南前线10月20日电 华南前线人民解放军各路大军，继续猛追残匪，获得重大战果。沿广九铁路前进的人民解放军于十九日在石龙车站东北三十里处，将国民党残匪一零九军所属一五四师包围，该师随即由副师长率领全部向解放军投降。向广州西南地区猛烈扩张战果的人民解放军于十八日解放高明县城后，复于十九日解放新兴县城，在此以前，并解放了肇庆县城。粤北方面，人民解放军则于十八日夜解放曲江西北及粤汉铁路上的荣昌县城。

①

指点旧闻

牵制白崇禧 解放大广州

旧闻报道，人民解放军已经把主战场推进到了华南和西南地区，毛泽东对作战方针也进行了调整，即不仅要打败敌人，而且要尽可能歼灭敌人，不使其逃到边境等地负隅顽抗。带领先头部队的陈赓把这种作战方针概括为九个字：大迂回、大包围、大歼灭。具体来说，第一阶段以第二野战军第四兵团和第四野战军第十五兵团等部队，由江西进入广东，争取在十月中旬占领广州，歼灭广东主要守军；第二阶段第四兵团由广东进入广西，迂回到白崇禧之右侧，第四野战军则进兵至柳州、桂林一线，完成对白部之包围，同时二野则进兵贵州，切断白崇禧、胡宗南等人联系，并形成对胡宗南部之大包围；第三阶段，歼灭白崇禧、胡宗南部。

毛泽东之所以敢于制订这种对兵力、军需要求很高的作战计划，这和当时参战解放军的状态是紧密相连的——

首先，解放军官兵士气高涨，作战勇猛。据陈赓回忆，当时部队出现了强烈的作战欲望：党员们纷纷向党组织表决心，希望能够在最后几仗中为人民为党立功，多数非党员解放军战士认识到战争即将结束，也纷纷表示要立战功，争入党。

其次，参战部队"兵强马壮"。数月以前的"粮荒"虽然延宕了作战计划，但是也给全体解放军很好的修整时间，大多数部队借此开展了轰轰烈烈的练兵运动，不仅战士体力得到了恢复，而且战术素养也得到提高。

第三，作战物质准备充足。夏秋之际的粮荒随着北方农作物的收获而基本解决，通信工作会议特别加强了通信联络工作，而武器弹药在解放战争后期更不是问题。

毫无疑问，整个作战计划成败与否，就是看第一步能否顺利解放广州，消灭广东守军。香港旧闻也频繁报道国共双方都在运筹帷幄，调兵遣将。

这一时期的广东守军主要是余汉谋部，共有3个军团、10个军约10余万人，不过这些部队的战斗力都比较弱。当时解放军主要的敌人还是白崇禧部队。白崇禧刚刚取得"永丰大捷"，不仅给士气低落的国民党打了一针鸡血，也暂时挫低了第四野战军的锐气。更重要的是，白崇禧充分认识到作战重心所在，乃联合余汉谋与宋希濂，构建了以衡阳为中心、以宝衡公路和粤汉铁路（衡山至郴州段）为重点的“湘粤联合防线”，以此来稳固华南，拱卫两广门户。白崇禧为了提高这种防线的巩固性，特意为桂系王牌第7军配置了百余辆美制卡车，以保证哪里吃紧就将第7军增援到哪里。

如果说国民党的战略是固守湘南粤北和两广门户话，那么解放军的战略则是全线包围推进，但是首要任务却是遏制白崇禧部队。只要牵制住白崇禧部，则余汉谋部就会一战即溃。所以这一时期解放军的军事布局虽然全线皆动，形成了南起汝城，东抵兴宁，四路大军对广州已形成了弧形包围圈，但真正引人注目的还是四野、二野对白崇禧核心防区的穿插、袭扰、围攻。林彪领导的第四野战军在八月对白崇禧作战并不顺利，先是49军的青树坪失利，损失不小，随后林彪的诱敌深入计划落空。所以，如何能在对广州发动全线攻击时牵制住白崇禧部队，解放军指战员来说是个亟待解决的问题，而从整个华南战场来说，这也是一个关键的问题。

姜　萌（山东大学文史哲研究院博士研究生）

2

指点旧闻

半真空的广州解放前夜

旧闻重点报道了解放前夕广州政局混乱但表面却显宁静的矛盾情形。可以说，解放前夕广州的“半真空状态”，让人既担惊害怕，又充满希望。

首先是国共交兵大势已定，一方面是《文汇报》今日旧闻报道，“形势已确实进入解放前夕，粤汉铁路正面南下之陈赓部人民解放军，其先头部队也已陆续攻抵广州市外白云机场，正大量集结中，记者以特殊关系亲往视察，从种种方面证实，此为解放军准备大规模入城之先声”。另一方面，国民党在穗官员纷纷忙于出逃。“代总统”李宗仁于今日飞往重庆，余汉谋带着所有伪绥靖公署及伪省政府人员向海南撤退。其他政府官员，在近几日继续纷纷赴台渝两地，除少数外，一切政府人员将于本周末以前离开广州。据报道，10日“有‘立委’100名，乘特别租用之飞机多架撤此间，载运政府官员及平民疏散之四引擎运输机声，在此间彻夜可闻”。国民党政权在广州只留下一些警察和未撤走的残兵，街头上虽然仍有少数国民党官员，“不过他们正向城外奔逃，追上他们撤退的部队”。

在军事对抗之外，上至达官贵人、地主、资本家，下至小吏兵卒的纷纷出逃，加上少数对前景暂时迷惘的民众的出走，造成广州的航空与铁路交通空前的混乱。广州金融市场又因战事的影响，极为混乱。而与之相对的是，广州市大部分民众显得较为镇定，也许是他们通过新闻、广播及亲人的信件、电报，知道了全国大多数地方已经解放，而广州很快将迎来解放，乱世终于可以结束，所以他们急切盼望“解放军明天入城”。国民党官员的混乱与民众的镇定，形成了鲜明的对比，前者觉得末日即将临近，出逃是唯一的办法；后者倍感希望之日终将到来，耐心等待是最好的方式。官与民心态巨大的反差，直接折射出国民党政权威严扫地、不得民心的事实，而这也决定了国民党必将走向失败的命运。

较为有趣的是，香港《工商日报》披露，国民党失败的原因在于内部不和，国民党之保守派出卖李宗仁，才造成今日的败局。也就是蒋介石、陈诚表面奉他为“代总统”，却在背后敷衍甚至玩弄李宗仁，“由于台湾之不肯以银元接济白崇禧，致弄成湘北之叛变。又由于台之不肯拨付现金，致李宗仁未能实现刷新新陆军计划”。这些当然是国民党败退华南的一大要因，但显然不是其败退大陆最重要的因素，否则蒋介石就不用借引退，而赴台湾经营最后的基地了。因为，此时此刻台湾才是他最后的安身之地，李宗仁的广州政权只是负隅顽抗的幌子，怎么可能全力支持呢？国民党的失败，在于其不得人心。“水能载舟，亦能覆舟”，民心如水，一旦失去，舟焉有不覆之理？

吴立坚（中山大学中国近现代史专业硕士）

3

指点旧闻

曲江解放暴露国民党军事分歧 粤汉铁路关键枢纽被扼决定国民党军败局

旧闻报道了解放军在广东战场上取得的一个重大进展，即解放曲江（今韶关市）。曲江扼粤汉铁路之冲，是联结湘南战场与华南战场的枢纽，亦是联结白崇禧集团与余汉谋集团的关节。曲江的解放是白崇禧集团全线后撤的直接导因之一。

颇具讽刺性的是，这样一个具有重大战略意义的据点，却被解放军兵不血刃地占领。这其中固然有国民党军战力薄弱、指挥混乱的因素，另一方面，也是更主要的原因，国民党政府在军事部署上并未对曲江予以足够的重视。

在如何防守广东问题上，国民党高层一开始就存在严重分歧。早在7、8月间，解放军第四、第二野战军布阵湘、赣，第三野战军南下福建，广州岌岌可危。国民党政府“代总统”李宗仁召集两广军政首脑余汉谋、薛岳、陈济棠、白崇禧等，商讨对策，并将余汉谋的广州绥靖公署改称华南军政长官公署，赋予余汉谋统一指挥广东境内陆、海、空军的权力，要求他与白崇禧主力配合，“巩固粤北，确保广州”。不久，蒋介石由重庆电示参谋总长顾祝同：“应集中现有驻粤兵力，保卫广州革命根据地，为目前剿共军事革命战略之最高指导原则。如有余力，则可扩大范围，以期保卫华南，万不可再蹈保卫长江全线，而放弃京沪重地，以致江防部队，几遭全部被歼之覆辙。”据此，国民党政府国防部对广东各军下达指令，“集中兵力，确保广州”。

“巩固粤北，确保广州”与“集中兵力，确保广州”体现了两种完全不同的战略思路。广州是国民党的起家之地，因此，不论是否真心，双方都强调其部署的最终落脚点是确保“革命根据地”。两者的不同之处在于，前者强调通过“巩固粤北”来“确保广州”，粤北巩固了，广州当然是安全的，由此，在兵力部署上当然要以粤北为防守重点。后者则强调通过“集中兵力”来“确保广州”，按照这种思路，主要兵力自然应该布置在广州周围，其余地方尽可任由解放军占领。

李宗仁坚主巩固粤北的一个重要原因当然是要“确保”白崇禧的后路

安全，而这显然却不在蒋总裁的考虑范围之内，蒋要“确保广州”，以争取更充裕的抢运物资的时间。后来的结果是，广东各路将领毫无疑问地听从了蒋总裁的部署。这显示出，虽然广东各路军阀在历史和地理上与桂系有深厚的渊源，但他们在关键问题上依然惟蒋总裁马首是瞻，身居广州总统官邸的李宗仁并不具备节制他们的资望和能力。

朱怀远（中山大学历史学系博士生）

第五章 最后的广州城

广州城，国民党政府拥有的最后一座核心城市，但兵败如山倒。在中国大陆已经退无可退的国民党政府，试图依靠经营广东，来筹措军饷与兵力，与解放军做最后博弈。

但历史证明，蒋介石也很清楚，这些都只是徒劳的挣扎。彼时的广州城，亲共的地下组织四处活动，军火库纷纷被引爆，广州市区污水横流，赌博、抢劫等混乱、衰败迹象处处可见。一个政权的毁灭，已劫数难逃。

而彼时的共产党占领地，因打土豪、分田地，经济形势大为改善，兵强马壮的解放军，正对广州展开合围之势。

一、风声鹤唳，乱局丛生

一代名城的凋零——除了重新修葺的总统府外，广州城区一片混乱，金圆券如同废纸，市民逐日谋一天之食；富贾竞相逃亡香港，末日之中的市民，终日以赌博度日。

『益智游戏』蔓延穗市 欧阳驹将大开杀戒

《星岛日报》6月7日广州专讯　以“肥佬变瘦佬瘦佬变肥佬”作号召之穗市各繁盛街道，五步一楼，十步一阁，以“娱乐”及“益智游戏”为名“公开赌博”是实之“益智游戏”，刻已蔓延穗市。绥靖总署今日上午称：“外传当局以赌饷做军饷，此是极度笑话之传闻。本人深信粤穗军政长官及民意代表无论其立场如何，必然反对此种变相赌档存在，其遗祸社会，摧残人心，余相信余主任必能以最快捷之手段禁绝此种变相赌窟。为民为国均是如此。”

《星岛日报》7日广州专讯　传市长欧阳驹氏深感广州之变相赌场纷纷设立，不但为祸国家民族社会人心，抑亦见笑友邦，为表示渠之致治宝刀尤未见老起见，对禁绝此等变相赌窟已下最大决心，必要时不惜杀一儆百。欧阳市长曾语记者称：“变相赌场必须彻底禁绝已无疑义。本人对庇赌者之背景与官阶决不考虑，本人做市长一天，即以一天精力扑灭此等害人场所，必须除恶务尽。”

穗市禁赌第一日 宪警闪电扫荡未发生流血事件

《星岛日报》广州6月11日专电 今（十一）日穗市实施禁止聚众作各种赌博，由军警宪三方面会议，警备部主持，按照全市廿八个警察分局分队检查自今日起，开始执行，此次执行会令须至入夜后方能停止。凡查获仍违法开赌者，不论何人支持，即予拘究查封。据悉以后该项禁令随时突击执行，以防死灰复燃。

《星岛日报》11日广州特讯 广州绥靖公署，穗警备司令部，今晨九时起，实施扫荡全市赌档之诺言。以闪电式姿态，派出廿多队警察，包括穗宪兵团，警备部特遣队，市警察局各区警长警员，分头出动。全市百多赌场，不能不看风使舵，昨日仍旧是呼红喊绿，今晨起已经全部销声匿迹。

《星岛日报》11日广州特讯 穗市警备司令部最高负责人今日上午语《星岛日报》记者称：今日扫荡全市大厂经过情形良好。各赌场能谨守政府命令，于昨日下午一时纷纷自动停业。本部决定执行禁绝赌博之命令。稍后任何变相赌博，均在严厉禁止之列。盼各界人士均相协助政府秘密举报，务必使此等变相赌博及时绝迹。

传粤将实行银元本位 铸币厂月内将开铸

《工商日报》广州6月11日消息 据省银行某负责人称：粤省政府设立之两铸币厂，其中之一设在广州长堤永成兵厂者，刻下已积极装置，约于本月内即可设置完妥，本月内即可开工铸造银元，估计该厂开工后，每日可铸造银元万余枚，有关技术人员，现正罗致中。该厂银元出产后，传粤省府即可决定实行以银元为本位，以日前发生之大洋票辅，另一铸造厂设在海南岛者，开工期仍未决定。

广州国民党政府 下令加紧经济清盘

《大公报》6月17日讯 广州国民党政府下令加紧经济清盘，所属各种经济机构，所有积存物资的拍卖与搬运，已达疯狂阶段，此种情形之演进过程，异常错综复杂。

据悉：广州方面联勤总部正在准备整个机构搬走，照广州商人接近事实的估计，联勤所需搬运费，恐要一万万以上，如此大宗款项之估计，自然包括贪污数字在内。为筹得大笔逃难费，联勤正在盲目出卖仓库，彼等卖仓方式，是整个估价，整个出卖，从初时喊价两百万港元，其后竟削价至五十万港元，由于大降价出售，因而有少数贪利之投机商人染指。

粤省各项税收 要交大洋票辅币券

《星岛日报》广州6月17日专讯 粤省当局为普遍推行大洋票辅币券，特规定七月一日起，全省税收应以缴纳大洋票辅币券，据该府发言人谈：各项税收改收大洋票辅币券后，大洋票辅币券当更加强，至以大洋票辅币券缴纳税款，亦称便利，盖辅币券五角，已等于港币数元也。

重要文件将运台 职员分两批疏散

《星岛日报》6月17日广州特讯 国民党立法院将迁渝，在渝设立院办事处，已派秘书及职员三人，赴渝部署一切。顷已有电告，择定重庆之广播大厦为立院办公地址，其他事物，亦已接洽就绪。

《星岛日报》17日广州特讯 据悉：立法院重要文件，顷已全部运往台湾，共计放横两尺多之大木箱二十余只，分为两大卡车载往码头。留穗立委，迄今仍留穗者仅寥寥数十人，立院职员不愿随院疏散，而自动请辞者计有六十余人，已领得遣散费离去。

穗市流通辅币达二十种之多 炒友操纵币值小贩大受打击

《工商日报》广州6月18日专讯 此闻市面辅币之流通，连日已呈极度之混乱，市民极感难以应付。辅币之流通之难题有两：①唯缺乏一充足统一之辅币，②为炒友有意操纵辅币，从中渔利。

目前在市面流通之辅币种类极多，即有港纸质辅币、银币，中国战前所铸之各式纸币，历代所铸铜元，一共有二十种之多。其中以港纸辅币数量最多，有此二十种之辅币，广州市面交收已感足够应付自如，流通状极安然。自去（五）月中旬此间炒友即有意破坏此一自然现象，最先乃发生有用港币纸质辅券，一持有一角、五分纸质港币辅券者，无法行使，小贩被逼以五折六折授予“剃刀门槛”，此一现象为时四天，终因香港流通如常，人心安定，而恢复行使。外传为英镑贬值，港府行将宣布废止此项辅币，此一谣言于前（十七）日经已不攻自破，市面遂渐恢复行使。

国民党七一起在穗发行大洋票
粤省府议决授权省行办理大洋票业务持票人得无限制兑换银元

《星岛日报》6月21日广州专讯 广东省政府于今日上午九时，举行第三十次委员会议，有薛岳主席，即席通过再授权广东省银行发行大洋票，并修正前头大洋辅币券发行办法。

兹将修正广东省大洋票发行办法，修正广东省大洋票发行鉴核委员会组织规程，修正广东省大洋票发行准备金管理委员会组织规程，分别转录如下：

广东省大洋票发行办法：第一条，广东省政府委协助中央稳定地方金融便利公私收付起见特发行广东省大洋票十足流通行使。第二条，大洋票之发行由广东省政府授权广东省银行办理之。第三条，大洋票以元为单位，每一元等于政府厂铸银元一元（总重二六，六九七，一公分，银八八，铜一二，即含纯银二三，四九三四四八公分）。第四条，大洋票币券为角及分，十分为一角，十角为一元。第五条，大洋票分为一元、五元、十元、一百元四种。辅币分为一分、五分、一角、五角四种。第六条，大洋票以现兑发行。第七条，大洋票之大型采十足准备制。第八条，大洋票为本省通用货币。第九条，大洋票发行之鉴核发行准备金之管理，分别组织“广东省大洋票发行鉴核委员会”与“广东省大洋票发行准备金管理委员会”掌理发行之监督检查准备金之保管公告等事项。其组织规程另定之。第十条，发行鉴核委员会与准备金管理委员会，应于每月终分别检查大洋票发行数额，及发行准备情形，作为报告书公告之。并应同时报告有关机关团体，以昭公信。第十一条，大洋票须经广东省银行董事长及广东省银行总经理签署方得发行。第十二条，大洋票不得伪造，变造，故意毁损，或者破坏信用，违者依法惩治。第十三条，大洋票持有人得随时向广东省银行或其委托机构无限制兑换。第十四条，办法自公布之日施行。

央行已停止发出
全国无一地行使

《工商日报》广州6月21日专讯 此或为记者最后一则报道金券之消息：金圆券之寿命，于日来始告正式终结。此乃三日间之事。金圆券之踪迹与此一货币之名词，真是绝灭。金券之绝灭乃基于以下几项现象：一、全国已无一地方行使金券，前此半个月间，四川一带仍以金券为辅币行使，最近一周间已不能维持行使。二、过去一周前，沙基一带“剃刀门槛”仍有金券陈列，有等内地商人前往搜购携带入内地行使，最近二天已再无搜购金券之商人出现，“剃刀门槛”此一小量金券生意亦告终止。三、过去一周前中央银行在广州尚有金券发出，每日数量在一千亿至一千五百亿之间，日来央行已停止发出金券，国库存金券已发清，市面全部拒用，当无继续印制之理，且如目前印制则钞票面额远较印刷成本为低。四、金券已绝无成价，过去十日间金券价定住于每六千万元比港币一元，刻下已无此价。五、当局考虑将库存金券加以焚毁，惟所缴费用甚大，可能改售与制纸商人作造纸原料。六、金券目前之唯一价值有两：一为家庭用以当导火之用，或用作煮饭之燃料；二为小贩用以张贴，作为广告之底纸。

广州江门线轮渡仅一艘航行 因匪患严重旅客锐减

《星岛晚报》6月23日上午广州讯 继三埠线轮渡停航之后，由此开江门之民族渡，二十三日又告停航。昨日，由此间开江门之轮渡仅得日前曾停航之利兴渡。查该县本有新兴记，民族，源利，利南，利兴，合记等渡及两电渡，刻下只有利南，合记等渡行走。昨日本为民族渡开江门之班期，惟该渡因鉴于沿途关卡重重，每日经过轮渡均遭受袭击，且因此而客货运亦告甚为冷落，乃于昨日停航。由日前曾经停航之利兴渡代替开江门。又据悉：该线联营办事处以民族渡自愿停航，其收入所定，享受分摊之份数，该渡与替班之利兴渡彼此调换其收入之所得，据以航内和航线之航商称：河道之治安问题在此严重之发展下，或客运之减少，航商遭受此等折磨惊险，势将可能迫使内河交通工具，完全停顿，看当局予以挽救此一严重之危机。

又讯各江河道匪患，最近又到了严重阶段。当局虽积极开设水上警备机构，并附收护航经费，惟匪患并未消减。向称安静之江省线河道，竟以匪卡林立，纷纷向各轮渡打劫勒索，该线日前为顾及旅客安全，除加强护航实力外，并实行联航，以保行旅安全。惟匪风猖獗，近来各轮渡航经顺德县属之了哥山，北沙一带河面，迭被盗匪开枪扫射，各轮渡护航得力，幸未被劫，但频遭滋扰影响，连日客货均少，损失甚大，且弹药消耗，员工安全，更受莫大威胁。

各航商已血本所开，除连请轮船公会雇请当局迅派舰队沿河护航，切实落成当地清剿外，但未有解决办法以前，逼得二十三日起，大部分停航。据一般人士意见，值兹疏散期间，该航线交通，不能任令碍息，盼当局迅予解决，以维行旅交通。

广州末朝动手抢劫

《文汇报》广州6月22日专讯 此间伪财政当局对其末朝狂妄暴饮之“财政政策”，加强搜刮，依然未稍作松懈，增加货物之微税率，以至于设卷烟税管理，处以迅雷不及掩耳之突击之方式，执行查封此间所有之卷烟厂及批发烟店，强令缴税，并极度提高汽水之微税率等之后，据悉，刻下正准备又以一突击之方式调集所有人员，分配地区，进而向本市所有之零售及批发之摊档盘查其所存香烟，强令缴税款，目前惟省府各机关，已全部停止办公，仅此类横征暴敛之机关，则加紧工作，甚为繁忙。

时届发饷库存空 穗央行大伤脑筋

《星岛日报》6月28日广州特讯 穗中央银行，因连月来，大量支付军政等各机关饷薪，库存之银元外币已经告罄，几成真空状态。昨该行又由港运回港币一百万元，但瞬即一扫而空，仍感入不敷出。现在已届月底，正是各机关领薪饷时候，但央行仍无银元，殊感彷徨。昨曾盛传央行抛出部分存金，在市场搜购银元，准备应支，故昨晚银元市价亦被刺激而回涨。又据悉，目前由英澳订购运返香港之大批银元，全数由国防部长派员赴港领取，穗央行并未收到任何方面运来银元或金银。

二、退无可退的政权

缺兵缺饷，民心动荡，此刻的国民党政府，已成毫无信用可言之政府。国民党政府谋求拔富豪的毛，但已闻到血腥味的富豪们，也在密谋：从这座毫无希望的城市逃走。

『行政院』裁员并令各部迁渝
『广州绥署』打算往南路逃跑

《文汇报》6月4日讯 据广州来人讲，解放军南下声中，国民党逃亡政府中上级人员作鸟兽散。据悉，逃亡政府“行政院”已下达密令：各部于六月二十日前撤离广州，转到重庆去，至“广东省政府”的重要公物均已运至海南岛。

合众社广州4日电 一千两百名以上国民党官员和他们的家属今天乘轮船离开广州，前往台湾。这是他们迄今为止最大的一次撤退。国民党中，包括“行政院”的委员、“立委”、“国大代表”等。

虽然“政府”曾经宣布：如果“政府”撤出广州，重庆将成为“首都”，多数的“官吏”则逃向台湾，当他们的避难所。国民党官员们说，重要的业务档案，已经运搬到台湾去了。

“政府”官员说，他们不知道关于“迁都”的消息。

合众社广州4日电 许多“立委”昨天晚上乘轮船离开广州，撤退到台湾去。“立法院秘书处”则将搬至重庆。

各院会开始疏散 第二批大裁员开始

《工商日报》广州7月4日电 国民党中央各院会业经执行疏散笨重公物及职员餐厅。立院委员及国大代表已开始赴台湾。今日首赴台人员包括立法院四二五人，监察院九十五人，国大代表三九〇人，青年党三十五人，民社党五十人，中央党部一八〇人，行政院职员与家属三十五人，其余疏散公物日间才决定去重庆抑往台湾。

穗国民党政要纷纷请辞 沪商人协助解放军重建空运

《大公报》广州7月7日通信 李宗仁的小朝廷又开始第二次逃亡了，连日由白云、天河两机场起飞的运输专机（三五架不等）都满载公物档案伪府官吏腾空而去，大部分到重庆，一部分到台湾，也有一些是运到桂林柳州去的。伪国防部与联勤总部对车对船弄得西江的航运麻痹了，粤汉铁路广州至卫阳的运输瘫痪了。伪府的中下级职员大多数不愿意跟去，自动要求遣散，什么辞职不准而悄悄逃亡的也很多，连伪立法院院长童冠贤也躲到澳门去当白华了，陆军总司令张发奎招忌辞职后，陆总一直悬缺至今无人补替。外交部长一职，原来电请过河卒子胡适担任。但胡适已经电复阎老西说：“我干不了！”现在伪府留穗官吏总数不到三千人，愿意跟着李宗仁、阎老西这班战犯逃亡的，据估计为数不到一千人。李宗仁的小朝廷已到了“有官无人做”的境地了。

政治垃圾伪国代立监委参议员之流，干领薪俸吃饱饭无所事事，于是公开聚赌或到东堤花艇上喝酒嫖妓。粤省参议会在重庆中路胜家公司四楼开了一个秘密赌窟，每日都有扑克、麻将、骰宝等各一档，参加的赌徒都是中级以上的伪官及立监委、国代、参议员之流，下注很大。

决定保卫华南后 『迁都』计划搁置

《华侨日报》广州7月9日息 中央机关他迁及职员疏散问题，业已完全停止。据某首要表示，“迁都”计划已全部搁置。日前中央机关虽将一部分公物迁至重庆及台，唯此等公物多属档案与文件之类，除裁员外，疏散处人员甚少。刻下时局安定，大局转稳，更不宜再度疏散，扰动人心。现机关搬迁费已完全停止发给。

穗绥署发言人否认政府迁移重庆

《星岛日报》广州7月27日专电 广州绥靖公署发言人今日发表谈话称：（一）关于湘赣军事紧张，外间谣言甚炽，有谓政府将撤退至重庆，此事绝对不确，特予郑重否认。蒋总裁已决定全力保卫华南，所以政府绝不随便放弃任何一个据点，政府绝对不前迁往重庆。（二）否认阎锡山主张征募国际义勇军二十万人，但原则上希望国际反侵略朋友，予中国以精神上与物质上之支持及援助。

《星岛日报》广州27日专电 华中大会战刻正密锣紧鼓即将爆发之际，各方人士对政府是否"迁都"问题，颇为重视，盖政府如"迁都"，即将会影响人心浮动，记者今特以此间叩询政府发言人鲍静安，而鲍氏则坚决表示政府绝不迁都，此是显示保卫大广东之决心。

卷宗如山积 伪官逃难忙

美联社广州7月29日电 国民政府较低级人员和卷宗于过去一周间迁往重庆。政府机关现仍继续包装卷宗，"行政院"大堂内候运重庆的卷宗堆积到屋顶。广州一旦危急，不只国民党政府要撤退，广东省政府也要搬家，照目前计划，广东省政府将搬到海南岛上。海南岛在行政上是广东省的一部。国民党仅能控制海南岛沿岸地区，而中共军队游击队则控制岛内大部山地，并明显地能够跟广东大陆维持紧密的交通。可信的消息称：海南岛中共军队已派遣地下工作者到雷州半岛，以粉碎国民党企图在该处建立基地的计划。

蒋党国防部成立广州『卫戍司令部』 穗郊堡垒修筑完成

《星岛日报》广州7月26日电 国防部证实穗市即行成立卫戍司令部，并已委出李及兰为司令，将设副司令二人，兹悉其中一人已内定张镇担任，尚须一员，正物色中。至于司令部管辖范围，东至惠州，西至肇庆，北至曲江，所有辖区海路空军全归指挥。广州警备司令部将减少机构，并属卫戍司令部指挥。

《工商日报》26日电 自各地调来担任保卫广州之部队，于昨日经分批调运到粤境。广州市为"国府"所在地，中央决定坚守保卫，为统一军事指挥，拟定李及兰为卫戍司令，直辖国防部，担任指挥所有作战机构，届时警备司令部可能结束，叶肇有调升为绥署副主任继续管理华南刑讯。广州市各地部队在市郊修筑工事，已完成碉堡修筑。现任广州绥署副主任梁华盛中将，经奉命另行组织突击部队。

国民党将进行改组 非常委员会设于广州

政院颁布扭转时局案

路透社台北7月26日电 据国民党秘书长黄少谷称：国民党制度在最近将进行改组。黄少谷对路透社记者称：蒋总裁办公厅将设秘书长一人及八组秘书，军事、经济、情报、防卫、党务及总务。新设之非常委员会将设地方办事处若干处，但总部设在广州。党领袖倘有所建议可送交总裁办公厅审查，如认为可以可行者则送政府采纳。但总裁办公厅对政府无权过问。

《星岛日报》26日广州特讯 由阎院长亲自拟定之“扭转时局案”，今已由政院颁布实施，该项方案首述政府数月前军事失败之原因，次述扭转时局之对策，包括军事、政治、经济、教育各部分，洋洋数千言，装订成书，分发各机关参阅。据闻科长以上主管长官均奉颁一册，俾能随时根据方案内容，作施政之准备云。

《星岛日报》26日广州特讯 今日上午政院举行院务改进会，由阎院长亲自主持，会中曾讨论意见公开办法及有关财政公开办法之实施事宜。

国民党军队誓死保卫大广州

《星岛日报》广州7月27日电 台湾新军二千人，乘华通轮今日抵穗，配合当局保卫大广州。

《星岛日报》广州27日电 台北讯：据有资格之军事观察家称，在国军发动总攻之前，大陆上之军事情势，或将趋于紧张，中共目前之华南公示较于其为早，揣其用意，在阻挡国军之反共计划，同时显示共方因所受水灾粮食缺乏及海岸封锁等打击甚多，拟用战场消息，遮掩其占领区之景象。据该观察家称，国军在情势好转之前，或需再受若干挫折，惟广东之战，尤其保卫大广州，必能扭转局势。阎院长刻正动员实力，保卫广东，据传阎氏坚决表示，保卫广州，将一如过去之保卫太原。该观察家称，“李代总统”今日来台之前，曾匆匆观察衡阳福州，亦可表示军事局势之严重性。“李代总统”之来台，其意义当不仅为团拜性质，对于战局或将有惠大之决策。

广州公用事业拒绝收进大洋券 伪府调回港币发薪

《文汇报》7月2日讯 国民党广东省银行正式发行了五元以上面额的“大洋券”。但是由于其毫无十足准备，同时老百姓已充分认识了国民党的欺骗手段，故在发行之初对港币比价便立即被打折扣，首先是广州的公用事业机关拒绝收进，市民亦一直拒绝使用。“答应你股权”的命运连“金圆券”都不如。

截至昨日为止，这些伪“大洋券”的发行已经两日，但在本港金融市场上还未出现，本港某大银行负责人肯定地说，假如这些“大洋券”来到香港，他相信各银号不会立即接受找换，至少他的银号是如此。他说，有头脑和有眼光的金融界人士一定会拒绝收进这些“大洋券”的，他相信“大洋券”不会在香港有“行情”。现在“大洋券”和港币之间没有比率，虽然伪广东省府说“大洋券”的价值和银圆一样，但是“大洋券”只是一张纸，而银圆确实真实含有银质，上过国民党的当太多了的老百姓自然不会把“大洋券”和银圆相提并论的。广州国民党政府本身的机关都不肯使用自己的政府发行的钞票，香港金融机构难道会予以相信它的价值么？这位银号负责人认为“大洋券”的发行，只是国民党政府即将倒台前的又一次搜刮而已。

《文汇报》讯 据金融界有关人士透露：虽然广州国民党政府已经发行伪“大洋券”，但是几天之前，广州的国民党政府金融机构却还派人来港向本港的同一系统的有关金融机构调动大批港币运往广州发薪水及作其他用度，可见国民党政府本身对“大洋券”没有信心。

《华侨日报》特讯广州7月2日息 财长徐堪在改革币制实现后，虽已克服财政经济之上最大困难，但整个财经之改革亦刻不容缓，急待施行，渠对财经改革方案已大致完成，惟仍将邀约各经济专家继续研讨，是项财经改革方案，短期内即可完成。

穗市征兵不足 预计中一成

《星岛日报》广州7月5日专电 于此应变期中，穗市征兵似感困难。据市兵役协会消息：本年度本市征兵配额共九千名，自开征以来，为时数月，仅征得八百四十名，相差之数仍巨，此半月内仅征得一名。

国民党研究
『拔富豪的毛』

美联社广州7月5日电 据报纸消息：国民党内阁会集会数次，研究怎样将向宋子文、孔祥熙、张嘉等三人贷款美金十亿元。大光日报说："政府"将用"温和劝导"方法，"财长"徐堪提议征取高额财产税，但这几个富豪的大部分资产均在国外，三人目前亦均留在美国。

蒋币没人要
穗商人仍用港币

《大公报》广州7月7日消息 外币在市面流通，虽经"财部"公告禁止，但市场交易仍以外币做本位。"财部"发言人对此种现象发表谈话称币信丧失，故闻人多改用港币作为交易本位，现习惯已久，"政府"对此不拟操之过急，决先取得人民对银元兑换券信用后，再施行取缔港币。

传孔宋张业已答允
购公债一亿五千万

《星岛日报》广州7月9日专电 据悉：孔祥熙、宋子文、张嘉三名巨富，业已答允共购政院职员之爱国公债银元一亿五千万元，支持阎院长政策，爱国公债发行总量共银元三亿元。

此间市场昨八日传出消息，当局正在洽购一批军火，总值两千万港元，此批军火将用作保卫华南之用。当局对此笔军火付款已拨出黄金五百两面向市面抛出，而用售金得以支付。

三、最后的挣扎

天亮之前，广州正捱着一段最痛苦的时间，除了蒋王朝拼命压榨和剥削，抢劫给民间带来极度的不安，烟赌更使这个社会往下堕落。

蒋府人员东逃西散 不奔重庆即跑台湾

合众社广州8月1日电 国民党政府开始准备“迁都”，各“部”、“会”已接到命令，加速把档案及非重要人员疏散到重庆和台北去。该命令说：所有这些疏散工作须限于八月底完成。“国防部”已迁移大量的人员到重庆去了，留穗的约有一百名主要人员。疏散工作完成之后，所有各单位留穗的高级“政府”人员约有一千五百名至二千名。“迁都”的确切日期未定。

《大公报》广州1日消息 广东“省银行”重要公物，文件已装箱待迁，作迁移海口之准备。该行拟在海口设“总管处”。本市“省行”原则改为“省行广州分行”，已内定容华寿为经理，黄宗孟为副经理，原有工作人员暂不调遣。

面临解放前夕 广州工商崩溃

《大公报》8月11日广州通信 天亮之前，广州正捱着一段最痛苦的时间，除了蒋朝拼命地压榨和剥削，贫穷威胁着人民，抢劫给民间带来极度的不安，烟赌更使这个社会往下堕落。

落了几天雨，广州已有了点凉意。但街上却比过去更杂乱了，蒋朝的疏散潮正在这里翻滚着。市场上的杂乱起因于蒋朝的强制执行以银元标价，商人不愿吃亏，怕以银元标价，便会收到大量的银元券，但他们栗于蒋朝的淫威，又不敢说不，于是消极地拒收银元券的办法是，用银元标价，却把银元对港币的比率降低了。原来银元一元合港币四元，现在则降为三元，这样便把银元券的价值贬低了四分之一，加以银元券购货，就先要接受四分之一的贬值损失，否则就用港币来购货。这办法对持有港币的人毫无损失，对持有银元券的人则损失太大了，市场因之一片杂乱，一样货色两种价格。蒋朝派军警调查，也得不到结果。于是，强制执行以银元标价的结果是，物价上涨了，民间受损失了。可是当人民买不起东西时，物价上涨也会失去作用的。

季里诺蒋介石谈妥 蒋府将流亡菲律宾

《大公报》广州8月18日消息　据确息：蒋介石此次访问菲岛曾与菲总统季里诺谈及国民党政府逃菲问题。蒋坦率告季，国民党政府迅将被迫撤离中国本土，而其实现时或将远较预期为早。闻菲总统已允蒋政府及重要亲信来菲。但指出事前需将流亡政府人员之数量确定，并将名单通知菲方。

广州蒋府搬家忙成乱龙

《文汇报》讯　国民党反动政府的“行都”广州，已快要变为有名无实，而图存其空壳了。两星期来各部院的公事文件已搬运得差不多了，而这一星期内，又忙着把各部院的“官员”及“官眷”一批批地往重庆

1949年7月，蒋介石飞抵菲律宾碧瑶与菲律宾总统季里诺商谈筹组“太平洋反共联盟”问题

运，单中央航空公司一家已经每天平均要替他们飞五六次，渝穗专机、中国航空公司更不愁没有生意做，没有一天不是要为反动政府“遣散”而留下几架C–46与C–47专机的，多的时候十几架也是常事。

起先由广州飞重庆的是货机多，客机少，这一星期来，刚好相反，客机较多。行政院、交通部等等的“官员”，带着妻子儿女，老老小小，大堆的行李，涌上了“政府”分配的包机座位上。有些人，还在梦想着，也许与抗战时一样，到重庆去过一下“陪都”的清净官福，跟着“政府”走，总没有错，成都已经快要解放了，重庆还会保得久吗？

穗征兵火急 惟进行未见顺利 当局急商应付办法

《星岛日报》8月12日广州特讯 穗市政府奉令八月份急征新兵一千名，数日来各区进行未见顺利，究其主因，一、本市征兵由六月初起停顿两月多，一切工作推行陷入脱节。二、近来时局不安定，人心趋向之影响，急征兵额一千名，限于十月三十日以前征集，距今十余天。市府为此事大感焦躁，除由民政局主管针对目前此种形势，拟定改善办法外，决于下周召开三十八年度穗市第三次兵役会议，召集各区征兵负责人商量紧急征集办法。此会议由欧阳市长亲自主持，将来是否适应紧急需要恢复抽签制度，亦在会议中讨论。

李宗仁召见余汉谋商广东防卫 绥署增建工事调重兵戍守粤北

《大公报》广州8月14日特电 广州绥署顷续拨巨款，积极增建广东境内及广州城防工事，此举表示当局决心保卫华南此最重要之一环。昨晚七时半，“李代总统”特别召见绥署主任余汉谋，表示其对防守广东计划有重要之指示。又悉：军事当局已抽调××部重兵，戍守粤北与韩江上游应付急激演变中之局势。

《大公报》广州14日专电 据军方透露消息：谓粤省当局为确保安全及配合保卫大华南战斗，业经积极组编南粤北粤子弟兵之兵团，本年度征兵额十二万名，并指定悉数拨入该两兵团，限期于本（八）月底征竣完毕，以配合建军之需要。

《大公报》广州14日专电 据悉：分从某某等地调粤北上增援之某某等部队连日陆续到达本市市郊，河南东北郊一带，此等装备齐整武器精锐之武装部队在民众心理获得一极大之稳定信心，闻此等部队尚源源来途中，关系方面对于过境之布置招待等事宜，谓极忙碌。

广州官匪不分闹得乌烟瘴气 各线航道荆棘丛生交通窒息

《大公报》8月14日广州通信　八日成立，官匪李及兰白天做梦，大发剿民理论和扬言肃清珠江匪患。但是三天内省港、省梧、省中、江省和广州三埠各线轮渡被袭击的就不下十五艘；市区如在“特别戒严时期”的深夜被洗劫一空；截劫华贵轮的永航军船系两艘木船，都是从广州出发行事，这充分证明了蒋官们作的孽，下面是他们的“德政”：

（一）“海军司令部”和“保安司令部”的炮舰队，向以护航为名，来往省港走私和截劫走私货船；近来更加变本加厉，向各线轮渡勒索保护费，稍不如意，就向航商诸般恫吓。

（二）省辖各县市奉令裁撤刑警队，广州的刑警都感到唇亡齿寒，急于预寻出路，他们本来是本地的“大天二”出身，所以纷纷向轮渡打单和截劫，妄图制造血案，保障自己的饭碗。

欧阳驹创办的变相赌场，向广州人民大大搜刮，引起各地“捞家”来市竞争生意，他为了保持刮民专利，所以假惺惺地高唱禁赌，暗中把原班人马作机动转移，现在已集中到比大坦尾更深入人心的大滘口，盖搭了占地两三亩的大篷棚，里面有番摊、牌九、色宝等数十档，鸦片烟馆廿余间，收容出卖色相的女招待二百余人，棚外更遍布私押、找换、饮食等小摊子，俨然像一个新“蒙特卡罗”，每天有八艘电船在黄沙码头义务送客，沿途并享受军警便衣的密切保护，全市烟赌徒都趋之若鹜。

争夺广州大战即将开始 粤北粤东接赣湘边一带国军驰赴布防

美联社广州8月19日电　今日因中共军队将广州东北一百七十英里之大庾占领，致战火接近。大庾位于镇江流域，且可联通广州。大庾沦落，已为国防部宣布。大庾弃守，则其西面七十英里之曲江，局势已很紧张。军事观察家相信，中共军队如迁抵曲江，则争夺广州之战事，即告开始。曲江一旦失守，将使广州与现在北面战场之白崇禧所率之二十万大军隔绝阻断。自曲江逃出之难民，数目已渐增加。

《工商日报》8月19日电　行政院兼国防部长阎锡山将军，十九日晨八时召见参谋总长顾祝同将军，垂询保卫华南事宜，并指示东北江之布防计划。

《工商日报》广州专讯 湘赣战事进入高潮后，此间军事当局为加强湘赣粤边区防务，以巩卫战时行都，除调遣安琪兵团赴粤北增防外，最近复将东南某地之国军两个军由海道来粤增防。据悉：首拨由海道来粤之国军，系最近由东南某战场调来者。

湖南前线

路透社广州8月19日电 林彪所部第四十九军及纪念日进攻衡阳东南四十英里之安仁。其第三十八、四十七军现仍驻扎洞庭湖西岸之常德地区。据闻来自江西之中共军队正规部队，现已向广东挺进。复闻甘肃中共军队，现正向兰州南面五十英里之临洮，实施攻击。其自东面大举袭来之中共部队，则更形接近兰州。

穗港船运匪患多 轮船客运为避匪各施其法

《华侨日报》广州8月22日消息 据市金融界称：半旬来，穗市资金逃港数目惊人，每日资金流港数额达到港币数千万之巨，查商人资金逃港，各种方式如下：1.存有现金者，鉴于时局日渐紧张，纷纷交由各地下钱庄作小量电汇往港，统计每日由地下钱庄汇款数目约港币千余万元，另方面将现金向市面套购大量黄金，由走私集团代运至香港，日达六千余两；2.存有各种出口国产物资现货者，由武装走私集团之包庇，避免出口结汇，私运逃港，其数至为大宗，水陆合计约为万余吨，照货值约合港币日达两千万元。

离穗民众日众机票车票供不应求 金融市场紊乱，银元再度贬值

《星岛日报》22日广州讯 广州市民因军事消息刺激，每日离穗疏散往港澳或回乡者，更形拥挤。但因河道匪卡林立，扫射过渡惨案日有发生，因此往港澳者均不敢乘船，多改乘火车或飞机。连日来，火车票及飞机票供不应求。火车票每日上午即告售罄隔日车票。

《华侨日报》广州22日消息 因战争日渐紧张，此间金融市场谣言四起，人心惶惶，一股炒友蠢蠢欲动，但终无法掀起金融涨风，所以改弦易辙，又向银元券作祟，致使穗央行发生挤兑。是日该行一早已挤满千数百人积聚门前，等候兑换，尤以军人为多，开始分为两条长龙，军人排左，商民列右，到央行开门兑换时，一帮军人趁机涌进，造成秩序大乱，央行特警也无法维持，幸好加派特警到

场维持，极力制止，才再次排成两排，分别先后入行兑换。不过这次骚动后，影响人心更大，当天军人兑换最大宗者达到三四十万，而商民最大宗兑换者达到二十多万。该行规定，兑换巨额须填写申请书，姓名住址等方为办理，因此工作异常缓慢。

蒋朝做梦『保卫广州』 吴铁城向顾祝同要兵权

《大公报》8月29日消息 蒋朝正在作着“保卫广州”的梦，在市郊拟兴筑三行堡垒，阎锡山时拨工程费三百万元，分三期拨款。第一批一百万元，即可拨下。又，“广州卫戍总司令部”的“间谍”工作已大量展开，将随时捕人。

《文汇报》广州8月31日讯 解放军对于广州的四路攻势，使广州的伪府惶惶不可终日，在开会讨论，研究如何逃走的问题。所谓的元老吴铁城等打了一个电报给蒋介石，请他加派增兵，以挽危局。蒋的回电是:“已以在野之身，电请国防部办理”，大有不管之势，因此使他们更加恐慌起来。没有办法，就找了薛岳商“扩军”，准备把现有的保安师改为保安军。同时发动了一些人向顾祝同开炮，要顾祝同交出“兵权”，这事结果还不可知。

四、强拉壮丁，人人自危

一个壮丁二十担大米，陷入绝境的广州政权，四处征召新兵，但一支失去士气的部队，即使人数再多，也终究是不堪一击。

广州拉丁又盛行 绥署令有关方面取缔

《星岛日报》广州9月3日特讯 此间近来拉丁事实颇多，兵贩四处活动，市民心理深受影响。据悉，穗绥署主任余汉谋异常震怒，勒令有关当局，予以取缔，并查询兵贩活动，以安社会安宁。此间若干报章，近日均有市民壮丁失踪事件刊载，社会人心对此，深表关注，皆盼负责部门严查以维人权。

穗市征兵困难重重，运来各团队因军事需要，催兵甚急，市府已决定采用新征兵法，由各征兵团队运自派人驻各区坐征。各区仍需将所需每日兵额，列表呈报新征集所，转送市府备案。同时由民政局及兵役协会随时派员抽查征兵及发放征兵安家费情形，以防流弊。市府顷已将接兵部队划分坐征区域。

穗市征兵急上加急 『猪仔头』拉『猪仔兵』

《星岛日报》9月6日广州特讯 穗市各方催兵急，“猪仔头”四处活动，闹得满城风雨，谣言蜂起。此辈“猪仔头”，多在车站码头出没，诱骗乡愚无业游民之辈。昨日本市黄沙区又发现黄衣大汉四名，强拉“猪仔兵”，呗码头苦力激于义愤，群起将“猪仔头”殴打。结果一人重伤，三人轻伤。该三人均为“猪仔头”。此事发生后，绥署市府，及兵役协会，已加以密切注意。认为非特扰乱治安，并且破坏役政之进行。此种情形，必须迅即取缔，决分头派员调查，并追究真相。同时商讨彻底改善征兵办法。又据关系方面透露“猪仔头”活动真相：市府原规定每兵发给安家费白米十市担，而“猪仔头”收兵，每名仅发港币二三十元，或三四十元不等，但多为瘦弱残兵，故可以低价收募，抵销兵额。渠等之行动，有颇严密之组织云。

美加速撤退解放区领事馆
穗民众痛殴『兵贩』

路透社华盛顿9月9日电　据美国务院本日披露美国正在大量减少其驻在中国共区的使馆领馆人员。美驻汉口领事馆将予关闭，工作人员将予全体撤退，美驻南京大使馆与驻沪领事馆人员亦将减少一半，刻正在着手办理多余人员与自愿离华外侨的离开共区手续与布置。此中所有的美侨人数未有披露，但相信甚多。据国务院发言人说：此项措施是鉴于中共当局对外国外交代表所持态度而决定的，英政府已同意代照顾受影响区域的美侨利益。

穗卫戍总司令部表示
严禁强拉壮丁　违者就地枪毙

《星岛日报》9月11日广州专讯　近来市区拉丁风气之盛，其猖獗之状，空前绝后，无以复加。光天化日强拉壮丁，形同匪盗掳人勒索，人心惶惶。入夜行人绝迹，即使白昼外出，亦人人自危。彼辈猪仔头昧于重利，不惜破坏治安，扰乱法纪，三五成群，配有锋利武器，招摇过市。据悉，不法之徒勾结兵贩，假借募兵名义，强拉壮丁，乘机勒索，形同掳赎，全市市民怨声载道。穗市卫戍总司令部，当即手谕各有关单位彻底查禁，严予取缔，以安民众，并表示：强拉壮丁者不论何人，一经捉获，立刻就地正法，以肃纪律而示政府威信。

『猪仔头』大闹广州
昨日又发生三宗

《星岛日报》广州9月14日特讯　周来各地拉丁情形严重，人心惶惶，社会骚然。此间粤省参议会今日上午驻委例会，决定函请穗绥署转饬所属有关公共治安机关负责人，切实查禁取缔，以安人心，而维公共安宁秩序。并举出曲江拉丁之惨状为例，请有司切实负责取缔。

又讯　疯狂之强拉“猪仔头”潮，穗市人心均受影响，社会安宁亦有问题。现所有有关当局，对此事已予密切注意并严厉取缔，绥署并授权卫戍司令部如捕获“猪仔头”可就地枪决。但“拉丁”之风，今仍未稍减，市参会于本日晨举行驻委会时特提出讨论，一致认为

"猪仔头"太灭绝人道，目无法纪，非严予缉捕，无以安社会及民心。特决议卫戍司令部等各有关机关，严捕"猪仔头"及加意防范。

当局下令查禁拉丁 获『猪仔头』就地枪决

《工商日报》9月15日广州专讯 因兵贩拉丁事发生，闹至满城风雨后，当局极为震怒，余主任汉谋手谕所属彻查，并授权卫戍总部如拘获猪仔头讯明属实者即予以就地枪决。惟日来此类似殴打猪仔头事件仍有发生，市民谈"猪"而色变。今日据某军事机关消息：粤省党政军联席会议前日已通过议案彻查兵贩拉丁事件，由绥署卫戍总部，保安部，省市政府等各主要机关，切取联络，会同检核所属各单位有无籍端及由兵役机构招募因而有兵贩之事件，如有兵役机构需要招募壮丁时，则予监督其工作，并同时彻查有无派出兵贩收丁事情。闻最后决定责成主管或有关机关一体查禁，但恐市面有不肖之徒，藉群众痛恨猪仔头心理，寻仇惹恨，一声呼喝，即生滋扰，是则市面治安将无宁日，昨特饬省市治安当局认为注意防范云。

穗壮丁『安家费』由钱变大米 一个壮丁二十担白米

《星岛日报》9月17日讯 如果是一个初到广州的旅客，那么走在马路上就得当心了。同样要是你跟什么人有仇怨，那么报复的办法就简单得很了，只要指着你的仇人，当街大喝一声"猪仔头"呀，便随时有一千几百人围上来，无数的拳头木棒准给你的仇人打个半死。政府虽然早在廿六年便宣布实行"征兵制"，规定每个国民都有服兵役的义务，但自立国到今天，真正进行的是"募兵制"。因为募兵而有募不到的结果，还就留给办理兵役人员贪污取巧的漏洞，以致遗祸至今。政府为了鼓励壮丁应征，抗战时便确立了"安家费"的制度。但由于通货脱轨的膨胀，一年前各地壮丁安家费，大都只能等于购用一张草纸的价值，这一来不能不使"兵役"开征受到打击。为了适应实际需要，各地方政府，便先后将"安家费"硬性改为"实物发放"，原为政府发放的改为当地筹集。

当然"安家费"发给是纸币或者实物，和兵役机关的贪污似乎没有多大关系。最错误的要算政府没有决心硬性执行"征兵制度"，各级地方政府有的固然为了表现政绩，有的为了事情好办，于是先后实行"寓征兵于募"的政策。"募兵"只要有钱，便没有问题。

各地政府因为要顺利缴足兵役配额，便不惜提高安家费，有的县份对于每一个壮丁安家费，已经提到二十担白米，四邑一带每名亦可获四五百元港币，广州也有十担米，反正这些钱是老百姓筹给的。

穗市府决心根绝『猪仔头』采『杀一儆百』手段

《星岛日报》9月22日广州特讯 本市连续发生猪仔头案件，目前猖獗，市民人人自危，市参议会目前决议通电市府，卫戍总部有关机关请速予设法制止，市政府今天函复参议会，称，此事已予严密之注意，为防止今后同样事情发生，及维护市民安全，除命令市府民政局设法查缉外，一方面与卫总绥署协商，决采取“杀一儆百”手段，并不惜施以重刑，就地枪决，务必根绝，以除后患。

五、广州“陷落”，黎明到来

十月是胜利的十月，是人民的十月。国民党在败走广州之前，将海珠桥给炸毁了。当解放军入城之日，广州民众纷纷走上街头，迎接新政权抵达南粤。

广州国民党各部队私设关卡 横征暴敛向强盗看齐

《文汇报》10月4日讯 广州国民党反动派当局，对敲压人民的手段，无所不施。使得处在反动派统治下的人民，每日在水深火热中度日。从最近经常来往大铲关的行商透露:“虎门要塞司令官”邓乂堂，以该部的名义，在赤环，大铲两地，私设关卡，收取各种规费用，海关亦无可奈何。该部每日的规定费总收入，共计有三四万元。

查该部各种收规的花样甚多，兹一一列举如下，邓乂堂以该部的名义，在大铲包庇烟赌，每日收规定二千元；在太平，大铲每年该地的码头收取货物税，规定每担两元，每日约有六千元收入；设在赤环和大铲的关卡，对于船只的来往，又要抽取行水，抽价多少，视其船只之大小而定，大约由二百元至一千元之间。大约这种船只过往的行水费，每日可有五千元左右的收入。

该部的堡垒，其用途即亦是用来检查过往船只是否有给行水，如发觉有未给行水的船只，便诸多啰嗦，尽量给予困难。在那里边有一艘第三号的炮舰，经常巡逻。

此外，该部又利用“水上巡逻队”的名义，利用这些炮舰来偷运白米出口。前一在香港海面发现的走私白米炮舰，即属于此巡逻队的。据估计，每日由太平偷运来港的白米约有五千担之多。

广州伪府机关停止办公图逃命 桂伪府分迁百色南宁

法新社广州10月12日电　从今日起在此的前国民党政府全部停止办公，从上星期六起国民党疏散机构不断地在积极推动中，最后一批国民党官员得以于一二日内离此。

美联社广州12日电　国民党的官员正纷纷赶忙逃到距广州西北六百里的战时“首都”重庆。

国民党“外交部”在今日上午突然停止其职务，李宗仁预定今日飞往重庆，预料将在星期六正式宣布重庆再次为“首都”。阎锡山突然飞台，据云阎在蒋李的政策争论中当推蒋的一边。

路透社广州12日电　广西省“政府”及广西“绥署”正前往云南边界上广西西部的百色，广西“绥署”并将设在东京海以西八十里的南宁。白崇禧将不惜任何代价防守华南此一段以图与外国列强保持海上的交通。

合众社广州12日电　国民党“政府”将宣布以重庆为（与台湾相联系的）新陪都，但在宣言中将极力避免予重庆以国民党新首都的法定地位。

穗市金融混乱 央行暂停兑现　银行钱庄纷纷停业

《工商日报》10月13日广州专讯　穗市日来因战事影响，金融空前混乱，各银行钱庄亦均先后纷纷停业。据调查银行停业者有台湾银行等数家，钱庄停业者有慎记，谦益，玉成，万祥，公益产等五十余家。至其余尚未停业陆续营业者，亦几日无生意。

查此间台湾银行昨已奉令暂停穗台汇兑，发出公告如下：“本行顷奉总行电令自俟今日起暂停穗台汇款业务特此公告。”记者昨往沙围见该行“重门深锁”，后询该行留守工友，据称：所有职员已往香港转返台湾，目前只留工友与守卫四人而已。

记者又据此间重庆银行某职员称：该行已停止穗渝汇兑。至此间湖南省银行，广西省银行，江西省银行亦已同时停止营业。其余商业银行亦全无生意，陷入关门状态。

《工商日报》广州专讯　此间中央银行昨日仍有许多市民站在门外候兑银元，该行昨又以银元尚未运到，在未运到前暂停兑换，特于十三日发出公告：“本分行银元未到，如无特殊故障，约于今日下午可到，在未运到前暂停兑换，特此公告。”

《工商日报》广州专讯　广州绥靖公署，广东省政府，广州市政府昨为安定金融，维持大洋票币信，特于昨布告，略谓：大洋票以大洋硬币为本位，一元大洋票等于一元大洋硬币，现兑现，绝无限制，绝无低折，如有非法之徒，故意将大洋票低折拒使者，决依戒严法作扰乱金融罪处死。自该布告发出后，即有许多市民持银元券前往广东省银行兑换银元，记者在该行时瞥见兑现秩序甚为良好，该行亦足有充分银元供应兑现。

广州确临解放前夕　大军攻抵白云机场

国民党军有组织的抵抗已全部瓦解

《文汇报》广州10月13日上午10时10分电话　今日形势已确实进入解放之前夕，粤汉铁路正面南下之陈赓部人民解放军，其先头部队也已陆续攻抵广州市外白云机场，正大量集结中，记者以特殊关系亲往视察，从种种方面证实，此为解放军准备大规模入城之先声。

《文汇报》广州13日上午10时电话　人民解放军陈赓部今日一日之间自粤汉路正面十三英里处，以破竹之势前进，于黄昏时分攻抵江村，八点正，大军由江村陆续向南推进中。

《文汇报》广州13日上午10时电话　此间自蒋逆嫡系李及兰率部（包括宪兵团）于昨夜撤退后，市面皆知广州已临解放前夕，所有伪绥靖公署及伪省政府人员，今日均悉数随余汉谋向海南撤退，余汉谋

1949年，人民解放军跋山涉水向广州方向进军

怯于反正，于今日下午四时离穗前往海南。刘安琪留穗残部，亦撤退湘南。广州市除警察留守外，只余一部未及撤走之残兵。市民一般镇定。“大天二”辈已慑于人民解放军之声威，并图将来自救，故尚无大抢劫事件发生。市内及对外一切交通，包括公共汽车在内均已停顿。

法新社台北13日电 中央航空公司于明日起停止台北至广州空航。

合众社香港13日电 据本社昨晚九时半电话，说：解放军的先锋已攻抵广州城郊的江村。这流亡的首都已呈死城景象，在今日下午六时公共汽车经已停止。商店全部关门，各方电讯已告中断，最后一班开赴香港的火车亦已取消。

美联社广州13日电 解放军已攻抵广州三里以内，国民党军有组织的抵抗已全部瓦解，广州北站一带已闻炮声，广州警卫部业已向西公路奔逃，在广州区的国民党军的抵抗已全部崩溃，市内仅留有警察，但尚无暴动及抢掠情事，老百姓都关门不出，街道一片荒凉，海陆空的交通已于今晚断绝，英轮武穴号于今夜载中国人及少数外侨由广州开出，明晨可抵此间。街头上仍然见有少数国民党军官员，不过他们正向城外奔逃，追上他们撤退的部队。银元大跌，在广州的外国人及中国人都尽力设法保护他们的财源，有些轮班守夜防守任何可能的抢掠，民众大部盼望解放军明天入城，游击队在城郊一带极为活跃。

新华社广东前线13日电 沿粤汉铁路向南猛进的人民解放军某部，十一日下午三点钟，在英德以南的连江口车站，冒着敌人飞机和铁甲车的袭扰，歼灭守敌卅九军九十一师一个团，并且解放连江口车站；各部解放军，在同一天下午六点钟，解放英德东南的佛冈县城，歼灭守敌卅九军一百零三师的两个营，战果正在清查中。

新华社广东前线13日电 广东前线人民解放军，在十一日下午四点钟，打下了广东北部的乐昌县城，守敌全部歼灭，战果正在清查中。

新华社华中前线13日电 湖南南部人民游击队，九日解放湘桂路上的祁阳县城。

新华社福建前线13日电 福建前线人民解放军，九日冒着急风暴雨，向金门、厦门外围海上残敌攻击，于当夜十时攻占金门岛以北，厦门岛东北之大嶝岛，将守敌二十五军十师之一一八、一一九两个团全部歼灭，共歼敌一千八百余人。

法新社台北13日电 人民解放军已占领距厦门仅五千米远的一岛，在低潮时，即可跋涉建立桥头堡。

蒋匪残部逃出广州 传解放军今夜入城
海珠桥电力厂被匪破坏

《文汇报》10月14日特讯 据广州本报特派员十三日夜九点十分电话传抵此间消息：广州市的今天这一天，是历史上转折的一天，全市民以伪军残部尚未退幕，一般都通过了早已准备的“街坊自卫团”的组织和警察联系会，大家开门开户，以待解放，并避免残军退出的骚扰，广州市的警察，十二日和十三日均有各分局局长的会议。十二日曾有伪市长李扬敬出席，残局伪局长军统分子业已逃走，由伪副局长何明泽各分局维持市区秩序，经决定只开放（一）长堤（二）六二三路（三）一德西路给残军为退出市区之路，其余所有街市全数以木栅铁闸断开，残军今夜退完，但在六点和七时二十分左右在（一）市内长堤的海珠桥和电力厂（二）市外的大河机场和白云机场，先后发生了爆炸。电流一时中断。截至发话时止之广州市，犹在黑暗中焦急地等待黎明。

合众社香港14日电 据本社今日下午九时广州电话报告：解放军大军刻距广州市不过半小时公共汽车路程，预定于今夜开入市区，在一九三八年所用以表示日本轰炸机到时的警报笛的解除警报呼声，将用以为通知解放军的呼声，表示完全撤退清楚。解放军准备由西面北面两方入城，第一路已进抵广州西郊的火车站西村，第二路抵白云机场附近的流花桥，又一路已抵达城郊的沙河。国民党军的撤退预定于上午一时完成，解放军于其撤退后立即入城，据报谈判以两个条件为结果：一、在所有国民党军未全部撤退以前解放军不入城。二、警察维持秩序至最后一分钟。撤退的国民党军将横架珠江的桥炸毁，电力的供应已部分因而断绝。外国团体部分人员留守的沙面区，包括英国领事馆，已无电等。飞机场方面亦闻有爆炸之声，相信是由于国民党军的破坏。今日市内戒严已提前到下午七时，警察仍在代理警察局局长何明泽指挥下，维持秩序。何向市民广播请求协助维持秩序，保持镇静。宪兵于下午四时撤退以后，警察为唯一维持秩序的力量。

合众社香港14日电 今晚广州英使馆总领事刻对合众社记者言称：在广州市内并未发现解放军，但预料今晚或明晨解放军可进入广州，国民党军事当局宣称他们今天要将在广州的军火库炸毁。

新华社时评：广州解放
解放日报社论：庆祝广州解放和消灭白崇禧主力

新华社北京10月15日电 时评：庆祝解放广州和消灭白崇禧主力，文如下：

华中前线人民解放军在十月初旬发动攻势，不到两个星期，就歼灭了白崇禧的主力，攻克了国民党曾据为中心的华南大都市广州。我们谨向参加广州第四、第二两大野战军及华南人民解放军的指挥员、战斗员致敬，谨向协助人民解放军作战的广东人民及全部人民武装力量致敬。

白崇禧主力在湖南南部的残匪，广州的迅速解放，和福建、甘肃、青海、绥远、宁夏、新疆等省的全部解放，是两个多月以来中国战局的几个主要发展。国民党残匪现在只有西南数省和台湾、琼崖等海岛作为最后的逃亡路了，而在广州解放后，这些地方的解放，

国民党军逃离广州时，将黄沙车站前的汽车全部烧毁

也不会多久的时间了。

广州的解放不但在军事上，而且在经济上和政治上都有重要的意义。广州的解放可以使华南和长江流域的交通迅速恢复，从而大大地打击了国民党残匪的海上封锁政策。广州解放使国民党残匪，任何国家的政府和联合国组织，都不应当再与逃往重庆、台湾和不知道什么地方的匪类发生外交关系。中国只有一个政府，那就是以北京为首都的中华人民共和国中央人民政府。谁都难以承认国民党匪帮"政府"，继续支持这个"政府"的"代表"在国际社会上进行罪恶的活动，谁就是表达自己对于伟大的中国人民不友好的态度。

广州解放经过
左路军首先攻入市中心区　与沿广九路前进大军会师

新华社华南前线10月15日电　前线记者报道解放广州经过称：华南最大都市，残余国民党伪政府所在地广州，已于十四日晚为广东前线的人民解放军解放。在解放军发动攻势之前，广东省境原存敌匪正规军十五个军，二十八个师，非正规军五个保安师，共约十五万人，主力集结至广州至曲江到粤汉沿线，余则散布于潮汕、琼崖、雷州半岛地区。

上月下旬，我南进大军以雷霆万钧之势，分路飞越粤北天险五岭山脉，突破敌人的"粤湘赣防线"，一路迅速解放粤北、南雄，始兴。华南地方人民武装同时解放翁源，一路于解放湘粤交界的汝成后，进逼乐昌，一路则于月初解放仁化，在曲江形成钳攀之势。

此时白匪崇禧慌忙将其主力四十六军沿粤汉路南下，妄从三十九军、六十三军、九十七军等三个军，同守曲江，与衡阳广州合为三大固守重点。但白匪四十六军师至乐昌时，湖南解放大军即展开猛烈攻势，迫使该匪与敌九十七军仓皇北援，驻曲江敌三十九军也连夜退缩至英德，丢下六十三军孤零零地困守在那里。

六日夜，各路解放军猛进合击，于七日晨解放曲江，守敌慌忙南逃，由于我军进展神速，敌人破坏桥梁以阻滞解放军前进的阴谋亦归破产。为使敌匪不得喘息机会，源源开入粤北的解放军迅速即分成两条南下猛攻广州。

我军在南进中艰苦异常，全体指战员为中央人民政府的宣告成立所鼓舞，士气高昂，渴望迅速直捣广州，不顾一切疲劳，夜以继日，冒滂沱大雨，奋勇前进，每日行程均达百里至一百五十里。在奋勇进军途中，来自松花江岸的第四野战军某部与来自山西高原的第二野战军某部并肩作战，亲密团结，充满手足情谊。

庆祝广州解放 摩托五金妇职等分别联欢

《大公报》10月17日讯 摩托车业职工总会前天在会所举行庆祝广州解放鸡尾酒会，到会有各厂各部工友共百余人。工友争先恐后发言。最后由港区歌咏团合唱：《你是灯塔》，《不离开共产党》等。散会前，全体扭秧歌，尽情欢乐。

谢伟志报告工联会庆祝和劳军的决定后，接着说，离我们没有多少里路程，便是我们的中国。我们将获得祖国保护，侨工地位也会提高，我们应该在新的情况下，加强团结，爱护祖国，爱护工会。

麦之说，十月是胜利的十月，是人民的十月。但国民党反动派，偏要反动，偏要在垂死前，把人民血汗建筑成的海珠桥炸毁了！这是国民党反动派与人民为敌的又一次证明。

广州妇联代表向部队战士献花

钟君武说，国民党反动派给英勇的人民解放军打垮了，我们应该感谢人民解放军的功绩，应该响应工联会的号召，拿出一九三八年募捐救护车赠给十八集团军的精神，来进行此次劳军运动。

穗市大商号业务陷停顿 大部工厂亦未复工

《工商日报》广州10月17日特讯 此间各行商业除售卖日常必需品之粮食、菜市、杂货食品等店号及中下等茶楼酒家及若干二三等影院已恢复营业外，其余金银洋货及上下九第十甫等处之大商号，则多数仍闭门或半掩门，未正式恢复营业，中下级茶楼之茶客，则一如往昔，惟高级茶楼酒家则甚形冷淡，尤其晚间之酒席生意，几等于零，与前此热闹时期相较，真有天壤之别。大部分工厂亦仍未复工，仍持观望态度，等待共军对工商业各项政策之公布。

广州新生如过新年 电力恢复警察照常站岗 铁路工人狂欢准备复工

新华社北京10月17日电 北京和广州间的无线电报在广州解放的第二天，十五日下午二时，就恢复了通报。又据上海消息，上海电讯局已在十五日上午和广州取得联络。同日，上海邮政管理局开始办理寄往广州的邮件。

新华社广州10月17日电 解放一日后的广州：解放后的广州已经完全卷入了热情的狂欢里。全市除部分匪帮官员仓皇逃跑外，所有居民都异常安定，市内秩序很好。

十四日晚，当匪军尚未完全逃掉时，各工厂工人和各校学生已经分别冒险出动街头，张贴欢迎人民解放军的标语。入夜，他们便自动将街头木椿、沙包、钢铁等完全扫除，曾因国民党匪帮破坏爆炸而整夜未眠的市民们，这时从窗口向大街张望着，兴奋地盼待着解放大军的胜利入城。解放军果然到来了。大街小巷都燃起了鞭炮，过年也没有这样热闹。未及拂晓，很多市民便纷纷出门，争看解放军所张贴的中国人民解放军布告和三大纪律八项注意的传单。各工厂工人和中山大学，国民大学，广南中学等学校的学生和校警，排成队伍，欢迎解放军。有的学校学生们早在解放以前五六天即聚集在已经停课的教室里争着抄写《论联合政府》及《论人民民主专政》等文件，并连夜赶印宣传品。解放后便立即拿出来散发。暑假后还未开课的中山大学的学生们，当解放军入城时，马上出动两辆宣传卡车，沿惠爱路，惠福路，沿西关，长堤一带展开热烈宣传。解放军所过之处，拥着街巷的市民们高呼“欢迎人民解放军！”锣鼓齐响，掌声不绝。此时，各商店门窗，树木，电杆上都挂满了五星国旗。维新路一带成衣店不停地赶制更多的新国旗。

警察在解放后仍照常站岗。公共汽车照常行驶，未有中断。信件包裹在解放当日，即恢复与全国解放区的收发寄递。电报电话从未停止。供应全市电灯的五仙门电力厂虽因海珠大桥被炸毁时将过河电线炸断，但由于全部外线工人的积极抢修，当晚即照常供电。市内各大小店铺大部分均照常营业。

叶剑英任粤省主席 广州市市长由叶剑英兼任

新华社北京10月19日电　今天下午举行的中央人民政府委员会第三次会议通过任命叶剑英为广东省人民政府主席，方方，古大存，李章达为副主席，并任命广东省人民政府委员三十人。此外会议又通过任命叶剑英兼广州市市长，梁广，李章达为副市长。

新华社北京19日电　今天举行的中央人民政府委员会第三次会议通过任命人民革命军事委员会副主席五人为朱德，刘少奇，周恩来，彭德怀，程潜。委员二十二人为贺龙，刘伯承，陈毅，林彪，徐向前，叶剑英，聂荣臻，高岗，粟裕，刘云逸，邓小平，李先念，饶漱石，邓子恢，习仲勋，罗瑞卿，萨镇冰，张治中，傅作义，蔡廷锴，龙云，刘斐。总参谋长徐向前，副总参谋长聂荣臻。

指点旧闻

① 三个城市与中国政局

上海，激战正酣。上海之役是解放军渡江以来遭遇的国民党军队稍微像样的抵抗，之所以这样是因为蒋介石给汤恩伯下达了死命令：至少坚守半年（实际上只守了半月，已至为不易）。其目的一方面争取时间抢运物资，榨干这个城市仅余的一点油脂；另一方面等待国际局势的巨变——因为当时蒋“确信”第三次世界大战将要爆发。

武汉，已开始“有步骤”地弃守。这里注定不会发生大规模的战役，在谁有枪谁就有发言权的时代，桂系不会“傻”到把仅有的一点赌本搭在这里，要是那样就得完全受“蒋先生”摆布了。何况，武汉已经失去可守的战略价值，因为东部汤恩伯集团退守上海后，解放军已经在短时间内横扫皖、苏、浙、闽、赣诸省，南昌岌岌可危，白崇禧集团的侧翼已经完全暴露于解放军的炮口之下，故只有撤离。

广州，明争似无，暗斗依旧。“李代总统”在得到“蒋先生”“五年不过问政治”的“承诺”后，已赴穗视事，但他其实仍旧是一个一无所有的“光杆司令”。人事方面，多数要员仍旧奉“蒋先生”的意图为圭臬，“李代总统”虽搬出了宪法，企图在宪政的名义下收束大权，聚拢人心，但此举除暗含无奈外，实稍显天真。现实自有现实的政治逻辑，长期浸染于“私交政治”氛围下的官员不会一下子聚拢到宪政的轨道上来。财政方面，本就很拮据的资财已被尽数运送台湾，李接手的是一个空钱袋，“蒋先生”早已打算退守台湾，当然不会再运回广州，故“李代总统”解决财政问题的唯一选择就是印制毫无准备金的钞票，而此举又将进一步加速经济形势的恶化。

内政无从着手，李希望能在外交上打开局面，积极呼吁美国援助李氏国民党政权。正如前文所言，政治唯以现实为考量，美国不会援助徒有虚名的“李代总统”，司徒雷登一语道破玄机：蒋介石仍在幕后操纵一切，国民党政权并没有实质性改变，美国不会再把资财投进这个无底洞。在华美陆战队减为250名，表明美国正在逐步抽身旁观。即使中共同意李把各国使节从南京运到广州，又能从多大程度上改变各国的最终决定？而与此同时，伦敦已经传出消息，中国新政府一旦成立，英政府准备立即承认。

但无论如何，华南仍在加紧战备中，报载蒋的新打算是加强华南退入西南，这很能反映出蒋的“鸡肋”心态。事实上，着力经营台湾表明蒋对坚守大陆并无信心，但又不甘心就此放弃，更不愿桂系成功防守南中国，故给予一定权力又处处进行掣肘。蒋的游移和矛盾心态使国民党失去了最后团结振作的机会，余下的抵抗其实并无多大的实质意义，败走大陆只剩个时间问题了。

朱怀远（中山大学历史系研究生）

2

指点旧闻

广东焉当最后防线

观旧闻可见，解放军攻势续有进展，汉口已旦夕可下。国民党军队似乎连防守也没有战略可言，大概是兵败如山倒，且战且退。白崇禧等没有把握固守武汉，未战已先部署撤退至湖南株洲。

在表面上蒋介石移交权力予李宗仁的环境下，汉口方面有与中共谋和平运动之类的传言是意料中事。但1949年春夏之交与1946、1947年的形势大为不同，中共已胜券在握，国民党政府再没有什么讨价还价的能力，“隔江分治”只属幻想。而这类和谈的传闻更加速瓦解军心，催化战场上的溃败。

同样，在国民党军队不再打算力保汉口的传言中，连中央社都报道市内有地位人士已组织治安维持委员会，此种委员会通常是在国民党军队撤退后，解放军抵达前之真空危机时期，维持市内秩序者。这类报道与维持会这样的组织，也对国民党守军，起了重挫打击士气的作用。李宗仁等还有什么本钱去要求和谈?

在战争迫近的氛围下，上海市面萧条，有钱人均在准备逃难，哪有心情消费；普通市民连吃饭都成问题，更谈不上购买时装、手表等奢侈品。

香港难民潮的报道，是留心香港战后发展者所熟悉的。二次世界大战日军占据香港期间，因为粮食缺乏，居民回乡就食，人口由164万锐减至60万人左右。战后人口回流，加上国共内战的难民潮，1950年人口增加至224万。

人口急剧增加，物价自然上涨，房屋更是大问题。当时人浮于事，打工者但求“两餐一宿”，一般没有工资，过年过节时老板会发给一点零用钱。房屋短缺形成大量山边木屋，这种情况至上世纪70年代香港经济起飞才大为改善。

虽然百物腾贵，居大不易，在内战期间，香港不失为一块安乐土，吸引大批京沪华南人才流港，成为日后香港经济起飞的最重要资源。

在长江一线节节败退之际，行政院长何应钦在广州宣称将会在日内公布财政经济改革方案。据媒体今日旧闻报道，方案内容包括撤销输出入管制；金银准予流通；撤销金融管理机构；发行银元券。

前二者实属较为合理措施，对稳定民生、舒解民困可望有些帮助。但再发行银元券，一则外汇、黄金等储备不在广州国民党政府手中，二来国民信心已失，再发行银元券，已无法起作用，只有增加混乱。

当时广州市政府已于稍前数天突然宣布改用银元收税，突显金圆券的崩溃，亦反映当时政府机构各自为政。监察院、行政院表示要提出修正，一片紊乱，广东还怎能起最后防线的作用？

郑宇硕（香港城市大学政治学讲座教授）

3

指点旧闻

湖南战局明朗 广州时局刻吃紧

旧闻报道，7月29日，常德落入解放军手中，宋希濂部向南溃逃。

至此，湖南战局已基本明朗。程潜与陈明仁早已与中共暗通款曲，以宋希濂为首的中央嫡系部队亦不听白崇禧调遣，且战且退，自行其是。白崇禧手里只剩下第七军，守在衡阳作为总预备队，“以大卡车百余辆集中待命，何处吃紧，便向何处输送应急”——第七军几乎一直坐在卡车上日夜奔波不息。白崇禧也知道这是劳师之举，但可用之兵太少，实属无奈之举。

国民党部队企图依靠空军部队的轰炸，延缓解放军南下的步伐。白崇禧也欲借制空优势，收缩防线，因此在常德失守之后，便电令湖南省代主席陈明仁，“因长沙现被孤离，已无若何战略上之价值”，要求陈放弃长沙，向东挺进。岂料陈明仁亦早有自己的打算……

与白崇禧同为桂系首领的李宗仁，抵达台北受到了前所未有的盛大欢迎。台湾省主席陈诚率领文武官员和各团体代表暨仪仗队不下千人，在机场列队迎接。李宗仁一下飞机，“只见金光闪耀，军乐齐鸣，欢呼之声响彻云霄，场面隆重肃穆”，蒋介石亲自在机场休息室迎候。李宗仁专车驶入市区，“学生与市民列队欢迎，极一时之盛”。

在此之前，外界风传李宗仁访台晤蒋，第一要蒋在军政大权上放手，第二要运回台湾所存的金钞。事实上，李宗仁心里非常清楚，要蒋介石做到上述两条，无异与虎谋皮，因为那是蒋试图东山再起的资本。因此本次访台，蒋李晤谈根本没涉及这些问题，“只是约略分析一下中共今后的动向，又说了些无关宏旨的应酬话而已”。两人表面上装出一副和谐抗共的样子，无非是应付国内外舆论，并借此维系美国对国民党政府的信心。盛大的接机仪式也只是蒋介石故意抬举、取悦李宗仁的面子工程而已。

蒋介石曾答应广州国民党政府每月从台湾库存支取1200万银元填补财政赤字，却始终不肯以存台金钞作为“银元券”的兑换准备金，由此造成广州国民党政府赤字与日俱增，银元券价格一泻千里。各地商人、农民都拒收银元券，民众人心惶惶，囤粮自保，军队无处采购军粮物资，连阵亡抚恤金都被迫采用“现大洋”支付，连政府都不能保障自己发行的货币信用，让李宗仁哀叹:“通货膨胀做了共产党军南下的开路先锋。”

在此形势下，“政府守不住广州，只能计划迁往重庆”的传言甚嚣尘上。广东省政府则有迁守海南岛的打算，无奈海南岛不同于台湾，自抗日战争时便十分活跃的中共游击队势力，远胜于后来进驻的国民党军队，“迁省”看上去也只是画饼充饥的空想。

杨 早（中国社会科学院文学研究所助理研究员）

4

指点旧闻

蒋介石离间粤桂两军关系

自9月13日起，决定华南战局的关键一战“衡宝战役”打响。这场战役一直打到10月17日，白崇禧部属的桂系实力在这场战役中丧失殆尽，同时也断绝了广州政府退往云南、贵州的退路。

这场战役中，白崇禧部出动五个兵团20余万人，东起粤北乐昌，西至湘西，筑起一道联合防线。它的两翼，分别是粤军余汉谋部队与蒋介石嫡系宋希濂兵团。

在桂系诸人看来，白崇禧的布防堪称牢固，无奈蒋介石根本不予配合，他不仅拒绝了白崇禧要求调拨武器、弹药与军费的要求，而且离间粤桂两军关系，下令宋希濂保存实力，擅自后撤，直接导致林彪的四野40万大军分三路迂回南下，白崇禧部队腹背受敌。这种说法得到了《剑桥中华民国史》的认同，史家认为蒋介石担心白崇禧的方案“是对他自己计划的挑战，他们可能继承他的政权，因而加以拒绝”。

桂系、粤籍诸将对于蒋介石自乱阵脚的做法怒不可遏，张发奎多次向李宗仁建议，将蒋介石诱来广州，“扣起来”。然而李宗仁认为这是“徒招恶名，无补实际的莽事”，张气急大呼：“德公（李宗仁字德邻），你胆子太小！德公，你胆子太小！”

事实上，惯喜阴谋的蒋介石不会不提防西安事变重演的可能。每次来广州，李宗仁宴请蒋介石，总不见蒋经国的人影，后来才知道他带着一大群随员守在厨房，配料、做菜、上菜，全程监督，每一道菜都经人品尝后才上席，而且宾馆周围都是蒋的亲信卫士，以防李宗仁设下的是“鸿门宴”。

蒋介石一面防备李宗仁，一面也防备着美国过多插手国民党内部事务。陈诚与孙立人在台湾的矛盾早已露出端倪，到此时更加明显。蒋介石显然认为，只要他能压制国民党内部的反对势力，美国的反共计划就不可能在中国寻得一个替代的领袖，蒋假手陈诚严密控制的台湾至少可以高枕无忧。

中共军队在华南战场上摧枯拉朽，但对于国民党空军对上海、镇江等地的轰炸却无法可施，大批军火、货物在轰炸中饱受损失，也影响了华南战役的进程。《大公报》曾严厉批评国民党通过麦克阿瑟在日本招募空军人员，不惜耗资1200万美元。

制空权始终是战争胜败的重要因素。为了建设解放军自己的空军，华东军区挑选了大批“久经锻炼、政治坚定、体格强健、有相当文化程度、年龄在二十五岁以下之优秀的连级干部”，于9月14日离南京北上，赴某地学习空军技术。值得一提的是，在这次学习队北上欢送会上，放映了东北电影制片厂一部新摄制的战争故事片助兴，这部名为《桥》的影片，正是新中国电影业拍摄的第一部故事片。

杨　早（中国社会科学院文学研究所助理研究员）

第六章 最后的避难地

处于英国殖民管辖下的香港，此刻如同最后的世外桃源，内地高官巨商带着黄金纷纷逃亡香港，但在内地名震一方的要权者，在香港不过是一个失去光环的逃难者，连一个安居之所都难以租到。此刻的香港，也处于忐忑之中：挥兵南下的共产党军队，是否会一举收复香港？

一、乱世香港

小小的香港，装不下这么多内地人。脱离部队逃亡香港的国民党将领，内地四处逃来的地主、富商，将小小的香港挤爆，到后来竟然出现有黄金也租不到住所的局面。

杜月笙举家抵港 在港购屋准备长住

《大公报》讯 杜月笙5月2日下午6时乘荷轮“宝树云”抵港。船泊码头后，杜月笙即在几个议员搀扶下首先从扶梯走下来，他的私人医生挽着两个药箱跟在后面，他的身体瘦弱得很，在平地行走时也完全靠随员扶持。九龙仓码头当局准备了一艘小轮载他渡海，小轮的栏杆他都几经艰苦才能跨过。下了小轮，他气喘不堪，他的两个家人立刻用手按摩他的胸部，他自己则张开眼睛喘气。到码头去迎接他的人颇多，但都来不及见见他们的“杜先生”。

杜月笙最近花了几十万块钱在半山坚尼地台买了一幢漂亮的洋房，看样子，大概要终老此乡了。“宝树云”轮上有外国人86名、中国人17名，杜就是这17人中的一个，他住37号房，他的儿女医生等住在二等房。据乘客们对记者说：在上海买票时相当困难，三等票的价格是美金30元。同船过来的“难民”，外国人大都是妇孺和洋行小职员等，中国人则多属富有阶级。

物价涨势超过沦陷时期最高纪录 市民渴望当局采取对策

国际社5月11日讯 近月来本港物价之涨风殊足惊人，而疯狂上涨的都是市民日用必需品，其余各种货品亦莫不随粮食价格的高涨而涨价。造成物价涨风原因复杂。本港市场的各项日用必需品来源多为国内及粤省内地，由于内地以银元为本位后，货物价格提高。此外，上海华中广州等地的难民络绎逃港，人口激增，更促成本港物价的日益高涨。受战争影响最深的首推贫苦市民，每日努力所得即个人生活亦感不敷支持。其次则为一般受薪阶级，亦莫不因物价涨风猖獗而大伤脑筋，感受危机。至由京沪华南等逃港的“难民”，亦多有“长安不易居”之感。据在港居留有相当时间之居民称，目前本港各项日用必需品的涨势殊足惊人，各种物价较本港沦陷初期时还贵。太平洋战事，本港沦陷于日本统治下的最初4个月内，各种物品均不及现在的昂贵，当时米价只为港币每斤4毛，油为1元左右，猪肉则只每斤为2元左右，而今日各种物品均超过此价格。

在此商机情况不佳中，加以涨风之打击，一般市民盼当局采取措施平抑物价，遏止涨风，使市民生活得趋于安定。

美联社广州5月13日电 “政府”今日将六十箱卷宗及其他重要文件自汉口运往香港保存。这些东西今日由火车运到广州，但却不在这“政府”发誓“不惜任何代价”保卫的流亡“首都”保存下来，而拼命地把它们装上第一列去香港的火车。面对中共军队攻势，许多高级军事首领也似乎对国民党守卫广州的能力，没有多少信心，他们现在的工作，是为自己家属买票去香港或澳门。中共游击队据悉又在广州四周诸县展开活动。一千属于李济深指挥的游击队，正向广州以北某县城挺进中。官方消息说，他们已被击退。

沪穗市民逃港避乱者众

《大公报》5月16日讯 今天的港沪空运仍然照常，但随时有宣布停止的可能；海运大致已停顿，盛京轮明天可以抵港，它恐怕是最后一艘离沪来港的客轮；永生轮原定昨天由港开沪的，临时退票，只开基隆。

十五、十六日两天的港沪空运较忙，港穗间的飞机来往更忙，因为广州开始疏散，许多人都跑到香港来了。英美侨民昨天已开始从上海撤退，澳门当局想租用飞机到上海撤退葡侨，但还没有实行。

广九车十五日起开始拥挤，因为一般居民平常听惯了国民党的宣传，对解放军不了解。又因为广州实在乱，说不定随时还会有抢劫那一类事件发生，所以较为有点钱的都收拾细软，逃到这“世外桃源”来。昨天尖沙咀车站热闹得很，大衣箱堆成小丘，都是从广州来的，旁边还有三两个勤务兵躺着看守。这些行李的主人无疑都是蒋官。

穗市运港物资昨破空前记录 当局已考虑制止

《工商日报》5月17日电　本日运往港货物空前大量。计本日开港之金星、玉叶、祁门三轮总共运货物达一百廿余万公斤。其中植物油类一项九十八万公斤，约占全额四分之三。

《工商日报》广州专讯　由于周日格外驶舟车客货满载，申请及不申请出口物资（包括商品及非商品）之空前拥挤，当局已经考虑予以制止，禁止民生日用必需品外运之命令，将于日内颁布执行。关于物资外流情况，刻下已到达峰巅状态。商场受此种刺激发生之反应，可归纳为以下几项：一、各种富豪阶级，各教会，各外国领事馆及外侨，将贵重之什物私运出口，有等向有关方面申请，有等则不予申请，自行携带，连日广九车及赴港澳运输船均堆满此等物资；二、过去大户国之商品，如米粮、花钞、布匹、洋什，及工业成品等，均恐怕未来遭受抢劫致受损失，纷纷外运，第一目标为湛江，第二目标为四乡市镇，过去一周间外逃商品日计二千吨以上；三、一般富户商号不能携带之物品，多低价向市面标售，出售以零售单件物品如汽车、三轮车、车胎、家私、收音机、电风扇、冷气箱等为多，价值仅及时价五分之一；四、有等商人因不熟乡间实况，对乡间安全无信心者，均用低价向本市抛出商品，将货款转套黄金美钞，故连日市百货价格比诸周前低跌百分之三十至百分之四十；五、由于人心之看淡及商户外逃，市场正常之交投已陷停止。

航轮增加广州 豪客不断到港

《文汇报》5月17日讯　战局急转直下。华南空气紧张。因此连日由广州来港的各班火车，异常拥挤，尤其是每日十二时四十五分到港的江南特别快车，在平常的时候，搭客不过三百多人。但最近两天，每次来的特别快车，都要多挂两个客卡，和一个行李卡，搭客增加到五百多人，多是蒋朝官僚政客的眷属。

据昨日来自广州的旅客说：广州一般人都知道解放军一定要到来的，估计不出两个月，广州就要解放，目前人心已开始紧张，并不是害怕解放军的到来，而是害怕在解放军未到广州之前，蒋军会来一次洗劫，由此许多人都已经准备好了，在必要到四乡去暂避。

广州伪警备司令部昨公布今日凌晨起实行宵禁，每夜十二时后即开始戒严，除了持有特别通行证之外，不得通行，无身份证的人不得留居广州，伪军营当局，并准备大规模的抽查户口。

来港难民不明港例 携带黄金被充公

《星岛日报》5月17日专讯 因国内战事的影响，大数目的居民、军人，多由沪闽等地南迁来港或广州。由上海去广州，空路仅飞机一线，如由水路或由闽省赴穗的，则只有乘搭海轮来港然后再转途。南迁，逃难，少不了是钱，一般的人，因为没有办法携带外币，故多换取黄金，以便利于携带。

由于香港的法律不准携带黄金出入境的，大多数不明白条例的人，常常于不知不觉中而蒙受此种无辜损失，抵港后被本港的缉私人员搜出，而由法庭判予充公。此种案件尤以最近为多。如果案中的人说:“我不知香港有此法例。”那你更无法取回你的黄金。因为法官一定给你下列一个回答:“不知法例是绝不能原谅的。”于是你的黄金便必受充公了。假如又说:“我到香港不过系过境耳。”这种解释，亦有下列的问题：你所搭的轮船是否是到香港？如果是的话，最少你是先到香港的。故此你便是犯了“黄金进口”之法例。黄金乃受充公。

话虽如是，但是法官也有判过将黄金发还者。可是，获得发还的人，只有千分之一的数字。除非你取得本港行政最高长官（港督）之命令，等你的黄金始得由法庭下令发还。

广州商行纷纷移港 赴港穗客渐多归

《大公报》5月21日讯 今日因广州商行移港者众多，中环闹市区的写字楼非常不易租得。有等广州来的商家虽愿出高价顶手，也找不到可租之房。

《星岛日报》香港特讯 日前广州劝论居民疏散，穗市人民疏散来港者，一时极为挤拥，唯一般中下级疏散到港之后，多数感觉此间生活环境不易解决，且本港目前正在大闹屋荒，尤使彼岸辈无法解决居住问题。兼以最近数日来，广州空气已稍见和缓，于是连日来不少由穗疏散来港之中下阶级人士，又复离港返回广州者。……而从前疏散在港之人士，获悉穗市情形，已渐趋安定，由港回穗者，已日渐增加。因香港屋荒严重，谋一住所，难若登天，加以生活奇昂，致由穗疏散来港者，感于长安居大不易，今既睹穗市情形好转，遂又纷复归去矣。

港府代言人谈登记人口计划 将先办进出口移民登记

《工商日报》5月30日专讯 港政府代言人，昨日下午否认人口登记计划已经搁置，据称：政府举办人口登记之计划，目前仍在进行中。最初阶段，将只办有限度之登记，按部就班，举办全港人口总登记。关于人口登记之负责处理机构，是否将另设新机构，或由现有之政府机关来办，港政府代言人称：彼尚未闻政府当局有关决定。该代言人证实新界乡民登记目前由警务处办理，并承认政府之人口登记计划包括进出口移民登记。关于政府机关已向所属公务员发给登记表册之说，该代言人不予评论。

二、殖民者的打算

琢磨不透的解放军，令英国人颇为紧张，大批英军军舰、战机和陆军兵团被派往香港。但面对对方的百万大军，英国的每一步都需谨慎而行。

加强香港防卫 陆空军继开来

法国新闻社伦敦6月1日电 增防香港之英军一千五百人已登运兵轮“第华拉”号，于今日下午，首途东往。同输往新加坡者尚有军队及军眷多人。

美联社新加坡1日电 驻马来西亚皇家空军一小队今日离此赴港。人员中，有在本地训练之马来空军二百人。

英国防大臣抵港商香港防卫问题 《星岛日报》指出应与中国达成友好谅解

《星岛日报》6月6日专讯 英皇家空军运输机两架于今日下午6时15分由新加坡载来英国防大臣亚历山大、空军少将依利奥特及英国远东陆军总司令李芝爵士、英国远东空军总司令罗埃爵士及其随员等。截至昨日下午为止，英远东军事首长已齐集本港，今日由国防大臣亚历山大氏召集与本港海陆空军首长及有关当局举行重要会议，以决定有关防卫本港及建立远东防卫圈之策略，此一会议之结果，甚为各方重视，亚历山大氏已决定于离港返国前，公开招待本港中西各报记者。

以下是《星岛日报》所发评论：

所谓香港防卫问题，说得更明白点，就是假如中共完全控制中国之后，香港如何而始能原封不动地仍由英国加以统治的问题。对于这一问题，英国当局不消说早已在那里采取行动。前者如谣传中的英使节之阴谋与中共谋求接触，后者如英舰英机之继续增防香港均是，而亚历山大以英国国防大臣之尊也不惮跋涉地急急东来，足以说明。至于英舆论界对于这问题的意见，则可约略的分属下列三项，其意图均为使英国继续为香港200万居民的主宰。

他们尽力地鼓吹中国无收回香港的必要，并强调说：英国“经营香港，并非自为得益”。

一、因为“百年前香港仅一荒岛耳”。所以他们认为“中国纯粹站在国家立场，断无收回香港的动机，彼等应任吾人继续经营”云云。

二、他们主张全力增强香港防务，包括海陆空军等等，使其不致一击而垮，如是或“可能使中共知难而退”，不敢硬打香港的主意，则英国对香港的统治自然稳如泰山，屹立不摇了。

三、他们更有主张“视香港为东南亚之门户”，因而“防共堡垒

1949 年 10 月 29 日，香港，士兵正守卫在香港港督府楼前，进行值勤

必须建立起来”者。甚至更坦白地说:“倘吾人关心东南亚局势，则英国，英共和联邦，法国，荷兰及美国，必须尽量运用其资源与技术，成一民主之合作，不时检讨东南亚之情势，如是则足以成立一藩篱，抵御中共向南发展。”

这三项意见的第一项，乃是一种“软来”的攻心之术，希望用言语去说服中国人民；第二第三项则是“硬来”的攻城之署，要以力量去击退对方；尤其是后者，不单是主张缔结“太平洋公约”的代名词，充满了斩杀之气。当然，如果纯粹站在英国人的立场，这些言论也或者都有它的根据。但如站在中国人的立场，而且还同时要为中英邦交着想的话，这些言论就大有疑问，不但是道理说不通，勉强而行，更怀疑其能获良好的结果。好在这仅是英国舆论界的意见，一向还相当尊重中英邦交的英国政府，未必竟会依样画葫芦，不智至此，则是我们敢于相信的。

我们不愿抹杀英国对于香港的贡献。香港之得以有今天的辉煌的物质建设，英国人真是有功焉，不过要说是“中国人会从此建筑之岛得益”，则亦未免不切事实。中国的洋行买办之流也许有不少人在香港得了一点小甜头是真的，中国的滥军阀官僚也确有不少因为能得此逃难之签注而保全性命未被人民抓住也是真的，但苦难的中国老百姓，要说他们曾经从香港分得过什么利益，就委实过于冤枉了。

我们说这些话，并不就是意味着中国人民将来会以武力来收回香港。我们并且敢于相信，假定中共完全控制了中国，成立了新的中国政府，也是绝不会为了要收回香港不惜与英国兵戎相见的。中国人民对于百忍之痛的割让英国的这一块土地，确是朝夕不忘，念兹在兹，必得无条件地收回而后已，但那一定是用正当的外交途径去求其解决，而无待乎武力去争取。也因此，就我们的看法言英国因为中共的逐渐自北而南而就感觉惊恐，而就要不断派兵增防香港，不但有些多余，又何尝是什么有效的办法?

所以，如果英国真不打算短期内把香港交还中国的话，最可行而最有效的途径，乃是与中国谋得更友好的谅解，并及时予居住香港的中国人民更多的权利，更多的福利。这样好感建立了，友谊深厚了，中国人最讲究情谊也最理解忠恕之道，香港问题是毫不困难地就可以得到双方都觉无所遗憾的解决的。至于要成立什么太平洋公约之类的东西，以为就此可以拼出“行人止步”的牌子，则也未免过于天真了。英国人最富民主精神，事事要看大多数人民的意见。英国政治家最能认识现实，以老谋深算著称于世。则英国应如何应付新的问题，应如何设法满足中国人民的要求，料必成竹在胸，并必因亚历山大香港之行而为之更能认识得清，把握得牢吧？

1949年，香港与内地某小村庄的界碑边对峙的英国警察与解放军战士。随着国共战事不断向南推进，香港问题被提上重要日程

亚历山大招待记者
笑容可掬未尽所言

《文汇报》6月8日讯 英国防大臣亚历山大在立法局会议室招待中西各报记者，说明此次来港目的，是为视察本港防务，将结果报告政府。有询以本港增援军队情形，亚氏谓现在港的1.2万防军，不是增援兵源的全部，将来仍可视需要而增派防军。又询以英国对中国的关系，亚氏答复：英国现在采取的政策，是与中国政府邦交友善。

后面是记者的提问及亚氏的答复。

问：防卫香港究竟是政治还是军事问题？

答：现代之防卫实为一个多方面的问题。

问：大臣以为香港之威胁是由于国民党政府或共产党政府？

答：尔不会期待本人发表一项宣告答复此项问题。

问：援军来港是一种军事政治或心理政治之作用？

答：二者均有直接之重要性。

问：大臣对本港防卫现状感觉如何？

答：余身为国防大臣，对于各地防卫力量将永不觉得其为完满，对香港防卫军亦然，仍要继续有人参加此项工作。

问：本港现有1.2万军队，九架喷火式战机以及一艘巡洋舰，是否已足以保卫香港？

答：此并非我等所有之一切，将来视情况需要仍可增派军队。

英国要求切实表示　香港倘遭共军袭击
美国态度如何　贝文、艾契逊曾在法交换意见

《星岛日报》专讯 据华盛顿六月十七日讯：据可靠方面人士星期五称：英国防部长视察香港防务后，英外相贝文与美国务卿艾契逊，曾在巴黎讨论香港问题。闻贝文曾问艾契逊万一中共进攻香港，美国将取如何态度，又闻艾卿当以保留之口吻答，此事须待国务院商讨。

路透社伦敦6月17日电 伦敦方面消息，一向可靠人士今日称：英国曾要求美国切实表明倘中共袭击香港时，美国所采之态度。据权威消息：数星期来，英美及若干太平洋国家与英联邦国家之驻南京代表之会谈，未来香港地位亦为题目之一。虽然谈话内容主要为关于外交问题——倘承认中共政府成为必要时所将引起之问题——但香港之外人商务权益，据悉亦曾经彻底检讨。据闻防卫香港，亦曾为伦敦与华盛顿间外交上直接交换意见问题之一。

路透社纽约6月17日电　纽约先驱论坛报华盛顿今日来电称：英国已要求美国表明，倘中共袭击香港时，美方所采之态度。该电讯称：美国务部对此事不予评论，“但显然此问题已由最高政策人士考虑中”。

路透社伦敦6月17日电　某报顷揭载一篇标题“吾人在亚洲之机会”之社论，强调英国现有机会，使中国与莫斯科脱离，并援助其趋于安定，则英国实应立即对于中共政府，予以外交上之完全承认。

华南各地资金大量逃港　贸易行向港台搬迁
过去一周逃港资金已逾千万

《星岛晚报》6月26日专讯　近一周来广州资金逃港又呈汹涌。据非正式估计，在此一周中，逃港资金在一千万元港币以上。

据广州有资格之商场人士指出，在疏散初期，广州商场已随疏散而日趋于不景，一部商场上平时剩余之资金，亦即开始外逃港、台、琼及内地重庆等地，尤以逃港者为巨。随后至廿天前左右，战事局势稍转稳定，资金外逃现象，亦稍告消散。此一时期，商场上因商业之停顿，停滞待谋出路之资金，亦日告增多。但一些商人，却以其投入金融市场牟利。然而最近一周来，金融市场事实上已不能容纳此巨量之资金活动。此由于一切以外币为交易，而黄金白银等又市况稳定，一般商人大多不敢再冒风险。更因最近华南战事局势，成外张内弛之状态，疏散更加积极，于是促使本市滞留没有出路之资金，不再作留恋而外逃。此种外逃之资金，仍以往香港为数最多。月来此间对香港方面汇兑率便足显示出此间资金之逃港现象。最近此间港汇，均告去水，即表明香港银根松，而广州银根报紧之现象。

中央日报社论攻击香港政府

合众社广州6月27日电　中央日报今日揭载社论，对香港政府收容中共亡命，大施攻击，谓香港政府准许中共利用此殖民地为其活动基地，咸信英国可于国共势均力敌之下，坐收渔人之利。于是正因实施此宽大近视之政策，中共实力遂于世界第二次大战之后，深入学校，报馆，工会。该社论又发出警告，谓殖民地之安全，现已遭受威胁。盖中共可以下令电力等厂工会，使香港陷于麻痹，故香港对中共政策，实应予以修改订正。

艾奇逊今日宣布美拒绝承认封锁之合法性
英国覆谍今午送穗预测英国与美国态度一致

合众社华盛顿6月29日电 美国今天拒绝承认国民党“封锁”中共控制下的港口和领海的合法性。在照会里面，美国政府说，除非宣布和执行有效的封锁，它“不能承认中国国民党政府任何行动的合法性”，因而将美国政府的立场和盘托出。照会是由国务卿艾奇逊发表的。他在记者招待会中说，美国政府的态度是，中国国民党政府如果对企图冲进“封锁”线的船只采取任何行动，则不能逃避责任，除非它能够施行有效的封锁。照会说，美国政府是参照国际法上的许多先例而采取这个立场，而所述的各个港口，并不在国民党政府的真正控制之下。艾奇逊说，他晓得英国政府已经采取了更加积极的立场，反对国民党政府的措施。又说，美国的照会仅仅是要保留美国公民的权利，并不是说美国要在被封闭港口经营生意，也不是说美国政府要企图冲破封锁。

路透社广州电 广州英大使馆代办科格希尔，已接得英政府对中国宣布停闭解放区港口覆谍，并于今日下午将之转送中国（国民党）外交部。复文之内容，现尚未悉。本社从消息灵通人士获悉，覆文内容将吻合伦敦昨日之预测，当时之暗示系英国将不承认中国国民党政府之措施。昨日经已转达之美国覆谍相信亦措词相同。

法新社伦敦6月29日电 半官方人士今日在此间称，英政府对国民党决意封锁福州与辽东湾间共区海岸之意见，大约于明日送达广州。相信英国将不承认封锁为合法。接近外交部之人士并否认谓国民党领袖有权下令封锁，但亦指出在此情形中，国民党政府应容许共产党当局，有敌对之权利。同时若干英海军人士均有此印象，谓国民党政府并无充分之海军部队供其调动，以实行作有效之封锁也。

文汇报7月1日
『岛上风光』专题

香港人的威风

新界边境的居民，已经持有当局的居民身份证，这张证不但可以获得香港居民的正式身份，同时，还可以对过境的国内老百姓说：堂堂一个香港老资格的殖民，说威风不威风。

鳄鱼的眼泪

上海市民被国民党飞机狂炸，死伤几百人，这种残酷而卑贱的手段引起香港侨胞者普遍的愤怒。昨天某报的社论也谈论这个问题，好像“不无悼念”之意，可是杀气腾腾地说：“在战争进行中，凡能克敌制胜的手段，自为不计一切地加以利用的。”好一个不计一切地可耻的鳄鱼！

洋大人看革新

华人革新会正在进行在民主橱窗里争些民主的工作，他们的努力是可敬的，至少若干问题他们还仗义执言，但洋大人如何看革新呢？“鸟瞰”昨天说：深湾居民要组织跪哭团，纳税人也可以来这一套。看样子即使纳税人跪哭一番，也怕没有希望。

为什么留港

某机关高级华人职员对记者说：“若要中国太平，除非先把四大家族‘斩草除根’，不然我宁愿在本港做一个不关心国事的人，也不愿意回到国内去工作。”香港人对四大家族也如此憎恨。

增防香港部队先后开到
驻港海陆空军司令长官菲士廷抵任

《华侨日报》7月2日特讯 新任驻港海陆空军司令长官（按：海陆空军总司令之职系由总督兼任）菲士廷中将于昨日下午五时半，由星洲乘空军运输机抵达港府履新。已备纪昨报，兹查实日到机场迎接者，有陆军司令马太少将、军司令白朗菲准将、空军司令罗维士准将、启德机场空军站主任谢化鸿上校、驻军指挥官德尔摩理士准将。菲氏此行赴港，系率领港大木球队往星洲比赛，藉菲氏经星来港，遂随机返港。菲司令长官下机与各到场欢迎海陆空首长分别握手寒暄后即检阅在机场迎接之仪仗队，该队由印兵居家士第营第六连及马来亚籍空军及巴符第一营军队乐队所组成者，检阅完毕，旋即向到场欢迎之中西报记者，发表简短谈话。据称：本人此次再度来港，感觉非常荣幸，其理由甚多，举其中要者有二：本人此次受任军责一也；本人得此机会与港中外友好把晤二也云云。菲氏由陆军司令马太士少将与参谋亚历山大上校陪同乘轮渡海，在皇后码头登陆，并检阅在码头前欢迎之仪仗队，随即转车返官邸休息。查菲中将由英启程来港履新，途经星洲作数日之逗留，始转程港，渠留星洲期内，曾与驻星洲之英陆军总司令列治上将，暨总司令部之高级将领，作密切之交谈。又查菲士廷中将，对本港居民殊非陌生，日本投降后，其任职本港军区司令，官阶少将。我政府以其协助接收日本在港物资，著有勋劳，曾授予云麾勋章。菲士廷将军曾亲自参与华军并肩作战备战，故与我国军民，感情素洽，酬酢频繁，对经港北上接收之国军，亦颇多协助。

又查菲士廷来港履新前后，海陆空军增防来港部队，已纷纷先后开到，前一号英轮“华斯”号抵港，运来坦克车十二辆，高射炮若干，另各种车辆二百五十辆。又讯：由马尔太调港至英军陆战队第三团，已于前一日由马尔太乘邮轮“高治”号启程东来。其人数约二千名，但其先头部队官兵一百二十人，早于一周前乘运输舰“急风帝国”出发。至增防香港有第廿七高射炮旅，皇家炮队，皇家坦克车队，皇家信号及皇家电力机械工程等单位之部队。该批陆军之番号为“雅培尔”及“修达兰”高原部队。

国民党官员称：『中共军队如获深入华南，必侵九龙威胁香港，中英政府均应考虑采取步骤』

路透社7月5日电　据国民政府某高级官员本日对路透社记者称：英国在香港及东南亚其他各地之利益，从保障该项利益之观点而言，将受其利，设若由国民党统治之中国，及东南亚其他有关国家成立一个远东同盟。据该高级官员称：英国实际立刻采取各项步骤，倡导该一项同盟。该官员并表示意见，谓设若共产党深入华南，则渠等最后“将必占领九龙”。因此，如英国政府并不倡导成立一个亚洲同盟，“则国民政府，对于九龙及香港问题，在共产党军队迫近该地区之前，将考虑采取各项适当之步骤，”惟该官员并无说明其后一项意见。据悉该官员于说及毛泽东成为“亚洲狄托”之可能性称：无论该共产党领袖最后采取何项态度，其结果将有利于国民政府。据该官员解释：设若毛泽东反对苏联之势力，“则外来之力量，将无疑经由内战之办法其而推倒毛氏”。如无类似此种性质之任何纠纷，则国民政府自将蒙受其利。另一方面，设若毛泽东确系莫斯科之坚决支持者，则西方民主国家，为其本身利益计，迟早将必被迫反对毛泽东。设若事态果真如是发展，则国民党统治下之中国，亦将显然有所裨益也。

英明了英国将防护香港

二点五万英军增强香港防卫

路透社东京7月6日电　英远东海军站总司令白兰德上将今日在东京对记者称：英军舰将尽可能保护在中国领海被袭击之英轮船。渠称：双方均无权袭击英轮船，不论为海上或空中之袭击。英国将尽可能予以制止。又称：香港人民镇静，并明了英国将防护该地。

渠证实航空母舰“胜利”号正在开赴香港，并有补给之支持，传能切实从事军事行动。又称：于需要时，可能添派一艘。

《星岛日报》7月22日特讯　据昨日所获消息，指定在香港驻防的军队全部到达以后，此间的防军将达二点五万人。此项数目较一月前所发表者超出二万人，短期内可能调至香港之海空军尚不计算在内，其他地面部队，临时可调至此间者，亦不在内。为协助菲士廷中将担任此工作，更有卢梭尔准将北派至此间任参谋长。菲氏将以陆军第四十师作为骨干，四十师师长为伊凡茨少将，已于星期二由英国抵港。香港防军将拥有最新式之装备，此由陆续抵港之军事器材随时发现，内有坦克车，装甲车重炮及大批自动武器。此项军队现正极力使其熟悉当地之地势，且已在新界开始担任巡逻工作。

麦唐纳专员昨抵港

将会商东南亚形势及各属地食米分配

《星岛日报》7月28日专讯　英国东南亚行政专员麦唐纳氏昨日下午乘英海外机抵港作定期式访问。同来者为其秘书鹤丝坚女士及英国远东陆军总部准将。本港防军总司令菲士廷中将、港督副官威尔逊上尉、民航局长等均到机场欢迎。麦氏此来将为港督嘉宾，而同行准将则将为菲士廷中将嘉宾。

麦氏昨对记者表示，此来将与港督葛量洪爵士及菲士廷中将举行会谈，渠将以英东南亚属地联防机构首长资格与本港当局研究本港现状及东南亚形势，并将谈及远东各英国属地食米分配问题。

惟据麦氏表明，香港并不在渠管辖之下。麦氏于谈及东南亚局势时谓马来亚乃香港与必要时之外围基地。英国政府对于马来内部恐怖分子之扫荡不遗余力，且已获致极满意之成绩，渠不相信此处恐怖分子会由外间获得援助。记者中有询以英国是否参加太平洋联盟，麦氏答以此事当由英伦当局决定，至该同盟阵线是否可能组成一节，亦非渠所能见告。

美联社汉城8月4日电 昨飞镇海之李承晚，曾谓渠邀请蒋介石来韩，将最近与季里诺总统会谈之内容向渠通知。李承晚并表示相信不论太平洋东西岸之国家均可能及必须组成反共之坚固阵线。倘二人之谈话并非泛泛者，则两人可能发觉互相能有贡献，不只是徒然鼓励也。韩国内有若干潜伏力量，促李承晚准备从共党手中夺取北韩。倘蒋介石建议以空军，子弹及防止他方面经由黄海进攻南韩者，则南韩可能予以严重考虑。若无上述之支持，则南韩官员认为进攻北韩之尝试过于冒险。据熟悉韩国军事情势之人士之意见，难望李承晚建议对中共展开第二战线。韩国认为中共势必在南韩北进之前，不致卷入战斗。但倘南韩可将其势力伸展至韩国北面之天然境界而予以固守着，则心理上之影响可能有助于中国国民政府。东北已传有农民暴动，南韩战胜北韩，则可能引起黄海彼岸中共政府之更深困难。只有甚少数韩国及美国观察家，料蒋李会谈到达如是程度。但李承晚为一能干之讨价还价人物，故渠有此项之试探，并非无可能。

因循中国官方保持秘密之要求，韩国政府只宣布谓：有“某邻国显要宾客”将在镇海与李总统会谈。若干家报纸今日揣测，该宾客为蒋介石，但韩新闻处警告渠等，只能登载官方布告。

合众社马尼拉8月4日电 菲驻联合国大使罗慕洛今日对于太平洋联盟，表示乐观，并称：渠不久将与各反对党领袖接洽，以期获得各方面此项建议之支持，罗慕洛谓，渠已拟就执行季里诺总统昨日致渠之函件所包括之训令。渠谓渠未能宣布何国将被邀请加入太平洋联盟。合众社记者探悉，此项邀请将送交各被邀国之驻华盛顿使节，转达其本国政府。消息灵通外交界人士谓，日本尚未能参加太平洋联盟。罗慕洛指出，季里诺之训令包括两点：一为将亚洲及太平洋，组织成为长期之经济政治及文化联盟。二为征询亚洲及太平洋国家是否愿意参加将在碧瑶举行之会议，开会时间及议程将由参加各国决定。外交方面人士认为可注意者，认为季里诺之训令，未提及共产主义或中国或蒋介石，并强调菲律宾全国各无党无派支持太平洋联盟之必要。罗慕洛谓无党无派之支持实为必要，盖可使十一月任何人获选菲总统时，将须支持太平洋联盟也。

英国官方人士透露可能承认中共政权

合众社伦敦8月3日电 英官方人士本日说：英政府可能在本年底前承认中共政权。并谓须至正当组织的全国性政府成立后，始能有外交上的正式承认。众信此种全国性政府一俟攻占广州即宣告成立。英舰“紫水晶”号的逃走使香港居于“冷战”的前线，预料中共攻占广州后将对香港施压力。据称：华北英领军最近曾促请英外交部考虑在何等条件下始可承认中共政权。英官方认识说：承认中共问题曾为英美“非正式谈话”题目。据称：南京中共曾申明他们准备发生外交关系的三个主要条件，惟该等条件会影响香港与否，则不得而知。所有英官方言论都表示英政府相信中国只有中共政权出现，不会有其他。又据强调指出：英国与中共政权的未来关系，不仅是件要与美国商讨的事，也是关系国家（包括印度）商讨的事。英官方言论表示英国相信太平洋同盟并无坚固基础。英外交部说：关于该建议中的太平洋同盟，并无官方报告。英官员说：如果东南亚有什么联盟出现，则该联盟将成为大西洋公约的扩展，此种扩展将包括香港在内。惟据强调说：如果承认中共政权将牵涉到关于香港的争执，则英政府的基本努力将为和平解决问题。

路透社马尔泰8月3日电 一万三百吨航空母舰“凯旋号”将于明日由马尔泰开赴远东。“凯旋号”开赴远东时，将由一千七百吨之毁灭舰“慈善号”护航，二艘英国地中海舰队之巡洋舰“加大坚湾”号及“圣桥湾”号已于七月廿五日离马尔泰开赴远东，而于六月底离开舰队之一万三千吨母舰“海洋号”于二周前途经地中海开赴远东。

希望新政府与西方合作
认为此时反共缔盟无用

法新社伦敦8月9日电 本日英国消息灵通人士说，一旦中共政权在“解放的”中国设立，英政府打算立即予以事实的承认。密切注视中共军队在中国进展的英国人士颇以毛泽东尚未组织一个中央政府为异。据中国方面发来消息，此项迟延乃由于毛泽东左右的中共领袖间意见分歧。其中若干人，为前参加马歇尔调停谈判的中共代表团长周恩来等，传主张至少暂时与西方国家合作。据称，毛泽东本人未有何决定，惟似倾向稍与西方合作。英商界人士急益期望中国问题的解决，英外交部受到在远东有利益关系的大公司压力，曾两度劝中国国民党政府重行考虑其封锁中共控制下港口的决定，惟遭坚决拒绝。伦敦官方人士虽不肯评论美国国务卿艾奇逊上周五发表的五点计划，然接近英外交部人士承认，该计划宣告国民党政权的死刑。蒋介石努力建立亚洲反共阵线颇使英外相贝文及其左右困惑。伦敦官方人士相信，蒋既失去一切王牌，应行退休，并将整个中国问题交英美处理。美国应在取得毛泽东关于其新政权将至中国边界为止的保证之后，应试与毛泽东成立临时协定。英外交部相信，蒋介石，季里诺与李承晚间的谈话，英官方话注定要失败。至于组织类似大西洋公约的太平洋公约，英官方意见认为现时尚不适宜。众信英国务大臣麦克尼尔最近与缅甸外长谈话时，曾表示此意。

香港与解放区间未受封锁影响
通汇频繁三万元一笔汇款属常见

《文汇报》8月11日讯 据此间指定与解放区通汇的某银行经理谈称，本港与解放区通汇情形，当蒋党非法“封锁”解放区港口初期，通汇确曾受到影响。惟上月底至本月初不仅恢复过去状况，且较为畅旺，其原因乃系其时华北与此间航运来往较多，从天津开来的押汇信用状，亦因此陡增，日来则回复常态。

据该经理表示，目前本港与解放区通汇仅属开创阶段，现虽遭遇航运受阻，货物来往未达战前程度，但一旦华南解放后，情形将会大为改观。

《文汇报》8月11日讯 本港与解放区通汇，月来并未因蒋党非法“封锁”而停顿，不仅一般能保持原来汇额数字，甚至有等银行和银号接汇数字额略有增加。惟一般汇款仍以家用或供各种用费为主，数额均不大，其总额之所以又增加，乃因航运未畅通，其中少数国内有分号或其他营业者，须由此调一部分资金返去，供作开支之用。另外有须汇返，较长期的家用款，汇款有增多的情形。除此之外，大笔的商业汇款尚未多见，二三万元的则属平常。

美国务卿提出警告　中共勿进攻香港
美国势将参加防御工作　充分履行联合国的义务

路透社华盛顿8月12日电　美国务卿艾契逊本日警告中共勿进攻香港。他在每周一次的记者招待会中告记者说：美国和英国政府曾会商香港局势。并说：香港方面美国支持英国至什么程度，这问题难于回答。并谓中共任何违反联合国宪章规定的行动，将提交联合国安全理事会处理。美国将支持其在联合国宪章下的义务。他又说：他九月初与英外相贝文会谈时，“可能讨论”远东局势。贝文料将于九月二日抵美国，举行英、美、加三国经济谈话。艾氏又说：关于美国在远东未来政策的讨论，料将继续数月。

法新社华盛顿8月12日电　美国务卿艾契逊在记者招待会中说：英属地香港如果遭受攻击，美国将参加英国的香港防御，他披露美国会与英国会商保卫香港应付可能进袭问题。他又说：美国依照联合国宪章，在这方面有明确的义务，并将履行这种义务。他表示：美国未见研究问题，将不轻率行动，但将鉴定其履行义务的立场。他并表示英外相贝文下月来华府时，香港问题及远东其他局势将加以讨论。

穗空运官员赴渝昼夜不停
政要眷属亦纷前往港澳

《工商日报》广州8月17日专讯　国民党中央机关迁渝分地办公，业已开始多日。最近时局影响下，两日来更见紧张，广州上空重见飞机夜航，深夜仍机声喳隆隆。计第一批人员共一千五百余人，包括行政院各部，及监察院、立法院、中央党部之事务人员，限本月二十日前完全运输完毕。“内政部”之监察署驻粤之警队总队武装警察，亦往重庆办公。中央党部门前之站岗警兵，昨日起改派广州警局之保安警察负责。几日来广州要人之眷属纷纷前往港澳，市区人口大减，惟详细数字一时未能统计。

美停止对华援助　英军布防香港

《工商日报》8月20日讯　增防本港之另一批英军，将于今日下午一时半乘运输舰德望赛号抵港，停泊太古蓝烟通码头，以便新军登岸。乘该舰来者，计有苏格兰边区军第一营主干部队，第三皇家战车联队殿后部队，第四十步兵师前头部队及第二八旅。

美驻华公使率随员由穗撤退来港　暂以美舰狄士号为居停

《工商日报》》8月20日特讯　因战局紧张，外国驻穗使馆之各外交使节，除英国驻广州总领事外，其余均已纷纷搬迁。美驻华大使馆及驻穗领事馆，于前日起已停止办公，菲律宾驻穗领事嘉西雅及其秘书等多人，已于日前抵港。昨日四时半，美驻华公使加拉克氏，偕同美国新闻处中国分处处长哥林斯氏及美大使馆之华籍雇员（大都系由南京随美使馆南下者）等共十余人，乘美海军机抵港。据美新闻处安特生女士称：自下星期一（二十二）日起加拉克公使及少数办事人员于每日早晨乘专机飞往广州照常办公，而于下午或傍晚公毕后再乘专机回港，直至情形不可能为止。至于美驻穗领事林氏，日来并未见其抵港，相信此刻尚在广州。

穗市民疏散港澳　今日起人数略减　快车昨运大批行李　广九路货车连日客满

《星岛日报》8月26日广州专讯　广州市民疏散往港澳两地者，自今日起，已无昨日之拥挤。前此广九车票之挤购现象，今晨已不复见，据东站售票处统计，今（二十六）晨开往九龙之直通快车票，亦不能售清，剩余三十余未有售出。

《大公报》8月30日讯　解放大军节节向广州挺进，解放龙门的一路正向增城进发，距广州不过一百公里。这几天，广州风声鹤唳。一部分市民恐怕反动派于逃出广州前趁火打劫，纷纷搬运来港。有十几位老态龙钟的老太太，由他们的儿孙搀扶着走出车站。有的对在车站接车的亲友说："我本来不想来的，就怕青黄不接时打起来，于是只好来避一避了。"据广州的来客说："广州人看广州，大概还有半月至二十天，欧阳驹及各军政机关的中级职员的眷属都走光了。外省籍的公务人员及眷属能走的都走了，不能走的都在广州静候解放。"

纽约报论中国两种情势 认英谋与中共通商可能实属幻想

合众社纽约9月3日电 《纽约时报》本日评论称：中国方面之消息，均显示两种个别不同及同样纷乱之情势，“即在华北方面，刻正采取各项最后步骤，俾在苏联之掌握中紧紧围住东北。在华南方面，中共军队刻正逼近广州。”据该报论及前一项情势称：在过去若干时期，即已显现苏联对远东政策之第一项目标，是旨在东北复旧有之沙皇地位。渠等现已是大部分达成该项目标。东北业已落于中共之手。

据该报于论及中共军队对广州之威胁称：“在华南方面，中共如占领广州，对于香港英国人士，将形成一项微妙及异常困难之问题。”据称：“香港甚多英国人士，均希望能与中共建立贸易关系，惟此种希望，可能是属于幻想，中共是否进攻香港，抑或由侧面封锁香港，企图使之陷于瘫痪，大概将视乎渠等最后由莫斯科方面接获何项之通告及训令而定。英国人士对于容易恢复正常贸易之希望，实是系于不明确之理由也。”

穿军服之我国军人 港府禁止入境

《工商日报》9月4日专讯 穿着军服之我国军人，由四日起，不准自由到港，除非事前获得香港当局或在穗领事馆之准许书，否则予以扣留，送返内地。昨日下午七时此种事件已发生一宗，当时有由省飞抵启德机场之中航客机，载有一穿上军服之中校军人，当即机场上移民局警员通知，谓不准入境，并告知此新条例本（四）日始实施者，警员本拟依例将该军人送警署，今日逐之出境，但惟军人表示不允，因广州方面，并未有通知不准穿军服者来港，而航空公司亦如是，当时警员解释：谓此举是本港循中国政府之请求者云云。最后准由中航负责，保证该中校军官于今五日上午八时离港，该军官原计划经香港赴台湾公干。

另据广州方面消息，港府昨日实行禁止穿军服者来港，此举完全是港府之意，港方最近曾谓穗当局，提出上述要求云。

英美法会谈将决定 美国对华新态度

美联社华盛顿9月12日电 美国务卿艾奇逊本星期与英法两国官员之会谈，料将决定美国新远东政策，尤其是美对华态度。明日开始举行之财政及外交谈判，谈判之内容如下：一、英外长贝文将与艾奇逊举行一连串之会谈，概括讨论冷战战略及特殊讨论远东反共发展。二、定期本星期内抵此之法外长许曼，将参加艾奇逊与贝文关于远东问题之会谈。

艾奇逊贝文今可决定
英美远东反共政策

美联社华盛顿9月11日电　美国政府的远东反共新政策将于本星期二开始的英外长贝文与美国务卿艾奇逊的会谈中，作最后决定。本日获悉，艾氏将请贝文对于美国的远东新策略四要点表示意见及合作。一、西方国家应鼓励远东的民族主义作为反共强大力量。美国政策主张竭力支持反共的民族运动，惟同时美国不欲因鼓励民族运动，使英法殖民地有不稳之虞，致招英法之怨恨。二、西方国家应否不顾苏联及中国政府，遥自进行对日和约。三、西方国家应采取或主张何等政治措施，以在中国境内对付共产主义。菲总统主张的太平洋东南亚公约当在讨论之列，美协助英国在香港防御中共及反对中共控制台湾，亦为迫切待讨论的问题。四、对中共应采何态度。

艾契逊贝文会商决定对中共态度　对承认中共政府取审慎步骤
共区通商英方希望互惠进行　对香港英盼美道义支持

美联社华盛顿9月13日电　美国务卿艾契逊与英外长贝文今日报告称：如何应付东方及中东之迫切问题之计划，互相接近。二人会谈后，最高级外交官员以审慎措辞之共同声明，发表是项消息。贝文艾契逊之会谈为英美设法获致应付中共及其他急切政治问题之共同政策之开端行动。首次之会谈历三小时，是为一连串秘密会谈之开始，会议之目的，在讨论政治问题，尤其是强调因中共胜利而引起之情势。共同声明谓：讨论已产生“共通之意见。”又称：“在讨论下之若干区域，其对于英美两国之影响当然并非相同，但在讨论上已显示两国所持之目的及为达此目的而采取之政策，意见相同。”是次会议为一正式之外交政策检讨，贝文与艾契逊均有最高级顾问从旁协助。如美无任所大使杰塞甫（现为美国务部指导重新研讨中美关系之工作），美驻英大使道格拉斯，英外交部远东专家丹宁。关于应否承认中共关系所组织之全国政府问题，贝文与艾契逊已表示渠等感觉英美必须审慎从事，以免错误步骤。英国在华之商务利益，远比美国为大，已表示赞同迅速与中共树立正式关系，但权威外交方面人士谓，英美政府事实上意见相去非远。

目前的象征，显示英国对于支持国家主义运动，作为东南亚防共之屏障与美国意见几一致。但英国之态度，则受其对香港与马来西亚所负责任之影响。在目前英国自信藉遣派增防军赴香港而遏阻中共对香港之威胁，虽然渠等欢迎美国发表声明支持其继续保持该南华海岸之殖民地。英美政府已明白表示，渠等对于菲律宾总统所建议之太平洋协定，目前不感热心，两国政府对台湾问题之态度，亦无确切之暗示。法外长许曼星期四抵步后，会谈将成为三强之检讨。法国对于越南之混乱，深切焦虑，但许曼之当前关切，相信仍为西欧问题。

美联社华盛顿9月13日电　传贝文与艾契逊对于下列各点，已获致协议：（一）西方国家对于承认中共问题，倘中共成立政府，应小心缓慢处理。（二）鼓励亚洲国家之国家主义，以为遏制共产主义扩展之力量。（三）西方资本之作用，应比目前规模更为扩大，以提高非共之亚洲人民之生活程度。关于与中共贸易问题，外交人士揣测，英美可能在数月内发生行动上之背驰。传英国在华贸易利益，远较美国为巨，故欲尽量予以保持。外交官员谓：倘英国设法与中共部署进行贸易，亦不足异。

中共如成立政府　联大将临难题
安理会如无合法中国代表

路透社伦敦9月13日电　贝文与艾契逊之会谈将对于承认中共问题有重要决定。关于承认中共问题，此间人士认为美政府态度之重要因素之一，为国内政治上之考虑。盖承认中共，可能成为共和党对政府实行正面攻势之信号也。虽然如是，但在联合国本届大会中，各国可能面临对中国关系之问题。倘在本届大会闭会之前，中共尚未宣告成立政府，则现有之中国代表团，可继续担任至下届大会为止。但倘中共政府下月宣告成立，则联合国各会员国将面临中国代表团是否合法之难题。有一批专家认为倘联合国安理会有缺乏合法之中国代表团，则安理会无法进行工作。除非各大国几同时决定承认中国新政府，否则安理会之危机如何能避免在不久之将来发生，则诚难知矣。

英政府召回驻华英大使

路透社伦敦9月14日电 英国外交部今日宣称：英国正在召现在南京之英大使施蒂文返国，又谓英政府对于召英大使返国商讨之问题，已考虑若干时日，但英大使之行程尚未安排。美大使司徒雷登上月已被召返美，当英国行动与美政府相吻合之时，观察家发觉在领事代表方面，英美则不一致。美国之态度为减少损失，英国则采继续留候且设法与中共进行贸易，施蒂文驻华，已有三年之久。

三强华府会谈 商讨冷战军略

谋在远东树立反共屏障 英美对日合约意见已趋一致

美联社华盛顿9月15日电 外交当局今日预测对远东及欧洲共产主义，将有新打击。渠等认为此种打击，乃产生于现在此间已到达顶点之冷战军略会谈。艾契逊，贝文之会谈，今日已扩大至包括法外长许曼。

三强谈判之最主要议题，相信包罗甚广，渠等包括西德新国之成立，与苏谈判奥国和约之检讨，树立远东屏障以抵抗中共蔓延出中国以外等等，关于上述最后一点，法外长许曼昨夜抵纽约时，谓中共在远东之军事进展，“对于法国及世界各国十分严重。”故必须“从速寻出解决办法。”

合众社纽约9月15日电 法外长许曼今日乘底格拉斯号抵此称，讨论太平洋协定可能性质时机，此时“尚未成熟”。渠称:“吾人必须对此等问题有若干经验，吾人必须先讨论当前问题，吾人必须将问题逐一讨论，逐步进行”。许曼谓共产主义在远东之进展，对法国及世界，均十分严重。

中央社华盛顿9月15日专电 美国务卿艾契逊，十四日在记者招待会中说，美英两国对于缔结对日和约的迫切需要，意见完全一致，十三日他同贝文会谈时，曾经探求打破美苏两国关于召开和会问题僵局的途径。

三、英国人还有另外的算盘：谈判

最终共产党政权放弃占领香港，换来西方阵营中的英国。英国抛弃国民党政府，于1949年率先与新中国建交。

战略地位重要
英国称永不放弃香港

合众社昂塔里奥9月15日电 据英联邦会议本日在此间举行时，英国代表说出香港地位对其他太平洋区域的关系，谓英国认该军略基地香港在东方具有三种几乎必不可少的作用，即作为：(一)难民的逋逃地。(二)太平洋航运港。(三)发情报的有效地点。会议后，记者获悉：英出席会议的高级代表，曾向会议各代表保证英国将“永远不放弃香港”。

路透社上海9月15日电 本日此间英国人士说：他们料英国召返的驻华大使施蒂文究将返华充任驻新中国人民政府的大使。该新政府料将于下个月在北平设立，伦敦昨日宣布召回施氏的决定，此间英官员不感惊异，只谓没有料到会这么快。他们强调伦敦此举纯由于欲与施氏一商中国的情形。施氏如何及何时返国，尚未决定。惟若干官员认为他可能搭乘停泊于长江口德英舰至香港，他赴上海作短期逗留后，本晨返南京。

合众社纽约9月15日电 某斯克里浦斯霍华德系本报纸的社论，今天问道：“美国将骑在墙的哪一边？”那篇社论所讨论的，是香港将利用马歇尔计划现款来支持美商公司与中共进行贸易的问题。据说，经济合作署指定援华的五千万美元的这笔款项，是美国会通过拨给国民政府抵抗共产主义的。“当国府正在做生死的战斗，并且有些成效的时候，却有人提议把这笔款项，用来协助共党，美国政府到底骑在墙的哪一边?”英外长贝文与美国务卿艾契逊，正在讨论与中共贸易的问题。

传英国将事实承认中共政权
美国在华利益由英国暂时『照料』

法新社华盛顿9月16日电 本晚华盛顿消息灵通人士悉：杜鲁门总统与艾契逊国务卿对于美国承认中共政权的态度，已获致同意。杜、艾二氏在本日会谈时同意中共新政府（料将于两周内组成）由英国先予以事实上承认，在过渡期间，美国在中共中国的利益由英国代表照料。此过渡期间的久暂，主要看中共对西方国家的态度如何而定。如果中共政府保证美外交人员将获得国际惯例的礼貌待遇，美国最后亦将予以事实上承认。又据上述人士说：杜、艾二氏亦曾谈到此间所谓苏联在外交应酬上所表现的和协态度，有如苏外长维辛斯基接受美驻莫斯科大使馆的邀请，共聚午餐一事所表现者。杜、艾二氏同意美国对其政策应保持“忍耐的坚定”，直至苏联的善意（如果的话）由对奥和约以建设性进行谈判及终结苏联对马歇尔计划的反对二事表现出来为止。

合众社华盛顿9月16日电 本日获悉：美国务卿艾契逊，英外长贝文，法外长许曼打算在大西洋公约会议后，命题举行远东问题的讨论。可靠人士说：四个主要问题将加以讨论：(一)美国予印度、巴基斯坦、缅甸财政援助的可能性。(二)如何防止中共从中国边境伸入东南亚问题。(三)与中国贸易问题。(四)订立对日和约问题。

英美政府证实
苏联有原子弹

路透社华盛顿9月23日电 杜鲁门总统本日发表谓，据吾人所有之证据，在最近数周内苏联境内会发生原子弹之爆炸。杜总统续云，自原子能首次被人使用后，预料其它国亦将极力发展此种新力量。据白宫人称，此项消息于发表前一小时，始通知在白宫会议诸阁员。国防部长内阁会议毕拒绝回答各记者之质问，不肯说明此项爆炸究在何时与何地，但谓关于此事阁员知一切。更据伦敦消息，关于苏联拥有原子弹一事，英政府本晚已有公布证实。

英商要求承认 已是公开秘密

美联社伦敦9月22日电 据悉，北平英国外交官已将毛泽东在人民政协中的演讲词及政协会情形向英外交部详细报告。英官方对于承认中共领导的政府的态度为，在该政府成立前，此问题尚未发生。英外交部受到在华英商及有利益关系方面的强大而持续的压力，叫英国迅速承认中共政权都是公开的秘密。

英外长贝文声明不干预中国内政，美声称继续支持国民政府 贝文在联大演讲 英决不干涉新中国 对蒋廷黻哀呼表示不必讨论

美联社纽约9月26日电 英外长贝文二十六日对联合国大会致辞称：中国选择什么样的政府，英国都不打算加以干预。但是，中国必须遵守它已经承诺的国际义务。对于这些问题，采取聪明的办法去处理，实为有关各国所关切。提到蒋廷黻上周代表中国向联大的呼吁，贝文说：他的申诉固然值得充分考虑，可是，我不主张对这问题详加讨论。

合众社佛拉辛草地9月26日电 英外相贝文本日在第四届联合国大会演说，说到中国谓："中国可能发觉自己需要联合国一切会员国，而不仅一国。"并谓"中国历史上几度被征服，但并非胜利征服者，因为每个征服者都给中国人民所同化吸收了。从一九三一年起，中国便受日本的侵略，日本被击败后，内战使国家分了。我的（英国）政府将很严密注视中国事件。从中国胜利的领袖所作的言论判断，我们听惯了的口号正在中国各处响应着。中国可能发觉其自己需要联合国一切会员国，而不限于某一国。任何制造成见与仇恨的企图，将非中国之利。英政府将不企图干预中国自己的选择政府，但中国已参加了必须遵守的国际义务。聪明的方法处理这些问题，将为关系各方之利。"

诺兰质询美国务院 是否承认中共政府

美联社华盛顿9月27日电 美参议员诺兰昨日质询美国是否支持国府向联合国所提关于苏联援助中共之抗议。诺兰并质询美国是否有意承认中共政府及与其进行贸易。诺兰在参议院演说提出此等问题，宣布渠本人拟投票反对批准毕达和夫为助理国务卿以主持远东事宜。毕达和夫之任命案曾遭受若干参议员之反对，渠等人为渠对于对华政策之失败，应负一部分责任，是项任命案定今日付表决。诺兰公开一项渠成为前此未尝宣泄之报告，谓魏德迈将军于一九四

五年十一月十日对蒋介石表示，杜鲁门总统“保证继续支持阁下及国民政府”。渠谓是项备忘录于今年四月由“拥护共党”之人物宣露，该人曾为魏德迈办公室及马歇尔代表团之通译。是项文件证明美国对华政策，于一九四五年十二月外长会议在莫斯科举行时，发生基本转变。诺兰谓渠欲明了美政府是否欲对国军继续予以援助。渠质询谓：“倘国府在联合国内提出苏联援助中共以推倒现政府之事实之时，将获得吾人之支持抑或妨碍？”

新华总社揭露：港府敌意措施 搜查胡愈之张铁生住宅

新华社北京9月29日电 香港讯：香港英国当局正加紧迫害在港中国爱国民主人士。本月十九日中午，香港警察突然搜查中国民主作家宋云彬住宅，并将人民政协代表胡愈之自南洋返国证件搜去，声称藏此物系犯法。同日晚上十时半中国人民政治协商会议特邀代表杨杰将军惨遭国民党蒋帮特务暗杀，杨将军被暗杀后，香港英国当局又乘机向中国民主人士大肆迫害。二十日上午一时，香港警察借口在杨杰将军住宅中发现有业已宣布脱离国民党反动阵营的贺耀祖的约见函，搜查贺氏住宅并盘问达两小时之久。同日午前四时一刻，一英人特务警察率领港警九人闯入华商报主笔张铁生的住宅，既不说明理由，亦无证件，强行搜查达一小时之久，张氏当提出责问，而该英人及港警竟态度极其蛮横，声称他们系特殊警察，用不着“花令纸”。在搜查全宅毫无所获后，英人及港警方又无理地将张氏带至般含道警察局。至警局后，首先强迫张氏打指模，然后才说：“杨杰被暗杀，为此传你来。明天再问，先进拘留所。”二十日上午十一时，张氏又被送到政治部，并被盘问达四小时之久。香港英国当局这种反动措施，充分暴露了英国帝国主义者对于中国人民的敌意。

东欧各民主国家周内可承认新中国

路透社伦敦10月3日电 外交界人士相信英政府意欲从速予中共政府以法律上的承认，但预料此举须待广州解放之后，美国的态度尚成疑问。美国务卿艾奇逊与英外相贝文在日前华盛顿会议时尚未商定一致的政策。

法新社伦敦10月3日电 泰晤士报三日社评题为《新中国》的原文（照译），文称：这个周末在北京城里新政府的人们是在一个革命过程中的胜利者，其意义之伟大有如一九一七年俄国布尔塞维克的革命，然而近日中国共党领袖们的权力和安全已经达到的程度远非列宁同志执政数年以后的情形所能比拟。中共有多年的行政经验，而且可以从苏联的革命经验学习，避免许多无谓牺牲的错误，甚至有一个明晰的政治经济计划可以在他们执政数年以内施行。列宁执政之初，面临内战高潮和外国的强加干涉，而中共的领袖在内战中已占决定的胜利并有一个强大的盟友苏联，中国比当年的布尔塞维克处境优越，不过他们像苏联的辽阔，有训练的行政人员及技术人员较为缺乏，不易治理，因此中共一方面巩固他们的领导，一方面宣布愿意接受全中国人的为国家出力甚至愿意和他们合作的资本家们。红星正在高升，国民党的领导正在显著地没落了。英政府不久即将决定在何时何种情形之下，承认这一个新政权，因为在西方列强中英国在华的财政及工商业投资最多最大。此外的有两个因素将影响英国的对华政策，第一要看这个新政府对各国的国际义务所采的态度如何。第二要看这个新政府与其邻国所建立的关系如何。新中国领袖的宣言并不能令人心安，他们说新中国愿与苏联及“人民的民主国家”建立友好的关系，意即当中国的永久席次在安全理事会上易手之时，莫斯科将会在北京方面赢得一位有用盟友。

『到那时再说』伦敦对广州解放反应如此
东京各报纸为反动残渣算命

美联社伦敦10月14日电　本日英外交部发言人说：英政府对于承认中国新政府问题仍在与英联邦各国交换意见中，谓“此事尚未有确切改变，正就中国局势的逐日发展交换意见。”该发言人对于中共军队抵达香港边境时，有何可能发展，不肯做测揣。谓“到那时再说。”

法新社东京10月15日电　今晨东京各报对于广州解放的前夕中国战争的形势所有评论咸相信国民党重庆政权难以维持。《朝日新闻》说：此时与对日战争时不同，国民党现在失去许多大的工厂，包括支持他们的重要的工业。国民党政府所期望的外援已不在了。即使滇缅重开，恐亦难以恢复有效的使用。该报又称从云南独立的事件，可以看出国民党的统治现在是很难维持，因为在这一带区域，国民党最高的权力是维系于其与地方军阀军力的平衡之上，然而国民党三十年来的独裁从来就没有把这些军阀的势力统一。广州的解放即可证明国民党失去全中国。《读卖新闻》说，此次国民党政府再迁往重庆，会与在广州的情形完全两样，只有美国明白地表示有意派遣代表到重庆去，其它的国家在拖延时间，把它们的外交使节留在香港——大概是准备承认毛泽东先生的政府。

传说共方代表曾经来港接谈
官方人员否认有其事

《工商日报》10月18日专讯 据昨日《德臣西报》发表消息称，此间若干方面，盛传中共政府之代表业与此间当局正式接谈，此说官方已郑重加以否认。该项传言，谓叶剑英或其代表，于广州易手前，曾来港与当局有所谈商。内容包括以下四点：一、当中共军队抵达边境时，港府采取如何态度？二、港府对于国民党政府在港之资产财务如何处理？三、香港能否考虑在黑名单上之国民党官员送入解放区？四、新界问题。

该传说又谓，港当局当答允当中共军队抵达边境，作地方性之事实承认。至于资产，当移交于合法政府，惟需有合法之证据，证明此等财务系属于中国者。关于黑名单一点，当局指出香港系一政治犯避难所，过去与将来皆然。至新界问题，则须由伦敦方面处理。据一高级政府官员谓，上述谣传，无一属事实云。

承认拖延商谈 英美外交界左试
右探为对华政策大做文章

合众社华盛顿10月18日电 美国国务院发言人怀特十八日说，关于伦敦方面传来的，说是北京英国总领事已与中国人民政府洽商保华财产办法的消息，美国务院未有所闻。

美联社伦敦10月18日电 英外交部发言人十八日在记者招待会中称，英外交部仍等待北京新政府关于请求建立暂时实际关系的答复，并谓英国此项请求系于本月初提出。“对于承认问题并不相干”。并谓英国至今对于中国新政府请求充分外交承认，仍未作任何决定。

英国在中国有重大经济利益，所以盛传英国欲迅速承认中国新政府以保护其利益。该发言人证实英驻北京葛利汉曾通知中国新政府“意图建立实际关系”。据其他消息灵通的外交人士说，对英总领事采此举时，美国即向英方表示，谓此举可被认为予新政府以事实上承认，即是承认人民政府为中国的有效统治者。于是英国要向美国及其它西方国保证，谓此时不打算予中国政权以任何种类的承诺。该发言人对于这点不肯表示意见，至于美国对于英国在北京举动，曾否提出询问，他只答道，英国“对此事与关系国家保持接触”。葛利汉总领事在北京的举动“并非有何离异”。并谓“我们只是尽力与当地中共当局建立实际关系以保护英国的财产，行使领事职权等等而已，许多地方都有过地方性的交涉。”不过，他也注意到，最近北京的接洽与过去接洽不同的地方是在于最近接洽，系在中共宣布成立全国性政府之后。

路透社伦敦10月19日电 英独立工党五议员向下院提出议案，催促英政府承认中国人民政府。他们最近曾致电祝贺中共领袖毛泽东主席。

英国人士开始关注香港能否防守

中央社伦敦10月21日专电 广州失陷后，中共军队已逼近香港，因此而发生了英国在此采取什么政策的问题。官方的保证以及援军抵港增防，虽足以表明英政府不顾一切代价保卫香港的决心，但若干观察家，一开始怀疑到保卫香港任何努力的价值。工党机关报之《论坛报》，也持犹豫意见。

该报说：有一些人怀疑保卫香港的任何努力的价值，他们的理据是军事设置的费用超出英国所得的税收，香港的主要重要性，在于英国靠它和越南、菲律宾以及太平洋其他地区贸易，因此在军事费用超过商业利益以前，军费自必要为数浩大，然而香港在军事上能够加以防御以抵抗一个经过仔细准备而发动的全面中共军队攻势的压力吗？有若干高级官员和参谋长官，说是可以的，他们的乐观，可能有其理由，但可以确定的是，香港在同时面临局部共党领导下发动工潮的情况下，抵制外来的攻击，乃是不可能的。

星洲会议下月2日召开 商讨应付远东未来局势

路透社星洲10月22日电 今日此间宣布：英国驻远东之海陆空军总司令，将参加星洲（新加坡）之会议。英国之东南亚主任专员麦唐纳，曾定于十一月二日举行会议。三位总司令为白赖德海军上将、哈定中将以及罗德空军元帅。整个远东区之英国外交及殖民地代表，将参加此三日之会议。（英国当局曾谓该会议只是交换意见，但伦敦观察家相信此对整个东南亚新局面之英国及其联邦政策将有直接之指导，此新局面是由中共政府之成立而起。）一官方发言人在星洲称：新任沙鲁越总督，将及时参加会议。

美联社马来西亚柔佛10月22日电 英国高级官员定于十一月之第一星期，在此间附近举行会议，商讨应付远东问题，因中共已与香港边界接触，故一年前所预料之问题“即中共是否能不战而取得东南亚”，今日已经成为一个现实问题，该会议将以商讨之结果，向伦敦政府做一具体之建议。

其所规定的讨论范围，包括经济、军事及政治问题，预料英外交部远东司长及殖民部代表均出席。其他出席者尚有英驻远东之海陆空军总司令、文官及大使等。主要检讨远东之局势及其将来，关于中共是否推进九龙及香港一问题，多数观察家均预料不致如此。但高级官员发表非正式的意见书，如英国不坚定，则共产党将毫不迟疑而为之。

英外交部发言人今日谈称：国际协商承认中共政府问题，仍在进行中，伦敦已有普遍之迹象，指示英国正计划承认中共政府，惟一之问题只是时间而已。

①

指点旧闻

民主人士香港大转移

旧闻报道，中共将于9月在北京举行新政治协商会议，并在10月1日宣布成立联合政府。而召开有各界民主人士参加的新的政治协商会议，其主要目的就是要成立一个代表广泛的联合政府。

自国共内战以后，许多民主人士遭到国民党的迫害。于是辗转到香港隐蔽，然而也是刚脱虎口又进狼窝，在香港仍然受到了国民党特务的监视和迫害。用蒋介石的话讲，他恨背叛他的人甚至超过了共产党，如有必要不惜一切手段断然除之。

同盟会员、国民党将军杨杰和著名的民主人士张澜，在解放战争时期都参加了反蒋爱国活动，蒋介石对他们恨之入骨。当杨杰由云南经香港准备北上参加新政协会议时，蒋介石密令保密局局长毛人凤在香港将杨杰暗杀。而张澜从住处逃脱特务的包围才幸免于难。其他大批民主党派人士也都从各地转道香港，再送到解放区。因此，如何把大批民主党派领导人和民主人士安全接到解放区，任务十分艰巨。

租外国船只接送最为安全！

在香港负责这一项工作的潘汉年和钱之光立即到朝鲜平壤的苏联办事处，租了一艘“波尔塔瓦”号货轮，挂上苏联国旗，躲过了国民党侦察机的跟踪，到达香港。

可就在第一批离港民主人士出发前，却发生了悲剧：冯玉祥将军为了响应中共“五一”号召，于1948年8月从美国绕道苏联乘轮船回国参加新政治协商会议，于9月1日因所乘轮船在黑海中途起火而不幸罹难。

为安全着想，中共又把行将出发的民主党派人士分成了三批。第一批，沈钧儒、谭平山、蔡廷锴、章伯钧四人，化装成短衫工人模样，于9月29日趁夜幕悄悄登上苏轮北上。事隔一个多月，才把郭沫若、马叙伦、沙千里等第二批民主人士30人，送上挂有挪威国旗的“华中”轮。接着，让李济深、茅盾、章乃器、马寅初等人打扮成商人模样，更换身份证，同时还身揣订货单，乘苏联“阿尔丹”号启程北上。

据统计，从1948年9月13日到1949年3月，经香港分批乘船北上进入解放区的民主党派领导人和无党派民主人士至少有350人以上。至此，参加新政协筹备工作的各方面爱国民主人士基本上安全到达了解放区。筹备召开新的政治协商会议的时机就渐次成熟了。

这一系列周密的行动计划不但躲过了国民党特务追杀，连天天站岗的英国警察也丝毫没有察觉，难怪潘汉年和钱之光风趣地调侃:“英姑娘没来送行。”

孔　娜（中山大学历史系研究生）

2

指点旧闻

中共强大在哪里

渡江战役发动后，中国共产党势如破竹显然极大地鼓舞了周边国家的共产党。旧闻报道日共中委野坂在接受机关报《赤旗报》采访时称，日共必须成为像“中共那样光辉而强大的党”。中共究竟是如何“光辉而强大”的?

《大公报》刊载了一个滇军团长俘虏的口述很能回答上述问题。

这位团长称，解放军每对一个地方发起进攻前，都会充分准备，细致到即将俘虏的人数，并提前通知解放区的老百姓。战役一结束，数十万俘虏就被送到后方、分散到乡下，“一下子完全不见了”。

在后方的解放区，俘虏们看了解放区农民的生活，再回忆起自己被拉壮丁入伍的经历，在“诉苦大会”上无不“痛哭流涕”，哭过之后，加入解放军也就是水到渠成的事了。内战爆发以来，解放军就这样有计划地瓦解了国民党军数百万军队。

事实上，5月中旬以来，华东野战军已完成对上海围困，破城指日可待。武汉、南昌等军事重镇皆已被攻陷，国民党只剩下湖南、江西、两广和大西南的“残山剩水”。

即便如此，“迁都”广州的国民党政府仍打算大批征兵，作最后的挣扎。国府“行政院”召集各省“省主席”开会，决定再行征兵400万，征粮3000万担。

这样的抵抗姿态可能连三岁儿童都能看出是蒋介石故意摆出来的，但这样的做法实在是自欺欺人。早在1948年底，蒋介石就将大批的金银和美元运往台湾，不用怀疑，蒋宋孔陈的家眷和家产也安然地渡过了台湾海峡。

经济大坏，民心大坏，民众对这个政府已经完全失去了信心，显然广州也不是久留之地。连行政院都指示大学提前结束春季学期的课程，教育部甚至决定准备把大学图书和仪器全部搬走。

而大批广州人也开始裹挟着细软逃往香港，各线轮渡火车已挤迫不堪，富户商号纷纷大量抛货，造成“百货市价一致回降”，商业成半停顿。富户大量外逃，心忧政权更迭事小，更加害怕的则是国民党军在撤离之前纵兵抢劫。

可怜那些进入香港的内地难民，由于香港法律规定不许携带金条入境，很多不明就里的人的半生积蓄就这样被港英政府没收了。不过话说回来，那些国民党军军官还是有机会拿回金条的。

此时的美国显然已经抛弃了蒋介石，英国也向北平伸出了橄榄枝，中共的国际斡旋空间似乎宽广了不少。经由朝鲜和香港的中转，北平商人代中共传话，称愿意与日建立贸易关系，进口交通工具、润滑油等紧缺品。麦克阿瑟监视下的日本当局却发表了措辞激烈的言论，称主张“成立非共产党太平洋联盟…将共产主义由中国排出”。

因此，中共建立新政权面对的国际形势远比想象中要复杂得多。

孔　娜（中山大学历史系研究生）

3

指点旧闻

再也无法被搁置的港澳问题

首批英国兵团抵港增防，同样频繁进入香港报章旧闻视野的还有澳门问题。葡萄牙派兵增援澳门的决定为英葡两国发起的一连串会议之结果，其目的不仅在加强欧洲国家与海外殖民地的联系，更是对中共趁势收回港澳的担忧。

辛亥革命后的历届中国政府都致力于洗刷这一中华民族在积贫积弱的时代所蒙受的殖民主义耻辱。二战后，各省参议会纷纷通过决议并通电全国要求解决港澳问题，国民党政府对此请求表示对港澳是中国领土的基本立场是一贯的、明确的，但受当时国际形势影响，港澳问题一时难以解决。国共内战爆发后，港澳问题又被搁置起来。

随着战争形势逐渐明朗，中共审时度势，对港澳采取“长期打算，充分利用”的特殊政策。这项政策在坚持中国的“独立、自由和领土完整”立场，彻底洗刷殖民主义耻辱的原则下，强调在处理港澳问题上要“尊重历史、尊重现实”，要谨慎从事，要避免在条件不具备、时机不成熟的情况下“一揽子”解决问题。在没有解决问题之前，暂时维持现状。

1949年1月中共中央向全党发出由周恩来起草、毛泽东修改的关于外交工作的指示中体现了这一政策，即在原则上，帝国主义在华的特权必须取消，中华民族的独立解放必须实现，这种立场是坚定不移的。但是，在执行步骤上，则应按问题的性质及情况，分别处理，对于原则性和灵活性应兼顾得当。后来，在斯大林的代表米高扬来华了解中共的政策时，毛泽东重申了这一立场，认为当时还有一半的领土尚未解放，大陆上直接把军队开去就行了，但海岛的解放就需要灵活处理，或者采用和平过渡的方式，这就要花比较多的时间。

同时，利用这两地的特殊地位，特别是香港的优势，来发展新中国的海外关系和进出口贸易都十分有利。可以说，在新中国成立前夕，中共对解决港澳问题的方式就已作了原则的定位。后来，当解放军推进到港澳边界时，即停止了军事行动，并采取“保持边界平静”，“避免边界纠纷”，“后发制人，人不犯我，我不犯人”的方针。

正是由于中共对港澳问题实行较为谨慎克制的政策，才保持了港澳的和平稳定，为后来港澳经济的发展，尤其是二十世纪六七十年代香港经济的腾飞创造了有利条件。大陆长期动荡的局势迫使数量巨大的资金、技术和人才投向安定的香港；国民党的迁台和西方对华的孤立使香港多年来一直充当着中国大陆与台湾及西方经济往来的桥梁，其自身的获益也是巨大的。作为对中共克制政策的回应，英国开始调整对华政策，成为最早承认北京政府为中国唯一合法政府的西方国家之一。相比之下，继续与台湾国民党政权保持外交关系的葡萄牙则显得“不识时务”了。

廖方舟（暨南大学历史学系硕士生）

第七章 换新天

中华人民共和国新政权成立，举国欢腾。开国大典举行，建国大业终成。然而，一片欢腾之下，国民党反动部队仍在祖国大地上小部分集结。诚如朱德总司令所言，现在我们的战斗任务还没有最后完成。我们必须继续努力，实现人民解放战争的最后目的。

一、新政权建立

北京城沸腾了，上海城沸腾了，被压抑太久的中国，在十月一日这天，集体狂欢，迎接新政权的诞生。

新中国政权建立　开国大典
毛泽东宣读成立公告　朱德总司令检阅三军

《大公报》10月1日电　中华人民共和国毛泽东主席，今日在新中国首都宣布中华人民共和国中央人民政府成立。这是在北京庆祝中华人民共和国中央人民政府成立的典礼上宣布的。典礼在北京天安门举行，参加这个典礼的有中国人民政协全体代表和首都各工厂职工、各学校师生、各机关人员、市民共30万人。主席台设在天安门城楼上，面对着列满群众和飘扬着红旗的人民广场。毛泽东主席出现时，全场沸腾着欢呼和掌声。

下午3时，中央人民政府委员会秘书长林伯渠宣布典礼开始。中央人民政府主席、副主席、各委员就位，乐队奏义勇军进行曲，毛泽东主席宣布说“中华人民共和国中央人民政府已于本日成立了。”毛主席亲自开动有电线通往广场中央国旗旗杆的电钮，使第一面新国旗在新中国首都徐徐上升。这时，在军乐声中，54门礼炮齐鸣28响。毛主席宣读了中央人民政府公告。

毛主席宣读公告完毕，阅兵式开始。阅兵式由人民解放军朱德总司令任检阅司令员，华北军区司令员兼京津卫戍区司令员聂荣臻将军任阅兵总指挥。朱总司令驱车检阅各兵种部队后回到主席台上宣读了人民解放军总部命令。受阅部队随即分列经主席台前由东向西行进，前后历时3小时。受阅部队以海军两个排为前导，接着是一个步兵师、一个炮兵师、一个战车师、一个骑兵师，相继跟进。空军包括战斗机、蚊式机、教练机共17架在广场上空自东向西飞行受阅。在阅兵式中，全场掌声像波浪一样，一个高潮接着一个高潮。

阅兵式接近结束时，天色已晚，天安门广场这时变成了红灯的海洋。无数的彩色火炮从会场四周发射。欢呼着的群众在阅兵式完毕后开始游行。当群众队伍经主席台附近走出会场时，“人民共和国万岁！”“毛主席万岁”的口号声响入云霄。毛主席在扩音机前大声地回答着：“同志们万岁！”毛主席伸出身子一再地向群众招手，群众则欢呼鼓掌，手舞足蹈，热情洋溢，不能自已。当游行的队伍都已有秩序地一一走出会场时，已是晚间9点25分。举着红灯游行的群众像火龙似地穿过全城，使新的首都沉浸在狂欢里直到深夜。

人民政府通知各国 表示愿建立正常外交关系
新政府各部门官员委定

《大公报》北京10月1日电 中央人民政府委员会今日下午二时举行第一次会议。出席会议者有中央人民政府主席毛泽东，副主席朱德、刘少奇、宋庆龄、李济深、张澜、高岗以及中央人民政府新当选的五十六位委员当即宣布就职，中央人民政府即于本日成立。中央人民政府委员会随即选举林伯渠为秘书长，任命周恩来为中央人民政府政务院总理兼外交部长，毛泽东为中央人民政府人民革命军事委员会主席，朱德为人民解放军总司令，沈钧儒为中央人民政府最高人民法院院长，罗荣桓为中央人民政府最高检察署检察长，并责成上列诸负责人员从速组成各项政府机关，推行各项政府工作。会议决定接受人民政治协商会议共同纲领为中央人民政府的施政方针。会议又决定向各外国政府宣布中华人民共和国中央人民政府为中国唯一合法政府，愿与遵守平等、互利及互相尊重领土主权原则的任何外国政府建立外交关系。

《文汇报》新华社北京10月1日电 中央人民政府外交部长周恩来，本日已将毛泽东主席的公告具函送达各外国政府，周部长系以公函送达各国在北京旧领事馆领事，请其转交各国政府。在北京无领事馆，而在南京有大使馆或公使馆者，则送达南京各国旧大使馆或公使馆。周部长的公函如下：“敬启者，中华人民共和国中央人民政府毛泽东主席已在本日发表了公告。我现在将这个公告随函送达阁下，希为转交贵国政府。我认为中华人民共和国与世界各国建立正常的外交关系是需要的，中华人民共和国中央人民政府外交部部长周恩来。一九四九年十月一日于北京。”

国庆佳日佳宾莅临　苏联文化代表团抵京
宋庆龄周恩来等迎于车站　代表团当日下午参加庆祝盛典

新华社北京10月1日电　以著名作家法捷耶夫为团长、西蒙诺夫为副团长的，前来中国参加中国保卫世界和平大会和中苏友好协会成立大会的苏联文化艺术、科学工作者代表团，在中央人民政府宣告成立的日子到达，给中国人民以莫大的兴奋。

今天前往车站迎接的，有中苏友好协会总会筹委会主任宋庆龄，副主任刘少奇、周恩来、李济深、沈钧儒、黄炎培，副主任兼中国保卫世界和平大会筹委会主任郭沫若和中苏友好协会筹委会总干事钱后瑞等。在列车到达后，代表团由法捷耶夫率领下车，中苏友好协会总会筹委会钱后瑞介绍欢迎者与苏联友人们一一握手，月台中掌声四起，随即在月台上举行简短的欢迎会，由中苏友好协会筹备会副主任周恩来致欢迎辞，他说:“诸位先生来到中国的时候，正当中华人民共和国成立的时候。这是一个巧妙的象征，表示伟大的苏联乃是新生的中华人民共和国第一个友邦，表示中苏友谊将随着中华人民共和国的发展而发展。”他最后高呼:“斯大林大元帅万岁！中苏友好万岁！”继由中国保卫世界和平大会筹委会主任郭沫若致欢迎辞说:“我们热烈地欢迎你们，准备接受你们的友爱的指导，准备接受苏联人民的一切宝贵经验来从事新中国的建设。”最后，法捷耶夫致答词，他代表苏联文化工作者向中国人民兄弟敬礼，他以高呼“致中苏伟大人民的永久的友谊万岁！”“中国人民的领袖毛泽东万岁！”“一切先进的和进步的人类的领袖和朋友，我们的导师斯大林万岁！”来结束他的讲话。

当代表团走到门外时，列队在车站门外欢迎的北京市青年工作委员、北京大学、师大附中等群众达两千多人，长久地欢呼鼓掌，一些小朋友一拥而上，喊着“乌拉，斯大林！”同时给每一位代表献上一束鲜花。代表们亲切地抚摸了小朋友们，然后驱车至旅邸休息。下午即往参观首都人民庆祝中华人民共和国中央人民政府成立的典礼。

庆祝新政府成立 工联定明天开会

《大公报》讯 港九工会联合庆祝中国人民政治协商会议成功暨中华人民共和国中央人民政府成立大会，将于二日上午十时在金陵酒家举行。该会筹备会于八时半在工联会召开第二次会议，决议下列事项：（一）大会名称定位“港九工会联合会庆祝中国人民政治协商会议成功暨庆祝中华人民共和国中央人民政府成立大会。”（二）工联会常务理事工会担任主席团。（三）会场门口挂大花牌，礼堂悬挂毛主席像及中华人民共和国新国旗。（四）工联会制定新国旗，分发参加大会工友别上襟头，以示庆祝。（五）由十月一日至三日各工会一律悬挂新国旗及会旗，张灯结彩，以示庆祝。

又，工联十五个工会代表王振南等十六人于昨天上午九时前往警署，当由麦景陶接见，麦氏表示警署愿与居民合作，同意工联会举行此次大会，届时将派警察协助维持秩序。工联会并于昨天下午接到警署批准开会通知。

举国狂欢庆祝中央人民政府成立 沪津宁汉沈阳各大都市均成不夜之城

《大公报》上海特讯 上海保卫世界和平和庆祝中国人民政协与中央人民政府成立大会在大风雨中举行。下午四时在跑马厅举行有各界人民代表三万余人参加的集会。群众随着歌声、军乐声、炮竹声，在会场的水银灯下大扭秧歌。“反对侵略战争，保卫世界和平！”“中华人民共和国万岁！”“中央人民政府万岁！”“毛主席万岁！”的口号声和暴风雨声融成一片。

新华社天津10月1日电 天津市各界庆祝中华人民共和国中央人民政府成立，反对侵略战争拥护世界和平大会，二日下午在人民广场举行。参加大会的工人、学生、近郊农民、驻津部队及人民共三十万人。以法捷耶夫为首的苏联文化艺术科学工作者代表团和以朴正爱为首的朝鲜人民代表团以及意大利人民代表斯巴诺亦从北京赶来出席盛会，当苏、朝、意各国人民代表到达会场时，全场掌声雷鸣，“斯大林万岁！”“毛主席万岁！”的欢呼声响彻霄汉。大会于六时半开始。在雄壮的国歌声中，国旗徐徐升起，接着，成百的和平鸽子凌空飞起，全场爆竹齐鸣，震天的锣鼓声和狂热欢呼，历时十七分钟不息。大会主席黄敬市长开始讲话，他号召：“天津全市人民坚决执行人民政协的决议，建设人民的天津。”大会通过了向斯大林元帅、毛泽东主席及中央人民政府、人民政治协商会议及世界拥护和平大会中国分会致敬电。

新华社南京特讯 南京百万市民在无比的狂热中庆祝中华人民共和国的成立，同时举行保卫世界和平的示威。早晨五时许在细雨蒙蒙中，各界代表百余人齐集新街口和平堡垒前举行升旗典礼。全市各机关、部队、学校、团体亦同时分别举行升旗典礼，一时军乐声、炮竹声齐鸣。下午四时，五十万人举行了庆祝中华人民共和国中央人民政府的成立与保卫世界和平的大示威游行。全市的灯光和进行队伍的火炬照彻了人民南京的天空。

上海休假狂欢
全市国旗飘扬游行宣传

《大公报》上海10月1日专电 沪市人民为纪念保卫世界和平、庆祝中国人民政协成功与中央人民政府成立，今晨已展开狂欢的序幕。全市国旗招展，从外滩各马路的入口看进去，大上海红成一片，虽说升旗式规定在明天举行，但谁也按捺不住喜悦，谁都赶忙将自己钟爱的国旗抢着挂起来。各机关团体今起休假三天，日常公务虽已停止，但为准备参加示威大游行，忙碌情形无异常日。今虽终日天雨，冒雨出行宣传行列仍络绎不绝。

朱德电令解放军
肃清反动残余解放全国

《大公报》北京10月1日电 中国人民解放军朱德总司令今日在庆祝中华人民共和国中央人民政府成立典礼中举行阅兵式宣读中国人民解放军总部命令如下：

中国人民解放军总部命令

公历一九四九年十月一日于北京

全体战斗员、指挥员、政治工作人员和后勤工作人员同志们：

中华人民共和国的武装部队，今天和全体人民在一起，共同来庆祝中华人民共和国中央人民政府的成立。

我们中华人民共和国的武装部队，在反对美国帝国主义所援助的蒋介石反动政府的革命战争中，已经取得伟大的胜利。敌人的大部分已经被歼灭，全国的大部分国土已经解放。这是我们全体战斗员、指挥员、政治工作人员和后勤工作人员一致努力英勇奋斗的结果。我向你们表示热烈的庆祝和感谢。

但是现在我们的战斗任务还没有最后完成。残余的敌人还在继续勾结外国侵略者，强行反抗中华人民共和国的反革命活动。我们必须继续努力，实现人民解放战争的最后目的。

我命令中国人民解放军全体指战员工作员，坚决执行中央人民政府和伟大的人民领袖毛主席的一切命令，迅速肃清国民党反动军队的残余，解放一切尚未解放的国土，同时肃清土匪和其他一切反革命匪徒，镇压他们的一切反抗捣乱行为。

在人民解放战争中牺牲的人民英雄永垂不朽！

中国人民大团结万岁！

中华人民共和国万岁！

中央人民政府万岁！

毛主席万岁！

中国人民解放军总司令　朱德

政协全国委员会举行首次会议 毛泽东当选本届主席

《文汇报》北京10月9日电　中国人民政治协商会议第一届全国委员会，九日下午三时在中南海勤政殿举行第一次会议。这次会议的主要议程是听取周恩来委员报告参加第一届全国委员会各单位协商经过，和选举中国人民政治协商会议第一届全国委员会主席、副主席、常务委员和秘书长。出席这次会议的全国委员会委员，共有毛泽东、朱德、刘少奇、李济深、张澜、周恩来、沈钧儒、黄炎培、陈叔通、郭沫若等一百五十一人。全国委员会的委员总额是一百九十八名，其中十八名是保留着准备容纳新解放地区适当代表人物的空额，二十一名已经离开北京，八名因事或因病请假，此外全部出席了今天的会议。会上毛泽东当选为政协全国会议首届主席。

新华社北京电　中国人民政治协商会议第一届全国委员会，九日下午三时在中南海勤政殿举行第一次会议。开会后，先由周恩来报告“参加第一届全国委员会各单位协商的经过”。他说明，自人民政治协商会议第一届全体会议闭幕以来，各方面对于第一届全国委员会的工作，协商颇多。八日晚上，各单位的首席代表作了一次最后的协商。大家认为全国委员会的工作，目前亟需确定的有两项：一个是根据中国人民政治协商会议组织法第十五、十六两条的规定，选出主席、副主席和常务委员会，以便领导工作；一个是具体计划今后应该如何进行工作。周恩来委员在叙述了关于主席、副主席、常务委员的人选协商经过，并分析了全国委员会所应当进行的政治性的和组织性的工作内容以后，说明拟订中的全国委员会工作条例，已根据各方意见，规定在全国委员会内设立政治法律、财政经济、文化教育、外交、国防、民族事务、华侨事务、党派事务等八个组，以利工作的进行。

此外，会议通过了“以十月一日为中华人民共和国开国的国庆纪念日”的建议案，决定送请中央人民政府采纳施行。

会议接着一致通过了本届全国委员会的主席、副主席五人、常务委员二十八人和秘书长的名单。名单如下：（一）主席：毛泽东。（二）副主席：周恩来，李济深，沈钧儒，郭沫若，陈叔通。（三）常务委员：毛泽东，刘少奇，周恩来，李维汉，李济深，王昆仑，蒋光鼐，张澜，沈钧儒，章伯钧，黄炎培，陈叔通，章乃器，郭沫若，马叙伦，张奚若，杨秀峰，乌兰夫，朱德，林彪，刘宁一，邓颖超，冯文彬，沈雁冰，梁希，吴鸿宾，陈嘉庚，邵力子。（四）秘书长：李维汉。

在会议的其他项目中，由许广平委员代表因病请假的马叙伦委员提出建议，请政府明定十月一日为中华人民共和国国庆日，以代替十月十日旧的国庆日。这个建议获得全体一致的通过。

中共华中局等电贺广州同胞

新华社汉口10月19日电　中共中央华中局、中国人民解放军华中军区、中原人民政府于十五日联合电贺广州市和华南同胞的解放。电文如下：

广州市和华南全体同胞：

热烈庆贺你们的解放，并对你们遭受国民党匪帮的长年压迫致以亲切的慰问。

一九二五年—一九二七年大革命的策源地、广州起义和广州公社的圣地、华南最大城市广州城获得了解放，从此北至黑龙江南至南海，南北交通贯通，这是我国有史以来第一次的全国大统一的局面的出现。革命的北方和革命的南方，经过了20多年的分隔，终于又汇合在一起。

中华人民共和国成立，残余国民党的聚集之地——广州迅即获得解放，表明了中国人民的强大无比力量，也表明了帝国主义和反动势力的渺小和脆弱，全国人民都在为你们的解放而欢呼。

英勇而勤劳的华南同胞们，你们要发扬传统的革命精神，积极地配合人民解放军去消灭逃窜无门的残匪流寇，在中央人民政府的领导下，遵守各项政策法令，迅速恢复和发展工商业与农业生产，努力进行经济建设，巩固国防，为建设新广州、新华南、新中国而奋斗。

二、国民党政权谋反扑

中共新政权建立，国民党除了在军事上酝酿反扑之外，还在外交上发力，谋使各国不承认中共政权。然而大势所趋，国民党军队在全国各地节节溃败，广州解放，蒋介石退到台湾，战事告一段落。

粤穗国民党政府拟发动『二十万人反共示威游行』 国民党政府日内将发表文告 要求各国勿承认中共

《工商日报》广州10月1日消息　据今晨某方透露，政府将于“双十节”（即十月十日，国民党政府之国庆日——编者注），以重要文件送交各国驻穗使节，该项文件对中共导演之“新政协”有严正表示外，并正式要求各国，对中共政权不予承认。

《星岛日报》广州10月1日专讯　粤穗“保民反共动员委员会”，针对北平召开新政协十八万人大巡行，于一日下午四时召开会议，由绥署代表吴荣楫主持，决定于“双十节”国庆纪念日，发动二十万人大巡行，定名为“国庆日保卫华南反共示威大巡行”。二十万人集体巡行，实为广东集会历史上所未见。负责动员穗卫戍司令部、广州各保甲基层工作队五万人，反共救国总队动员队员一万人，驻守广东正规部队及保安队动员二万人，市府动员自卫队及警察一万人，商业团体动员一万人，工业团体动员五万人，全市学生动员三万人，其他公务人员及市民二万人。

美国七千五百万美援可不经过政府直接交抗共将领

《星岛日报》广州10月1日专电　据有关方面透露称：美国通过援助非共区之援款支出，将不交由中国政府负责，而直接由美国援助非共区之将领，使其继续抵抗共军，届时美国可能在华成立一机构，专资动用七千五百万美援款项。华中、西南、东南军政长官公署，均将直接获得美援。华中战区较其他战区所获者多，苟厦门岛仍能继续抵抗中共而不失陷事，东南战区所获美援数，亦将增加。据政界人士忖测：七千五百万美援，十月间即可抵达此间。

《星岛日报》广州10月1日专电　权威方面消息称：美国计划以精良之军备，装备白崇禧部队十个整编师，三十万人。该项装备费用，系由七千五百万美援项下支出者。

《星岛日报》广州10月1日专电　据外交界息：美国援外法案十三亿元，首批约拨出一亿余元，非共区中国能占若干现尚未悉。该款项将由美国复兴银行拨支。中国政府获得处理美援七千五百万之计划书交代美国，惟美国国务院亦有一计划书，究竟美国采用任何一计划书，现尚未悉。官方人士揣测此批美援，系政府紧急需美援之首次，惟今后能否再获美援，需视政府之军事防御而定，简言之：国军能否保卫华南防线及确保广州。又东南太平洋同盟缔结一事，已趋沉寂，据外交界息：东南太平洋抗共同盟，需待菲律宾大选结束后，方可决定其前途。

粤北大战一周内爆发争夺广州国共纷纷向粤边增援

路透社广州10月1日电　广州今日一经常可靠方面消息称：陈庚现自赣南抽调三万正规部队开往粤省边境。政府军事发言人邓文仪经承认，南雄现有中共军队一万五千人。私人方面报道，粤汉铁路东面四十英里，曲江北面六十英里之汝城，已被陈庚部队占领。“军闻社”今日报道，林彪顷已宣布，将于数日以内，发动久已在预料中南下进击广州之攻势。据闻湘省中部渠之军队刻正忙于征用运输工具及粮食。长沙万余中共军队现正向长沙以西八十五英里之蓝田推动。一般相信渠等直接进攻之目标地点，即为湖南临时省会邵阳。

美联社广州10月1日电　国共两军于星期六日集合部队，以准备未来为争夺广州而爆发之战斗。“军闻社”称，共军第十二军已自赣省往东，开入粤省。又称，共军业于南雄布置阵地。私人方面估计粤北解放军正规部队之整个实力，为三万人。国军列车现亦满载援兵，开入曲江。据闻数日以来，该地区均发生战事。官方急讯顷复提及，湖南汝城附近已在剧战之中。

《星岛日报》广州10月1日电 分由湘南粤北源源开往曲江之数万国军，昨已集结完毕。据关系方面确悉：国军反攻，现已部署完毕，即将分路向始与仁化推进，准备在中共后续部队未赶到前，先发制人，解除粤北湖南所受最大之威胁，故大战一触即发。又英德方面之国军，亦已同时向新丰翁源推进，与循南韶公路出击之国军配合，展开钳形之攻势。

《星岛日报》广州10月1日电 解放军主力继续南移，已进入三南地带，陈庚主力，亦已由赣开抵南雄以东地区，中共此次频频调动，似有再度南攻模样，绍兴公路驻守军及翁源线军，已作周全准备，据悉粤北大战将于一星期内爆发。

路透社广州10月1日电 据此间通常可靠方面人士本日宣称：解放军陈庚部现已由江西省西南部，派遣正规部队三万人，开来广东边区。政府发言人邓文仪，承认中共军队一万五千人，现结集于南雄。据私人消息：粤汉铁路以东四十里之汝城（在曲江以北六十里），乘被陈庚所部解放军占领。据"军闻社"本日消息：林彪曾宣布于今后数天内将南向广州发动预期多时的攻势。据传陈部在华中之军队，刻正忙于征集运输工具及粮食，共军万余人刻正由长沙西向蓝田（长沙以西八十五里）移动，一说认为渠等之直接目标，系湖南临时省会之邵阳，据军事发言人宣称：在东南方面，结集于福建大陆之陈诚所部军队（原文如此，实应为陈毅所部军队），已获增援约一万人，准备攻袭厦门。

国民党非常委员会商讨外交对策

《星岛日报》广州10月5日专电 国民党中央非常委员会外交组，五日上午九时，在梅花村议事厅，召开第一次会议，"政院院长"阎锡山主持，"西南军政长官"张群，"政院政务委员"吴铁城，"外交部长"叶公超等出席，会议历时两小时半，内容为商讨苏联及苏联集团国家承认北京中共政府后之外交对策。已有所决定，并将由"外交部长"叶公超，于今日下午举行之"政务"会议中提出。

外交界权威人士，揣测国民党政府当前外交紧急对策，将包括下列数项：（一）宣布与苏联集团国家断绝邦交，并召回使领。（二）加强政府与民主集团国家之联系。（三）对美英法诸国继续承认国民政府是合法政府，表示谢意，并保持该项关系。（四）坚守华南防线，彼将军事上胜利，扭转外交上局势。

国民党驻苏外交人员日内全部撤离

美联社莫斯科10月5日电 “国府”代办今日称，中国（国民党政府）外交人员与眷属不久将离苏。渠谓渠将先赴瑞典，渠估计约有外交人员及家眷五十人乘飞机及火车离苏。同时，《消息报》在第一版登载毛泽东及其他中共政府领袖大幅照片，此为莫斯科报纸上罕见者。

三、世界各国反应迥异

对于新中国政权的建立，世界各国的反应迥异。有在当天就发来贺电者，也有支持国民党政府而增派力量妄图与中共军队再战者。而在此后的政治角力中，越来越多的国家选择与新中国建交。

法国、奥地利共产党领袖电贺毛主席 对『中共与中国人民致兄弟的敬礼』

新华社布拉格10月1日电 法国共产党中央委员会总书记陶雷士九月三十日致电毛主席祝贺，电文如下。

中国共产党主席毛泽东同志：法国共产党中央委员会对中国共产党和中国人民致以法国人民的兄弟的敬礼，并对中华人民共和国的成立表示最热烈的祝贺。这一在政治上极为重要的伟大事件，确定了美帝国主义统治中国计划的失败，实现了使有五万万人民的整个中国进入以列宁、斯大林的伟大苏维埃为首的民主和平阵营的道路。中国共产党万岁！中华人民共和国万岁！

新华社布拉格10月1日电 维也纳专电，奥地利共产党致毛主席贺电如下。

北京中国共产党中央委员会主席毛泽东：

中国一切民主力量在你的领导之下进行艰苦胜利的斗争的结果，中华人民共和国临时政府成立了，特此谨表赞成。一切爱好自由的人民都从事于同一艰苦的斗争，反对战争贩子和他们在各国国内的代理人。中国人民的胜利乃是对全世界工人阶级和一切民主分子继续争取和平与自由斗争一个巨大的鼓励。

奥地利共产党中央委员会主席　柯伦尼　总书记　费恩柏

美国会议决发表声明
暗示支持远东联盟

中央社广州10月1日电 外交界权威人士称：美国参众两院联席会议，最近通过军事援外法案时，并曾决定对美国所应采取的外交政策，发表声明，这项声明中说：美国会愿借此声明，赞成远东自由国家和自由人民，在联合国宪章原则下，成立远东联合机构，拟具方案，以促进该区域经济社会福利之发展，保障基本权利和自由，并维护各国安全及政治独立。权威人士指出，各国对于远东反共联盟组织的传说，有很多不同的猜测，最近美国会通过此项议案，可说是美国支持远东反共联盟一种重要的表示。

苏舆论欢迎新中国诞生，消息报说『所有和平人士
都带着骄傲与深切的同情来迎接这历史性的胜利』

美联社莫斯科10月2日电 苏联《真理报》及《消息报》二日称：中华人民共和国宣告成立是和平斗争中另一重大胜利。该两报认为一日北京的这一宣告与塔斯社上星期六宣布苏联自一九四七年来有原子弹一事在和平斗争中有同样的重要性。

苏联共产党机关报《真理报》说："中国人民的这一胜利对太平洋区域帝国主义者的侵略计划给予最无情的打击。"

苏联政府机关报《消息报》称："所有和平人士都带着骄傲和最深切的同情迎接这历史性的胜利。"

除了关于中国的社评外，该两报刊载了中华人民共和国宣告成立的消息，毛泽东签署的宣告全文，及总理兼外长周恩来的函件，该函件称："我以为中华人民共和国与世界各国建立正常外交关系是必要的。"

外交观察家认为苏联人民对中国日益关切，这种情绪不下于塔斯社宣布苏联有原子弹。自昨夜起，莫斯科广播电台已继续不断传播关于中国的新闻。

新华社北京10月2日电 据塔斯社莫斯科一日讯：莫斯科各报皆刊载新华社关于中国人民政治协商会议闭幕和毛泽东当选为中华人民共和国中央人民政府主席的消息。塔斯社亦于同日转播人民政治协商会议宣言的全文和新华社驳斥国民党反动集团代表蒋廷黻在联合国大会无耻的反苏演说的社论《中国人民对全世界的庄严宣言》两文。

苏联正式承认新中国政府 召回驻穗代表与国民党政府断绝关系

《文汇报》北京10月3日电 塔斯社莫斯科二日电：苏联外交部副部长葛罗密克代表苏联政府向广州政府驻莫斯科代办发表声明如下：

由于在中国发生的事件已造成中国的军事、政治与社会生活的深邃变化的结果，中华人民共和国业已成立，中国中央人民政府已经组成，位于广州的阎锡山先生的政府已停止在中国行使权力，并已变成广州省政府而失去了代表中国与外国保持外交关系的可能性。苏联政府考虑到所有这些情况，认为与广州的外交关系已经断绝，并已决定自广州召回其外交代表。

新华社北京10月3日电 中华人民共和国中央人民政府外交部长周恩来，收到以葛罗米柯署名的照会如下：

北京中华人民共和国中央人民政府外交部部长周恩来先生：

苏维埃社会主义共和国联盟政府业已收到中国中央人民政府本年十月一日之公告，其中建议中华人民共和国与苏联建立外交关系。苏联政府在研究了中国中央人民政府的建议之后，由于力求与中国人民建立真正友好关系的始终不渝的意愿，并确是中国中央人民政府是绝大多数中国人民意志的代表者，故特通知阁下：苏联政府决定建立苏联与中华人民共和国之间的外交关系，并互派大使。

受苏联政府之委托，苏联外交部副部长 安德列·葛罗米柯

一九四九年十月二日二十一时四十五分

新华社北京10月3日电 中华人民共和国外交部长周恩来复电称：

我代表中华人民共和国中央人民政府很荣幸地收到阁下本年十月二日来电关于苏联政府决定建立苏联与中华人民共和国之间的外交关系的通知。中华人民共和国中央人民政府深信苏联政府具有对中国人民的深厚友谊，今天又成为承认中华人民共和国的第一个友邦，中国政府和中国人民对此感到无限的欢欣。我现在通知阁下：中华人民共和国中央人民政府热忱欢迎立即建立中华人民共和国与苏联之间的外交关系，并互派大使。

中华人民共和国中央人民政府外交部部长周恩来

一九四九年十月三日于北京

英国认为承认中共政权需『权衡条件』
东欧各民主国家周内可承认新中国

合众社华盛顿10月3日电 东欧各国料将继苏联之后，在本周内承认新中国政府。此间外国观察家以为除东欧国家外，尚有数国政府准备即将予以承认。预料苏联外长维辛斯基在适当时间，声明支持周恩来的请求，要联合国不承认广州国民党政府代表，而接纳中国新政府代表。

路透社伦敦10月3日电 外交界人士相信英政府意欲从速予中共政府以法律上的承认，但预料此举须待广州解放之后，美国的态度尚成疑问。美国务卿艾奇逊与英外相贝文在日前华盛顿会议时尚未商定一致的政策。

路透社印度南部班加罗尔10月2日电 印度社会党全国执行委员会今日要求印度政府承认中共政府并与之建立外交及贸易关系。正在此间举行会议的执行委员会表示欢迎中国新政府之成立，并议决印度应与该政府合作，以建立自由进步的新亚洲，解散强权集团。

南斯拉夫宣布承认人民政府
北韩成与新中国建交之第八国

路透社贝尔格莱德10月5日电 南斯拉夫政府已承认中华人民共和国，是为承认中共新政府的第七国。其他六国为苏联、波兰、匈牙利、罗马尼亚、保加利亚、捷克。

路透社莫斯科10月5日电 塔斯社平壤今晚讯：北韩人民民主共和国已决定与中华人民共和国建立外交关系。北韩之外长柏汉已电中共中央人民政府外交部长周恩来，欢迎此新共和国。北韩人民共和国，是承认中共新政府之第八国。

合众社贝尔格莱德10月5日电 此间观察家相信南国承认中共政府表示该国对于不涉及其自己利益的问题，将遵循与共产世界其他国家一致的外交政策。

中苏友好协会总会成立
宋庆龄等主持大会

《文汇报》北京特派员10月5日专电 中苏友好协会总会正式成立，在北京举行成立大会，与会代表达千余人。宋庆龄等为主席团，并由宋庆龄致开幕词。宋氏从主席团席位徐步走到扩音器前，未发言即受到全体代表热烈的欢呼和起立致敬。苏联文化工作者代表团团长名作家法捷耶夫在大会恳切致辞，好像对一个亲密的朋友谈天一样。当主席宣布东南欧四个民主国家承认新中国时，又引起了一次掌声的高潮。

美英法三国政府共同研究承认问题

法新社华盛顿10月6日电 代国务卿对记者称：美、法、英政府正在共同研究中国人民政府要求予以外交承认之问题，渠谓承认人民政府之问题，“极端复杂”。又谓美对华政策，目前仍未改变。在送与英法及美国会商之前，不能有所决定。

中央社新德里10月6日电 国民大会党的报纸印度时报社论称：“在国民政府政权继续留在中国领土的期间内，即使共党控制中国的大部分，其他国际对于承认共党政府的问题，也必须等待。”该报的结论说：“许多国家都希望观察共产党政府的独立程度怎样，是否准备遵守条约，尊重邻邦的完整。”这里的观察家承认为在尼赫鲁到美国，联合国讨论中国问题，安全理事会选举非常任理事之前，印度政府不致表明态度。

新中国人民政府将要求安理会永久席位
外媒称中共很难取得联合国合法地位

合众社伦敦10月7日电 每日电讯报今日称：倘中共人民政府被各国承认后，则将要求取得国府在联大安理会所占之永久席位无疑。

《星岛日报》台北10月7日电 外传中共已派代表抵达成功湖，多方活动，记者顷询某权威人士作何观感。渠称，中共代表出现于成功湖，可能是事实，惟尚未发现有向联大要求开会之举，纵有此行动，亦无从施展，联大会员与会，必须送证件委员会核实，始能出席，中共未得合法手续及证件，联大必然予以拒绝，如今苏联及卫星国虽然承认中共政府，但不足以影响现政府合法的地位，即使所有各国均承认中共，仍然无效，除非中国的现政府破坏宪章或被开除会员资格，但仍需经过大会决议，始能生效。要求参加联大之唯一途径，即以新成立国家姿态出现，而中共并不代表新国家，且亦无新国家之条件及会员应有之义务，包括对外邦交国际友情，以及会员国应履行之世界正义和平的规律，故中共不管用任何方式，终难取得合法地位，参加联大开会。

外蒙与新中国建立关系
中波外长换文互派大使

合众社莫斯科10月8日电 据今天宣称：外蒙古人民共和国已与中华人民共和国建立外交关系。伦敦方面前曾听到莫斯科广播，说外蒙古人民共和国已与国民党政府断绝关系。

《大公报》北京10月7日电 中华人民共和国外交部长周恩来，本日受到波兰共和国外交部副部长莱西斯基本月五日的照会，通知波兰共和国决定与中华人民共和国建立外交关系。

《大公报》北京10月7日电 中华人民共和国外交部长周恩来本日以照会一件答复波兰共和国外交部副部长斯达尼斯拉夫·莱西斯基博士，欢迎波兰共和国与中国建立外交关系。

苏大使罗申莅任
周恩来王稼祥等亲赴车站欢迎 苏使举行鸡尾酒会招待各界

法新社北京10月10日电 苏联驻我国大使罗申今日下午专车抵京。前往车站欢迎的有外交部长周恩来，北京市长聂荣臻，我国驻苏大使王稼祥，外交部办公室主任王炳南，副主任兼交际处长阎宝航，罗申大使的中国友人董必武、沈钧儒、郭沫若、章伯钧、滕代远、张治中、邵力子、李德全、史良、王昆仑、廖承志、钱俊瑞等。苏联大使与代办齐赫文斯基和使馆人员、苏联文化艺术科学工作者代表团团员和苏联侨民等共五十余人，齐集车站上欢迎，欢迎的群众有工人、青年、妇女、学生等三千余人。车站待客室门首悬挂着中苏两国国旗。并贴有“中苏友好万岁”等中俄文标语，专车于四时十八分在欢迎的军乐声中抵站。罗申大使下车后，军乐队即奏起中苏两国国歌。奏毕，齐赫文斯基代办介绍大使与欢迎人员一一握手。罗申大使随即在站台上发表演说。

周恩来部长致辞，致辞毕，罗申大使即由周部长等偕同步出车站，受到欢迎群众的热烈鼓掌和欢呼，罗申大使也愉快地欢呼：“中华人民共和国万岁” “中华人民共和国的伟大领袖毛泽东主席万岁！”并步行穿过欢呼的群众行列，罗申大使继即邀请欢迎者乘车赴使馆参加鸡尾酒会。四时四十五分罗申大使等抵大使馆，大使馆即升起苏联国旗。

英国外交部发言人谈话
美国对此极为焦灼曾向英国质询

路透社伦敦10月18日电 十八日由此间通常消息灵通人士方面获悉，英政府打算最近在法律上承认中国人民政府。英外交部发言人虽然说对承认问题，至今未有决定，但是他今天否认了华盛顿的“英国曾向美国保证，英国对中国新政府的承诺只取事实承认的方式的消息。”他说，英政府并没有向美国务院作这样的保证。发言人答某问题时称，本月初英在北京总领事葛利汉曾正式向中国新政府交涉，并提建议一项，成立临时实际关系的协定。这项协定将包括正常领事业务及保护英人财产等事项。但到现在为止，伦敦方面未获中国新政府答复该建议的消息。

他又说，这项建议与处理与新中国建立外交关系问题并不相干。而且此举本身并不构成承认。他承认在十月一日北京中国人民政府成立以前，英国驻华各地领事也曾作同样的非正式尝试，期望与各地方当局建立实际关系。并称，英领事与中国新政府交涉一节，英国曾与美国，法国及有关各国政府从事讨论。

英国官方表示
承认中共问题 暂未采取行动

美联社伦敦10月19日电 今日有消息灵通人士称：英国对国民党之政府，谓现在不立刻承认中共政权，彼等谓英国外相贝文已于星期二向国民党之大使郑天锡保证此事。郑大使关怀英国代表与共产党在北京之晤谈，亦要求访晤贝文。闻渠所得之保证，与英国给予美法及其他大西洋公约国家相同，此是表示英国计划不取消其对国民党之承认，亦不接纳北京共产党政权为全中国有效之政权。有外交官员称：无论如何，此项保证不能约束英国永不承认共产党，迟早彼等亦要承认。不欲损失其在华利益之英国商人，催促政府从速承认共产党。但官方英国发言人称：英国现阶段与其自治领地及大西洋公约国家未商讨完毕之前，不采取任何行动。

美议员对承认
中共仍多主张观望

中央社华盛顿10月21日电 美参议院外交委员会，极负声誉的委员三人（二人为民主党一人为共和党），二十一日表示极力反对早日承认中共政权，民主党议员乔治及汤玛斯告诉记者称：他们反对承认中共，呼吁政府对北平政权采取“观望态度”。刚从远东考察归来的共和党参议员史密斯说：我不相信提议承认的那些人真正的要一个可怕的共产党政权，来统治东方人民。记者所会见的其他两个外交委员会的议员，拒绝表示，他们是赞成抑或反对承认中共。外委会的主席康纳利说：他不预备讨论这个问题。共和党参议员罗欧说：自从一九三六年，他入参议院以来，从未公开谈论中国问题，现在也不准备谈这个问题。前任原子能委员会主席共和党议员希尔鲁伯，过去曾指责政府，对于美国对华政策处理错误，对于中国目前的情况应当负责任。他的同僚相信他反对早日承认中共。国会观察家，相信现在外委会的十三名议员，如果举行全体表决，则大多数将反对目前承认中共。按共和党的重要议员范登堡，六月二十四日曾警告杜鲁门，未与国会磋商切勿承认中共，同日由诺兰起草二十一名参议员（包括共和党领袖塔虎托）联合写给杜鲁门的一封信，曾要求总统保证，不会承认中共政权。乔治说：现在不宜承认共党，外委会的远东问题专家汤玛斯说：美国应该观望中共的行为，我不赞成立即承认，此对中美均不好，并说：他个人对承认中共政权一事，将采取极端谨慎态度。

四、解放台湾的尝试

国民党军队节节溃败，蒋介石最后无路可退，只能退守台湾。而在闽、粤两省，中共军队对解放全境的努力从未停止。福建前线，两岸之间炮火频仍。

炮火下之孤岛厦门 报纸被禁止刊登战讯

《工商日报》厦门专讯 自从平泽失守消息传出后，厦门的人心又再度紧张，许多人料到中共攻下平泽是对闽南各地采取另一攻势的先声；安溪再度易手，同安和漳州也盛传易手，虽然报纸上都被禁止登载战讯，但厦门居民已听见清晰的大炮声，可知厦岛已发生战事。

福州于八月十六日易手，平潭于九月十六易手，时间差一个月，因此有人怀疑厦门可否保守到十月十六日，因为平潭是个岛屿，也驻有重兵，而且是个良好防卫台湾以及反攻的基地，和厦门在战略上地位差不多。“政府”应该是认为平潭的丢掉有影响厦市人心，所以本月所有报纸一律被检查掉（战讯）。厦门电灯原是到午夜二时就熄灭的，往常遇到“国庆”或圣诞日子，“政府”特通知电厂彻夜供电，好让人们狂欢，所以人们碰到彻夜光明的日子，心上自然喜乐。然而最近碰到电灯通宵，许多人会不寒而栗，因为是警备部大举抓人的时候。八月卅一夜抓了一大批。九月十八、十九两夜又抓了一大批，听说警察局的行政科长吴月秋，思明所长汪绍言也于最近被抓了去。

解放军趁风雨向厦门进攻
昨施放烟幕准备渡海

路透社广州10月5日电　东南陈毅所部军队，据一经常可靠方面消息称，业已越过厦门，将厦门西南五十英里之云霄占领，云霄位于汕头与厦门之中途。

《星岛日报》厦门10月5日电　军息：厦鼓外围各线中共军队连日增援部队，构筑工事，征集船只，“企图进犯”，国军当局已做充分准备，其虽多次试探袭击，均未成功。昨日飓风进袭本岛，中共军队即在风狂雨烈的时候向厦岛进袭，要塞炮阵及前线各阵地，以猛烈火力压制，已将共军部队击退。今日午后五时，海面发现有中共士兵放烟幕弹，料是企图掩蔽船只渡海，午后六时，集美北面及刘五店澳头等地，均发现解放军的船只多艘及武装部队，似有渡海登陆进攻模样，要塞炮台已发炮射击，与海陆空军作严密的监视。

蒋介石今日秘密返台北
解放军登陆金塘岛

《星岛日报》广州10月5日专电　据军息：舟山群岛之金塘岛，三日被中共廿三军由镇海强渡登陆，南岸国军仍在岛上抵抗。据悉，中共军队于三日黄昏，由镇海分乘大小木船数百艘，进攻金塘岛(按该岛距镇南甚近，为定海外围岛之一)，国民党空军亦出动猛炸，共船沉毁过半，刻战事仍在激烈进行中。

解放军准备渡船攻厦门
嵩屿鼓浪屿隔海彻夜炮战

《星岛日报》厦门10月6日电　今日天气阴沉，厦鼓外围战事亦仍沉寂，惟各地守军，均加紧戒备，以防中共军队偷袭。兹综合各方情况如次：（一）鼓浪屿守军与嵩屿中共军队，昨彻夜炮战，共方炮兵在要塞炮海军舰艇炮威胁下，至今晨炮声已渐隐寂。（二）今日拂晓，集美前方中共士兵向守军前线阵地，狂呼：“同志们过来过节”国军当以数十发炮弹，作为答复。（三）昨晚停泊刘五店澳头方面中共船只四十余艘，被炮兵击沉十余艘，余逃逸。

厦门炮战激烈
国共隔海互轰

《星岛日报》厦门10月7日电　陈毅部三十一军炮兵，自五日午迄午夜，沿嵩屿海岸，以猛烈炮火，向鼓浪屿射击，守军当以重炮压制，中共军队炮声始寂。

《星岛日报》厦门10月7日电　昨日为农历中秋节日入晚月色明亮，海陆空军及要塞炮，特在此夜联合炮击厦门鼓浪屿外围全线中共军队阵地，其战况如此：（一）自六日晚十一时三十分起，至今晨零时三十分，海陆军及要塞炮，在空军照明弹照射下，以猛烈火网，自嵩屿北面大屿起，至屿仔尾南面南太武止，共发射了七千余颗炮弹。今晨据瞭望所报告，中共军队第一阵线的阵地，完全毁灭，在通此地区的村庄，都还余烟未散。（二）澳头刘五店方面，亦由高琦五通等地要塞炮、坚守军的机关炮，配合射击，中共军队炮兵阵地，亦大半被毁。（三）空军今晨在屿仔尾集美澳头刘五店普遍投弹，炸毁中共军队炮兵阵地与船只甚多。

《星岛日报》台北7日电 东南军政长官公署七日发表战讯：金厦外围中共军队连日调动频繁，其二十八军亦正向该方面集结，并征集船只甚多，且不断对厦门本岛作试探性之袭击，颇有进攻企图。舟山群岛方面，金塘岛国军连日在大浦口围屏山纺花山长沙山之线，与中共军队廿二军三个团激战，中共军队一再增防。

金厦岛争夺战声中 陈诚强调台湾安如磐石

《工商日报》台北航讯 厦门保卫战外围战斗结束后，战事已进入本岛。国军坚守厦门岛上各处阵地。中共军队屡次企图强渡，都遭海军舰艇反击。金厦局势已较为稳定。厦门岛虽然被围，可是海路依然畅通，空中交通日前因机场受炮火威胁，一时断绝，现正赶修金门岛机场，旬日内可光复使用。这几天由台湾运往金厦的米和煤，已有五六千吨，台北各界并以成立劳军团捐募新台币二百万元，将去金厦劳军。

厦门解放 蒋军向金门岛逃逸 解放军挺进黔桂边境

《大公报》台北10月17日消息 国民党军方证实厦门已于十七日拂晓解放。蒋军向金门岛逃逸。蒋府“东南军政长官公署”今日发表一解嘲的声明说，金厦两地，在“战略价值”上，比较起来，金门远胜厦门，所以数月来军事的部署重点，均置于金门，并为眩惑解放军，一再强调金厦并重，使解放军不易察知“我之企图”云云，意在解嘲。解放军是在十五晚上开始总攻厦门的，以不到一天半的功夫，便拿下了这个闽海重镇。

《大公报》讯 香港和厦门间的电报自昨午起中断。本港大东电报局已暂停接受拍往厦门的电报。本港商界人士昨天傍晚七时接到汕尾来电，说汕尾已于昨天下午解放，电文是以“天亮”二字作为“解放”的隐语。此间汕尾人士获悉消息后甚为兴奋。

合众社本港10月17日消息 沿福建海岸涌入广东省的解放军强大部队，突于今天停滞不前，静候汕头国民党军的最后撤退，以便和平进入该城。据今天下午汕头来客谈，解放军未遭抵抗，已绕过汕头，进抵汕头以西二十里的揭阳。他说，国民党的撤退正进行中。胡琏部正海运至台湾。他说，很显然的，汕头和平交接的协定已经达成，该城的居民预料十八日夜或十九日晨解放军的旗帜将飘扬城头。

千舟如箭攻克鼓浪屿
汤恩伯部数万被歼灭

新华社福建前线10月18日电 福建东南沿海要地厦门岛，已于十七日上午十一时解放，守敌大部就歼。人民解放军于十五日夜在数百门大炮掩护下，千舟如箭，向厦门岛及其西北之鼓浪屿起渡攻击，经过两个小时战斗，即突破匪军近代化钢骨水泥工事与重兵守卫的防御阵地，登陆成功。续向敌阵纵深猛烈攻击，十六日夜首先解放鼓浪屿，十七日拂晓攻入厦门市区，上午十一时全岛解放，守敌汤恩伯所部数万之众，余一部由海路逃脱外，悉数被歼，我缴获坦克，要塞炮及其他战利品无数，详细战果正清查中。

台湾空军起义
两机冲破封锁安降

新华社北京10月18日电 国民党飞机两架起义参加人民解放军。本月十六日十七日两天国民党空军01470型248号运输机，和ATI6型7号高级教练机各一架，先后从台湾的嘉义和冈山起飞，突破国民党匪机的重重封锁，都在起飞的当天安全降落在解放区某两地机场，深受当地军民热烈欢迎。驾驶运输机的是国民党空军司令部空运第十大队驾驶员，还有该大队102队机械师，机械兵等三人，驾驶教练机的是国民党空军飞行员。

1

指点旧闻

美国『疏国亲共』的政治考量

自4月23日攻占南京后，解放军分别于4月27日和5月3日占领了长江中下游的苏、杭两城，对上海已形成合围之势。此时，国民党京沪杭警备司令汤恩伯在蒋介石的指示下，指挥20多万部队退守上海，企图凭借这座远东最大城市的物资基础和坚固工事死守，以等待国际局势的转变——即美国的援助。而此时美国政府对中国国、共两党到底持何种态度呢?

早在1948年底，美国就开始考虑从中国内战中“脱身”。三大战役后，国民党败局已定，美国政府于1949年1月26日正式宣布停止训练国民党军队并撤回军事顾问团。中共取得全国胜利只是迟早的事，美国政府必须考虑如何处理与新中国政权的建交问题。国务卿艾奇逊采取的态度是，一面继续“等待尘埃落定”，一面开始为美国政府与中共建立关系创造条件。

南京解放后，苏联大使馆随国民党政府行政院迁到广州，美国大使馆则仍然留在南京。时任美国驻华大使的司徒雷登把这称之为“走向承认新政权的第一步”。在之后不到两周的时间里，司徒雷登就与中共南京外事处主任黄华建立联系，拉开了南京会谈的序幕。

在人民解放军围攻上海之际，国民党政府驻美大使顾维钧找到美国务卿艾奇逊，要求美国政府提供援助，并询问“美国是否已对远东失去了兴趣”，艾奇逊对此拒绝回答。此前不久，美国已经公开宣布其对华政策不变，亦不再向国民党政府提供新援助。当时，身为国民党政府“代总统”的李宗仁致函美国总统杜鲁门，称如果不采取加强中国政府地位的任何措施以使其能够遏制共产主义潮流的渗透，如果有一天国民党军队必须撤离长江流域的最后一道防线，不但整个中国会置于共产党的控制之下，远东的所有国家也将很快落于共产党和共产党情报局的控制之下。李宗仁纵然把国共内战上升到意识形态层面也没能打动杜鲁门。

为何当时美国政府的做法看起来有些“疏国近共”的味道？笔者认为，这主要是由它的全球战略和在华利益所决定的。首先，美苏冷战的核心地带在欧洲，美国没有必要陷入中国内战的泥潭。其次，美国认为，中共和苏共并非铁板一块，新中国将不会成为苏联的附庸。第三，美国可以在中国内战结束后，利用经济援助对新政府施加影响，以维护其在华利益。当然，国共两党在中国国内的人心向背也是美国政府实行“疏国近共”的原因之一。

徐保栓（中山大学历史系研究生）

2

指点旧闻

中共加速推进全国性政府建立

63年前，中共第一次正式庆祝中国人民解放军建军节。这个带着象征意味的日子到来前夕，国共双方都在积极谋划布局。

广州国民党政府与台湾蒋介石集团都不甘心放弃对湖南的最后争取。蒋介石于31日直接指令国防次长黄杰、政工局长邓文仪带亲笔信、银元和武器到长沙，希望引诱陈明仁坚守长沙，并挟持程潜去广州。

让邓文仪等人惊惶失措的是，刚到长沙便听说“长沙飞机场附近出现共产党军”，吓得立即逃之夭夭。就在这一天，原湖南省主席、长沙绥靖公署主任程潜以个人名义发表和平通电，宣布脱离广州国民党政府，呼吁西南、西北各省当局“幡然醒悟，继续和谈”。配合这一通电，陈明仁下令驻长沙的国民党军向湘潭、宁乡方向撤退。

广州流亡政府动作也很频繁，继七月底制订《骚扰解放区的全面游击办法》，要求在各解放区成立“人民反共自卫救国军”之后，国民党非常委员会于8月1日通过了《保卫大广东》议案，认为“保卫华南为扭转局势之第一步骤”。在这次会议上，国民党改造、筹委会改选也提到了桌面上讨论。

而在第一个建军节，中国人民解放军各部队举行了隆重授旗仪式。更振奋人心的是，空军第一支作战部队在苏联帮助下，于北平正式成立。华北人民政府命令恢复成立河北省政府，“之前因为日寇与蒋匪的军事分割，河北也相应地打破旧省界，划分为四个行政区。目前华北全面解放，人民政府决定恢复河北省建制。”中共河北省委也于同日成立。

与此同时，中共中央致电华南分局、华中局，指示：广西成立省委，拟张云逸为书记；广东不设省委，受华南分局直接领导，华南分局受华中局领导；在福建省委接收闽西、闽南，江西省委接收赣南，湖南省委接收湖南，云南省委接收云南之后，原华南分局领导之各省党的组织及武装力量，即归入各该省委及军区领导——未来全国性政权的科层格局，已经隐然成形。

新政治协商会议筹备会对新中国国旗、国徽图案及国歌词谱发出征求令，显示全国性新政权建立进程明显加快。征求令强调“庄严”，不仅国旗国徽颜色以红色为主，国歌歌词更要求“语体”，这表明了新政权与旧政权彻底切割的决心。而上海工业计划内迁，则是中国工商业地域分布将出现天翻地覆变化的前兆。历朝开国，大都会采取“迁富户”的措施，以保障来自相对边远区域的新政权内部的权力平衡，也防止旧势力的反扑。

有意思的是，当时国际共产主义阵营各国中央党部都在号召学习毛泽东为中共建党28周年而作的《论人民民主专政》。据《大公报》本日报道，7月20日的苏联《新时代》杂志对这篇文章作了详细的介绍，认为该文“宣布了胜利的人民民主的政治纲领”。毛泽东认为“中国人民学到了走向胜利的两个主要条件”，一是“唤起民众……在工人阶级领导之下，结成国内的统一战线”；二是在国外，“联合苏联，联合各新民主国家，联合其他各国的无产阶级及广大人民，结成国际的统一战线”。《新时代》着重指出，毛泽东强调“不但中国，全世界都一样，不是倒向帝国主义，就是倒向社会主义，绝无例外。中立是伪装的，第三条道路是没有的”。

杨　早（中国社会科学院文学研究所助理研究员）

后 记

不碎的旧闻 历史的镜子 / 苟 骅

1949年4月23日，中国人民解放军攻占国民党总统府，解放南京，标志着国民党统治在中国大陆的覆灭——这个震动全世界的历史时刻的到来，比毛泽东曾提出五年内彻底打败国民党的时间表整整提前了两年。突如其来的胜利，惊天动地的变局，以及如何尽快在大陆建立中央政权，以填补南京国民党政府垮台后留下的权力真空，迅速摆在了还未完全做好进城准备的中国共产党人面前……

国民党政权大势已去，国内外政治势力纠缠博弈，人民政权在阵痛中诞生……回望历史，自1949年4月23日至10月1日中华人民共和国宣告成立的162个日日夜夜，任何一个历史细节都可能隐含着影响现代中国历史进程的社会基因和成败密码。

新闻易碎，旧闻翻新。60年后，《南方都市报》和奥一网重回历史现场，推出纪念新中国成立60周年大型断代史揭秘报道——《港闻中国·1949》，吸引了无数读者和网友在报纸网络上追捧重温。这一部扣人心弦的建国大业是何等气势磅礴，细节又是如此真实而细腻！那一幕幕历史片断，在今天看来既遥远又是那么熟悉，既鲜活又是那么吊诡！1949年中国大陆的改朝换代，给近代史研究留下了太多"斯芬克斯之谜"：原定于1950年1月1日成立新中国政权，为何提前到了1949年10月1日？为何中国共产党同美国政府进行了多方谈判，却一夜之间势不两立？为何新生的共产党政权选择了以计划经济为建国手段的社会主义道路？为何解放上海后实行了人民币"据市况定外汇率"政策，后来却变成了不可自由兑换？阅读这些旧闻，总是让人产生时空倒转之感。

美国历史学家史景迁曾经感叹，了解中国没有终南捷径，"我们可以从任何一点切入历史记载，带着萦绕心际的追问，找寻那些看似能折射现状的事件、人物和历史氛围"。在《港闻中国·1949》基础之上，由《南方都市报》和奥一网出品的《旧闻中国：巨变时刻的历史碎片》尽可能保留了60年多前的旧闻原貌，试图深入发掘历史对今天的启迪，重申一个新生政权诞生之初的政治主张和历史必然。

历史，不只是胜利者的历史。无论是大陆，还是台湾，从官方到民间，对1949年甚至更广域的历史叙述都难免打上浓厚的意识形态色彩。自1921年中国共产党作为独立政治力

作者为《南方都市报》编委、奥一网首席执行官。

量登上历史舞台之后，国共分分合合，两岸数十载对立，而沦为英国殖民地的香港则意外成为观察中国大历史之“第三地”，其丰富而多元的中文报章等史料馆藏让我们可以更加客观而全面地认识国共两党，逼近历史真相。

香港中文报章历史较长的有大陆（中共）背景的《大公报》、《文汇报》（俗称“左派”报纸），有台湾（国民党）背景的《香港时报》、《工商日报》，还有没有党派背景的《星岛日报》、《成报》、《华侨日报》以及后来由著名作家金庸创办的《明报》。其中，《星岛日报》1938年于香港创刊，是香港现存历史最悠久、全球发行量最大的中文国际报章。2010年易主、现在仍在出版的《成报》也是当年主要的中文报刊之一，1939年创刊。而《华侨日报》1995年停刊之前是在香港发行寿命最长的报纸，报纸前身为由香港华商总会拥有的《香港华商总会报》，1925年华商总会把《香港华商总会报》卖给印刷公司老板岑维休，同年6月5日易名为《华侨日报》。二战后，《华侨日报》、《工商日报》和《星岛日报》成为当时香港最主要的报纸。在香港中文大学等机构的支持下，《南方都市报》、奥一网同事们得以进入该校图书馆，翻阅大量保存至今的珍贵报刊史料。虽然有的报刊杂志带有鲜明的党派色彩，有的报刊杂志则超越党派进行相对客观的事实报道，但都似历史的多棱镜，成为我们重温过去的珍稀记忆。

作为大陆体制内媒体，《南方都市报》和奥一网利用毗邻香港的地缘优势，集合深港新闻采编团队力量，花了近一年时间研读和深挖香港报章旧闻中的人物、事件、评论、民情，甚至图片、广告等元素的信息价值，从中找寻影响整个现代中国历史进程的文化基因和思想密码，希望呈现给读者意想不到的阅读价值——“旧闻”其实不旧，它仍是现实之“镜”。

要特别感谢郭晓雪、孔娜、朱怀远、吴立坚、廖方舟、曾凡亮、杨早、林柯等多位香港和内地研究中国近现代史的青年学者，他们爽快地接受了《南方都市报》和奥一网邀约，给予其学术指导，并倾己所学点评勘误，引领读者和网友穿越时空，重回“历史上的今天”。时任香港政务司司长唐英年也为《港闻中国》专题报道题写版名。

最后还要感谢广大海内外华文读者和网友，在2009年4月23日至10月1日期间，他们同我们一道享受现实语境中难得的阅读体验，不少读者网友还通过奥一网互通平台分享和